学校育人创新

积淀百年文化之魂
弘扬老校育人之本...

——北京市第十四中学自主课程建设的创新探索

丛书主编：李　奕　杨德军

JIDIAN BAINIAN WENHUA ZHIHUN
HONGYANG LAOXIAO YUREN ZHIBEN

BEIJINGSHI DISHISI ZHONGXUE
ZIZHU KECHENG JIANSHE
DE CHUANGXIN TANSUO

主编：安彩凰

北京师范大学出版集团
BEIJING NORMAL UNIVERSITY PUBLISHING GROUP
北京师范大学出版社

图书在版编目（CIP）数据

积淀百年文化之魂　弘扬老校育人之本——北京市第十四中学自主课程建设的创新探索／安彩凰主编．—北京：北京师范大学出版社，2017.9

（"六位一体"课程创新系列／李奕，杨德军主编）

ISBN 978-7-303-22699-3

Ⅰ．①积…　Ⅱ．①安…　Ⅲ．①课程建设－教学研究－高中　Ⅳ．①G632.3

中国版本图书馆CIP数据核字（2017）第046996号

营销中心电话　　　010-58802181　58805532
北师大出版社高等教育分社网　http://gaojiao.bnup.com
电　子　信　箱　　gaojiao@bnupg.com

出版发行：北京师范大学出版社 www.bnup.com
　　　　　北京新街口外大街19号
　　　　　邮政编码：100875
印　　　刷：北京东方圣雅印刷有限公司
经　　　销：全国新华书店
开　　　本：787mm×1092mm　1/16
印　　　张：19.25
字　　　数：285千字
版　　　次：2017年9月第1版
印　　　次：2017年9月第1次印刷
定　　　价：42.00 元

策划编辑：路　娜　　　　　　责任编辑：王星星　康　悦
美术编辑：焦　丽　　　　　　装帧设计：焦　丽
责任校对：李　菌　　　　　　责任印制：陈　涛

自主·创新·活力·特色
——写在北京市普通高中自主课程创新实验六年之际

　　北京市在 20 世纪末已普及高中阶段教育，在 21 世纪又应如何寻求新的增长和突破，打破"应试"与"同质"两大顽疾？2007 年开始的高中课程改革，为我们提供了一个涉及课程体系、学校管理、考试、评价、升学制度、教师教学行为、学生学习行为等方方面面系统变革的机遇。焕发学校办学活力，促进高中学校特色发展，实现高中教育战略转型，必须从"课程"这一学校教育的核心要素入手。我们抓住以学生发展为本的改革目标，突出学校以课程建设为核心内涵的特色发展，坚持结合实际，打破束缚，鼓励创造性地实施高中课程，重点推进具有前瞻性、引领性的创新项目，不断探索创新，彰显特色。自 2008 年上半年开始，我们陆续在解决新课程促进学校特色发展、信息化与教学方式变革、通用技术课程建设、完全自主安排新课程等方面启动重点项目。特别是结合国家级体制改革试验，我们开展了高中自主课程实验和高中特色建设试点项目，以促进高中学校的特色发展和多样发展。

　　高中自主课程实验，是依据教育发展基本规律、高中阶段教育性质和功能、高中课程的基本特点，在相应政策保障前提下开展的促进学生、教师和学校发展的、以课程建设为核心的以校为本的综合性实验。该实验是在全市平稳推进高中新课程实验的过程中，根据北京市高中学校实际，力图实现高中课程创新，增强北京市高中教育活力，形成北京市基础教育课程改革特色的系统设计。在工作方面，该实验力图通过学校自主申报和教委批准一定数量的学校在高中课程改革的背景下进行适当"赋权"的自主创新实验，探索高中新课程改革实施的多种途径和可能实现的突破，促进实验学校学生的全面而有个性的发展、教师的专业发展和学校的特色发展，丰富北京市高中阶段优质教育资源供给，把握教育需求与资源供给矛盾解决的有效方式，探索高中教育新的增长点和发展方式，发挥学校在整体实验中的示范、带动和引领作用。在研究方面，该实验力图揭示学校课程结构、课程体系构建和运行的基本规律，课程丰富性、选择性与多样人才培养、人才培养模式变革的内在机制，学校课程整体建设与学校特色发展的基本关系，高中阶段教育价值与独特定位和学生发展的突出特征，为新时期高中阶段教育重点和难点问题的突破奠定基础。

实验推进以"研究引领、行政推动、学校自主、区域共享"为基本思路，在学校层面主要采取以校为本的行动研究法，同时辅之以经验总结、个案研究、调查研究等方法。实验以项目管理的方式委托北京教育科学研究院基础教育课程教材发展研究中心进行整体的规划、研究、实施、跟踪、监控和提供相关业务支持，并建立了较为规范的常规管理制度、联系人制度以及校际交流、年度总结、调研反馈、资源共享等保障机制。实验主要包括四个阶段。(1)筹备阶段：进行理论研究和实验设计，系统梳理高中新课程基本理念、主要内容、推进思路、世界经验等，研究高中课程的"自主创新"与"实现路径"，初步形成"六位一体"整体性课程创新实验框架。(2)首轮实验：指导 10 所学校围绕"六位一体"设计、论证和开展实验，厘清学校的育人目标、办学理念、发展定位，分析学校的课程需求、课程基础、课程资源，课程创新政策、制度空间和基本条件等，重在课程结构设计、适宜性调整和创新实施。(3)二轮实验：强化实验顶层设计，进一步清晰行动路径，新增 13 所学校开展实验，指导学校在课程结构、内容整合、课程实施等方面加大探索力度，设立专项并建立机制，规范过程管理，加强对课程资源和成果的总结。(4)三轮实验：对首批实验学校进行周期复审，追踪第二批学校实验，梳理周期成果并推广，尝试更大范围的实验，直接促成义务教育阶段课程创新实验——"遨游计划"——的开展，进一步开展实验的纵深研究。

六年的实验极大地增强了实验学校的办学活力，形成了首都高中"六位一体"课程创新模式，即基于课程方案和课程标准的"课程目标自主、课程排课自主、课程内容自主、课程实施自主、课程评价自主、课程主体(选择)自主的'六位自主'和以三级课程整体建设为核心"的整体性学校课程创新(一体)。实验建构了针对学校课程体系的基本分析框架，探索了课程创新与学校特色发展的动态互促机制，指导实验学校形成了促进学生全面而有个性发展的课程体系，围绕课程创新实验开展了高中阶段教育价值和基本定位、多样化人才分类培养、学校整体课程结构科学性与合理性、整体课程框架下的教与学模式变革等系列专题研究，形成了具有首都特色的高中阶段课程创新实体，积累了一批高质量的辐射全市的课程资源，拓展了以课程建设为核心的新的研究和实践领域。实验在高中学校、区县及市内外发挥了积极的示范和引领作用，受到教育部、兄弟省市区和北京市区县的广泛关注和一致肯定。

课程实验是一种有目的、有计划、有步骤的研究活动，又是一种现实的学校教育教学实践。六年两轮实验，我们着重在研究的基础上推进学校以课程创新为核心的系统变革，强调实验研究的规范性和专业力量的支持，并组织专家组对实验进行现场的周期复审，全面梳理学校的实践探索和创新经验，最终形成了这套周期研究成果的报告丛书。丛书展现了实验学校六年的研究历程，学校关于实验价值和课程建设的思索，实验取得的实际成效、存在的不足和以后的发展方向，既体现了学校鲜明的个性和特点，又蕴含了北京市高中课程改革的价值取向和基本思考。更为重要的是，实验的先期摸索，为我们对高中课改重点和难点问题的突破提供了方向和思路上的启示，同时拓展了课程改革的实践领域，提出了新的问题。随着实验的深入推进，我们在研究视角、研究内容、研究方式和研究成果等方面都有不同程度的突破和创新，努力使实验的推进更加有思想、有智慧、有实践、有创新、有远见、有魄力。

在深入推进教育综合改革的新阶段，自主课程实验担负着更为重要的历史使命。我们需要从课程这一学校育人的核心载体出发，努力践行立德树人的理念，加强社会主义核心价值体系教育；需要在创新人才培养、育人模式变革、满足学生个性化教育需求方面进行更深入的探索；需要在学业水平考试和综合素质评价、学科考试、文理融通、外语等科目的社会化考试等方面理出新的思路；需要在进一步增强学生的社会责任感、创新精神和实践能力，促进学生的身心健康、体魄强健，提高学生的审美和人文素养方面找到有更强针对性的措施。站在阶段节点上审视过去、展望未来，自主课程实验之于教育发展将被赋予更多的改革意义和期待。这套丛书的出版，意味着在新时期，我们的高中学校应以一种主体的姿态进行自我发展的突破和超越，走以课程创新为核心的可持续发展之路，并在改革中体现应有的责任与担当。我们期待在教育领域全面深化改革的新形势下，更多的高中学校能自信地开展持续深入的以校为本的课程改革实践，遵循教育发展的基本规律，注重改革的系统性、整体性、协同性，努力构建既具有首都特色，又有利于学生实现全面而有个性的发展的充满活力的课程体系，从而促进学生和教师的共同成长，促进高中教育教学质量的不断提高和学校办学特色的逐渐形成，最终全面推进素质教育的实施。

李　奕

2014 年 11 月 3 日

前 言

2012 年，经北京市教育委员会批准，北京市第十四中学正式成为第二批北京市自主安排高中新课程（简称自主排课）实验项目校，经过几年的课程改革实践和创新探索，整体推进了学校课程的自主建设、自主实施、自主管理与自主创新，在育人的征程上迈出了坚实的步伐，为学生终身学习和终身发展奠定了基础。

一、定位课程目标之精髓："百年文化传承"

十四中作为北京市高中示范校，有着百余年的悠久历史和厚重的文化积淀。从成立之初，到 21 世纪伊始的自主排课，十四中经历了废科举育新人、讲实用重科学、全面育人办特色到同心协力谋发展的过程。顺应时代发展需求、迎接时代挑战，是百年十四中一贯的办学风格，是十四中历经时间考验、不断突破已有格局、完善自我的强大精神动力。

十四中在这次课程改革与自主排课实验中，秉承"勤于奉献、团结协作、勇于创新"的十四中精神，坚定不移地走内涵发展道路，坚持以课程建设为载体，全方位深化教育教学改革，优化教师队伍，大力提高教育教学质量，提升办学品位，强化育人目标，追求管理高度。

二、构建课程系统之灵魂："博雅—睿智—善美"

学校课程是体现教育思想和教育理念的载体，是实现教育目标的蓝图，是学校组织教学活动最主要的依据。十四中在自主排课的规划与建构中，既关注和研究各门课程独具的教育功能，在对课程内容、教学方法以及课程评价做出选择与运用时，从课程特点出发，尊重课程内在的规律，又关注学科课程与活动课程两类课程的相互联系，发挥两类课程的整体功能，努力实现两类课程的优势互补。学校借助自主排课实验的平台，规划设计了以"博雅—睿智—善美"为主线、以"学科课程＋活动课程"为基础、以"基础＋综合＋实践＋拓展"为层次、以"通修课程＋专修课程＋套餐课程＋拓展课程"为结构、以"身心健康陶冶＋科技实验凸显＋人文综合融通＋网络自修辅学"为维度的"1234"的学校课程体系，通过"1234"相关内容的整合与开发，体现高中阶段的教育价值和基本定位，体现国家课程对公民素质的基本要求，实现了国家课程校本化实施的目标。

三、完善课程结构之策略："整体校本化"

十四中的课程开发、实施、完善与整合，经历了学习—理解—执行和自主—发展—创新这两个核心阶段，实现了稳步进入高中新课程标准实施阶段，逐步形成了以"博雅—睿智—善美"为灵魂的"1234"课程体系，这个课程体系彰显了学校的办学特色与育人目标。在课程设计上，该课程体系建立学科分层系列课程；对教学顺序进行调整，实现学科内和学科间的相互协调；打破严格的学科界限，实现同类学科的综合与贯通；对国家必修课时进行合理安排。在实施过程中，该课程体系重组与整合学科课程结构；探索与改革学科教学方法和学生学习方法。在课程自主管理与自主评价中，该课程体系完善课程实施教学管理制度；实现课程实施包括教师、学生和课程的全面多元的评价；保障学校自主会考命题质量，体现自主会考特色。

四、整合课程实施之精彩："1＋1＋1"

十四中作为北京市普通高中课程改革实验样板校、北京市中小学综合实践活动课程特色校，在学校领导和教师的共同努力下，整合、提炼、开发出体现学校育人目标及办学特色和体现教师创造性及学生自主选择性的"1＋1＋1"的特色课程。

第一个"1"是十四中通修课程中的主题教育活动课程。

学校在实施这门课程时以现代教育理念为指导，以促进学生向善、逐博、从雅为目标，以活动为主要教学手段，以多元化的教育资源为载体，以主题为组织形式，以学生的参与体验为主要表现形式。主题教育活动课程是围绕某一个主题展开的。在教师和预设的活动课程主题和活动课程目标的引领下，学生通过参与活动、自主探索、分享感悟等完成自主参与和自发学习。

十四中通修课程中的主题教育活动课程包括常规课程和特色课程两大类型，常规课程包含三类课程——博雅课程、睿智课程、善美课程。在课程设计和学生培养方面，学校秉承"全面＋优长"的培养模式，促进学生的全面发展，而特色课程则尊重学生的个体差异，促进学生的优长发展。学校开设的高中生生涯规划与管理课程、心理活动课程、社团活动课程很有特色。高中生生涯规划与管理课程引导学生认识自我、探索环境、规划未来。心理活动课程为学生的心理健康保驾护航。社团活动课程为有才华、有特长的学生提供了学习和展示的机会，促进学生的优长发展。

第二个"1"是国家课程校本化实施的综合实践活动课程——研究性学习。

研究性学习的开设与实施是十四中经历了十多年的磨难后亮出的锋利的一剑，已形成学校独有的课程特色，管理严谨科学，实施有序有效，成果丰富且高端。研究性学习是"学生在教师指导下，从学习生活和社会生活中选择和确定研究专题，主动地获取知识、应用知识、解决问题的活动"；是以问题和学生活动为中心，学生自己提出问题，在小组合作研究中，向教师、专家请教，查阅资料，自主实验解决问题的整个学习过程。学生学会了提出感兴趣的课题，掌握了课题研究的每一个环节，主动体验研究过程的艰辛，从而养成了严谨科学的研究态度，学会了科学研究问题、解决问题的方法，提升了综合素养，最大限度地培养了自主探究的能力。学科课程和活动课程两类课程相辅相成，共同促进学生更好发展，让学生飞得更高更远！

第三个"1"是开发与实施具有十四中特色、满足学生个性化需求的"点线面体"结构的校本课程。

自 2000 年开始，十四中在课程建设中积极探索，构建形成了较为完整、丰富的课程体系，在严格执行《北京市普通高中课程改革实验工作方案(试行)》的基础上开拓创新,积累了较为丰富的实践经验和课程资源,在课程设置上突出了"以学生发展为本",与学校的办学理念和育人目标相一致。校本课程的开发与实施紧紧围绕着"博雅—睿智—善美"育人目标与学校实际,追求课程的价值和效益,努力打造精品课程,体现学生的主体意识和社会责任感,为学生全面而有个性地发展提供适宜的环境和条件。学校开发的校本课程形成了体系,是以"点线面体"结构呈现的。

点(单元型):这类课程一般是配合学生在某一时期的学习需要,围绕某一个学科问题进行深入探究而开发出来的校本课程。

线(学科型):这类课程是为提高国家课程的成效而进行的对某一国家课程(学科课程)的补充与拓展,或者是针对部分学有余力、有所特长的学生开发开设的课程。这些课程往往是在大学期间开设的学科课程,或者是为适应大学自主招生而开发的课程。教师根据学生情况,将其调整、改编成适合高中学生的课程。

面(领域型):这类课程的内容主要集中在某一领域。教师根据学生的实际情况,将某一领域的内容进行选择、调整、修订、替代、整合,最终经过多元的评估找到有效的教学策略并促进学生学习,这种课程的主要目的一般是让学生对某一领域的内容有所了解,并不要求他们一定接受或者掌握该领域的内容与技能,从而有助于学生由单一学科思维发展到多学科综合思维。

体(跨领域型):这类课程的内容并不局限于某一领域,可以跨越多个学习领域,多以某一主题为切入点,涉及的内容涵盖科学技术、传统文化等多个领域。

经过几年校本课程的开发与实施,教师发生了转变,他们由教授课程到设计课程,由关注单一学科到关注综合学科,由关注学生的知识、能力到关注学生的人文修养,这都是教师专业成长的飞跃。同时,学生也发生着变化,由单一学科思维到多学科综合思维的意识、能力和方法都有所提升,他们的人文素养也得到了提升。

经过几年校本课程的开发与实施,学校部分教师将上课用的素材编

前　言

写成册，形成了十四中的校本课程教材，多数教材已经进入第三轮试用阶段，包括北京师范大学出版社出版的《汽车万花筒》。另外，《校园气象观测》《海洋地理》《定向越野》《从"花间"到"饮水"》《美文欣赏》《鲁迅作品选读》《生活中有机化合物的结构与性质初探》等教材也正在试用。

在领导和教师的共同努力下，十四中形成了具有学校办学特色的，体现教师创造性、学生自主选择性的独特的"校本课程的开发""校本课程的实施"与"校本课程的管理与评价"体系。

五、精品课程发展之优势："智慧教师团队"

十四中在发展的历史长河中始终有一支数量充足、结构合理、师德高尚、学识渊博、业务精良的教师团队。他们无怨无悔、辛勤耕耘在教育教学的三尺讲台上，赢得了同行的赞誉和历届学生的爱戴。可以说，十四中是优秀教师的摇篮，近 40 年来，从十四中这块沃土成长起来的有特级教师 7 人，北京市学科带头人、骨干教师 10 人，宣武区名师讲师团成员 6 人，区拔尖人才、学科带头人、骨干教师、希望之星 76 人，北京市"紫禁杯"优秀班主任 20 人。学校还有全国优秀教师、北京市十佳班主任和北京市劳动模范，还有多位教师在全国中青年教师评优课中获得特等奖和一等奖。这个优秀的教师团队始终引领学校的课程改革，引领学校教师专业发展，营造了校园良好的学术氛围，创造了感人的育人经验，使学校蓬勃发展，让课堂焕发出生命的活力。

新一轮的高考改革已经拉开大幕，逐渐进入"临战"阶段。新高考改革抓住了选择性和多样性两个核心概念，也就是说，新高考赋予了高中学生在学习上更大的选择权和组合权，从而推动了高中教育的系统变革，促进高中学生个性化成长和高中办出特色。

我们坚信，十四中在参与北京市自主排课实验取得成果的基础上，再投入新一轮高中课程改革一定会有一个更好的发展前景。自主排课实验的平台，让学校积累了一些成功的经验和好的做法，比如，规划学校课程让学生有更强的选择性、有前期的铺垫；进行走班选课有一套科学的管理方案；对学生进行生涯教育有很多成功的案例；校本课程开发满足学生的个性化需求且有一支有经验的教师队伍。参与自主排课实验，让我们的学生、我们的教师、我们的学校得到了充分的发展，让我们有了成就感，增强了我们对教育的使命感。至此，感谢北京市及西城区教育委员会、北京教育科学研究院等给予我们学校在自主排课实验工作中的方向引领、政策支持，这些为学校的发展、教师的专业成长搭建了平台。

本书在编撰过程中得到了北京教育科学研究院基础教育课程教材发展研究中心专家的具体指导。北京教育科学研究院多次召开研讨会，就书稿内容的选择、行文的逻辑、理论的提升进行了深入的研究。在此，我们表示诚挚的感谢！

百年文化的积淀，30 年十四中人奋斗的足迹，10 多年课程教材发展研究改革的积累，5 年自主排课实验的探索，几十门选修、研修课程的开发，近百个德育活动方案，几百个研究性学习课题成果，数千个优秀课例，都真实记载了学校课程改革的历程、教师在课程改革历程中的全力投入与辛勤付出。学校的教师既是本书的撰写者，也是学校课程改革的实践者和课程改革的创新者，在此也由衷地对他们表示感谢。

由于时间仓促、能力水平有限，我们要想把学校在课程改革中探索实践的经验科学地一一呈现出来，实属不易。书中一定存在很多问题和不足，恭请各方面专家和广大读者批评指正。

安彩凰
于北京市第十四中学
2017 年 1 月

目 录

CONTENTS

第一章

学校文化传统与课程建设探索

北京市第十四中学（简称十四中）作为北京市高中示范校，历史可追溯到 1906 年的畿辅学堂，有着百余年的悠久历史和厚重的文化积淀。推动学校发展的是自强不息的执着精神，是争创一流的进取精神，是爱校报国的理想志向，是团结凝聚、和谐奋进的人文力量。

　　秉承"勤于奉献、团结协作、勇于创新"的精神，十四中坚定不移地走内涵发展道路，坚持以课程建设为载体，全方位深化教育教学改革，优化教师队伍，大力提高教育教学质量，提升办学品位，丰富办学内涵。

　　十四中具有一支高素质的教师队伍，学校的特级教师、学科带头人、骨干教师所占比例达到全体教师的三分之一。学校为社会培养了大量的优秀人才，各行各业都有学校培养的佼佼者，为国家人才发展战略做出了贡献。

　　十四中人在继承和发扬学校优良传统的同时，始终站在教育改革的前沿，紧跟时代发展的步伐，为培养更多的以国家社会发展为责任的创新人才不懈奋斗着！

一、学校文化传统

从成立之初到 21 世纪伊始的自主排课，十四中经历了废科举育新人、讲实用重科学、全面育人办特色到同心协力谋发展的过程。顺应时代发展需求、迎接时代挑战，是百年十四中一贯的办学风格，是十四中历经时间的考验、不断突破已有格局、完善自我的强大精神动力。

(一)"中体西用"：废科举育新人

"废科举、兴学校"是中国近代教育史上的一件大事，是晚清仁人志士勇立时代潮头废除科举制度、大力改革旧教育体制的一项重大举措。它的目的在于用新式教育培养适应时代发展的新式人才，从而拯救当时岌岌可危的大清朝。

1904 年，清政府颁布《奏定学堂章程》，即《癸卯学制》。该学制自 1904 年起实施，到 1911 年辛亥革命推翻清朝时废止。这是中国近代第一个以教育法令的形式公布并在全国施行的学制，为新式教育体系在中国的发展勾画了蓝图。1905 年，清政府下令废除科举考试，将育人、取才合于学校一途，自此，中国结束了 1000 多年的科举制度。旧式教育宣告正式结束，新式学堂凭借全新的教育理念和人才培养目标登上了历史的舞台。

中国教育开始步入近代的重要标志，就是新式学堂的创办。"洋务派"代表人物张之洞提出"中学为体、西学为用"，可以说是这一时期包括教育领域在内的各领域总的改革指导思想。"张之洞为《劝学篇》，亦云：'中学为内学，西学为外学；中学治身心，西学应世事。'光绪《定国是诏》亦谓：'以圣贤义理之学植其根本，又须博采切于时务者，实力讲求，以救迂谬空疏之弊。'"①

这一时期，不仅原有的各级官学和书院纷纷改为新式学堂，有识之

---

① 钱穆．国史大纲[M]．北京：商务印书馆，2012：899～900．

士也纷纷加入创办新式学堂的行列。"新式学堂的培养目标不是各级官吏，而是通晓专业技术的人才；学习内容已不是原来的四书五经，而是各种专业知识和技能；教学方式和学习期限都具有了新式教育的特征。"①

图 1-1　畿辅先哲祠

十四中的前身畿辅学堂便是在这样的历史潮流中应运而生的。畿辅学堂创建于 1906 年。学校创始人便是大力推行"中体西用"教育改革思想的张之洞。可以说，自诞生之日起，学校便肩负着探索前行、改革创新、救亡图存的历史使命。

学校诞生之初为五年制中学堂（见图 1-2），系属《癸卯学制》主系列内的中等教育阶段，具有"普通教育性质，兼有升学和就业两重任务"。

---

①　程裕祯．漫漫求学路　中国古代学校史话［EB/OL］．［2017-06-21］．http：//www.china.com.cn/culture/txt/2009—03/25/content_17497756_4.htm.

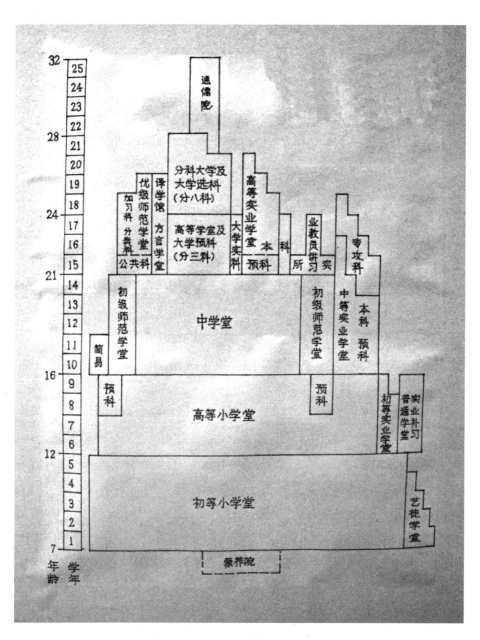

图 1-2 《癸卯学制》等级设置示意图

　　根据学制的要求，学校当时主要开设的课程如图 1-3 所示。

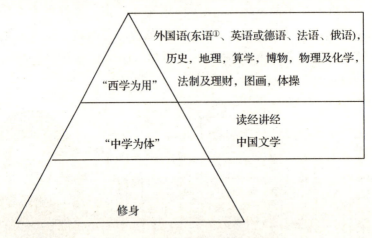

图 1-3　《癸卯学制》课程开设示意图

　　在当时的课程中，修身（提升个人修养）为课程之首，而且读经讲经和中国文学仍旧在整个课程设置中占有极其重要的地位，充分体现了张之洞"中学为内学""中学治身心"的课程设计理念以及该学制浓厚的封建性。

　　该课程体系在保持"中学为体"的同时，极大地丰富了"西学为用"的层面：引入外国语（东语、英语或德语、法语、俄语），历史，地理，算学，博物，物理及化学，法制及理财，图画，体操等全新的"西学"科目，体现了该学制课程设计对旧学堂教学内容的补充和改革，即"西学为外学""西学应世事"的设计思路。

　　可见，当时作为中等教育新学堂的畿辅学堂，其课程不再单一地服务于官僚精英，而是开始面向社会发展建设的各个领域，其塑造的人才规格也更加多样化，在紧随时代潮流、探讨中国教育新出路的阵容里，积极培养着救国图强的新型人才。

　　（二）改革求变：讲实用重科学

　　1912 年中华民国成立后，我国的教育走进了新的实施阶段。中华

---

　　①　东语即日语旧称。

民国时期，作为大学预备课程的中学课程历经数十次调整，从跟风国际、冲击传统的舶来品，逐步"出于中国实际考虑，理性地走本土化路线"。新文化运动时期尤其是一个急剧变革的历史时期。这一时期以美国为代表的西方教育思想被大量引入我国，国内更是各种思潮纷纷涌起，教育思想和教育改革异常活跃。

这一时期，中学教育以"完足普通教育，造成健全国民"为宗旨，以升学第一和人才教育为目的。学校设置课程、进行教学的主要依据是国家颁布的正式课程表，并由民国初年的单科制向分科制过渡。在课程的实施过程中，教学方法的改进也不断受到重视。

1928年，时任畿辅学堂董事会董事、中国历史上最后一名状元、进步绅士刘春霖（见图1-4），号召数名河北籍知名人士捐资赠书，并对畿辅学

图 1-4 刘春霖

堂进行扩建，将其更名为私立"燕冀中学校"（简称燕冀中学，见图1-5），设初中课程，但主要招收男性学生。1930年，学校在西什库增设女校，1935年增设高中班，自此成为完全中学。

图 1-5 燕冀中学校校门

这一阶段需要不断思考和探索的核心问题是以自然类课程为主体的科学教育如何在普通中学的课程实施中获得成功。畿辅学堂的课程也开始追随国家"崇科学、重文艺、讲实用"的教育方针进行调整：废除了读经讲经课程，不断提升自然类课程在整个课程体系中的比例。学校依据不同的学

科开始设置不同的课程，但总课时有限，学科科目增多，导致单科课时减少，教学内容偏浅，教师负担偏重，学生学习的效果不尽如人意。

刘春霖先生倡导"天开新学界，地嬗古遗风"的求新求变的教育精神，使学校吸引了一批仁人志士从教，不断强大教师队伍，而且吸引了一批批学子就学，培养出了众多时代所需的新型人才。燕冀中学成为北京当时爱国图强、为世人所称道的著名中学。

在一代代教育开拓者的引领和影响下，燕冀中学师生顺应时代发展的需求，把忠于国家民族、维护国家利益、报国图强作为自己追求的崇高境界，放眼世界，开拓创新，以家国天下为己任，始终立于时代潮头，站在教育改革的最前线。

(三)老校新风：全面育人办特色

新中国成立后，百废待兴，文化教育也备受关注。中国人民政治协商会议第一届全体会议通过的《中国人民政治协商会议共同纲领》提出："中华人民共和国的文化教育为新民主主义的，即民族的、科学的、大众的文化教育。人民政府的文化教育工作，应以提高人民文化水平、培养国家建设人才、肃清封建的、买办的、法西斯主义的思想、发展为人民服务的思想为主要任务。""人民政府应有计划有步骤地改革旧的教育制度、教育内容和教学法。"

在这一历史阶段中，学校也发生着翻天覆地的变化。学校于1951年由北京市政府命名为"北京市第十四中学"，后虽几度历经校址变迁、结构调整，但在各级党政领导的亲切关怀下和全校教职员工的努力下，学校的办学规模和教学成绩有了长足的发展和进步。同时，为了更好地培养新中国的建设者和接班人，十四中在人民政府的协助下对学校的课程进行了大力调整：取消了国民党政府所设立的公民、党义等

图1-6　十四中第一届高中班师生合影

课目，设立革命的政治课，进行马克思列宁主义、毛泽东思想的基础理论教育和时事政策教育；注重思想政治教育工作，肃清奴化的、封建主义的、法西斯主义的思想，进行"五爱"（爱祖国、爱人民、爱劳动、爱科学、爱护公共财物）教育，树立为人民服务的思想；建立新民主主义青年团、少年先锋队和中国共产党的基层组织，以适应新时期教育发展、人才培养的需要。

1976年，党和国家发生了重大转变，进行了拨乱反正，随后召开了十一届三中全会，党和国家的各项工作开始复苏并逐渐走向正轨。这一切为学校的发展创造了有利的社会环境。1978年，邓小平在全国教育工作会议上提出："提高教育质量，提高科学文化的教学水平，更好地为社会主义建设服务。""我们要大力在青少年中提倡勤奋学习、遵守纪律、热爱劳动、助人为乐、艰苦奋斗、英勇对敌的革命风尚，把青少年培养成为忠于社会主义祖国、忠于无产阶级革命事业、忠于马克思列宁主义毛泽东思想的优秀人才，将来走上工作岗位，成为有很高的政治责任心和集体主义精神，有坚定的革命思想和实事求是、群众路线的工作作风，严守纪律，专心致志地为人民积极工作的劳动者。"同年，十四中被评为首批宣武区重点中学。广大教职员工在学校的领导下，同心协力为提高教育教学质量而努力拼搏。十四中进入了一个快速发展的新时期。

在办学上，十四中提出了"团结、勤奋、求实、创新"的校训和"育人为本，培养健全人格"的办学理念。1987年，十四中被确定为北京市奥林匹克化学学校，新建了3300平方米的实验楼，1989年又建成了3880平方米的教学楼，教学条件得到根本改善。

二、同心协力谋发展

1995年至今，历任校领导本着与时俱进的管理思想，将队伍建设放在首位，一手抓干部队伍建设，一手抓教师队伍建设，在对干部队伍提出更高要求的同时，不断对教师队伍进行稳定、优化。随着时代的发展和科技的进步以及入学人数的不断增多，学校的基础建设和教学设施也不断迈上新台阶。

(一)办学理念凝聚共识

十四中的办学理念一直走在前沿，1995 年李建媛校长提出了健全人格的教育理念：坚持"育人为本，培养健全人格"的宗旨，以德育为核心，以培养学生创新精神和实践能力为重点，全面贯彻党的教育方针，全面实施素质教育；以面向现代化、面向世界、面向未来的眼光使坚持学习科学文化知识和加强思想修养相统一，使坚持实现自身价值与服务祖国人民相统一，使坚持树立远大理想与艰苦奋斗相统一，造就有理想、有道德、有文化、有纪律的德智体美全面发展的社会主义事业建设者和接班人。在这种办学理念的指导下，十四中连续六年被评为首都精神文明标兵单位。1998 年，十四中教育教学捷报频传，高考成绩名列全区第一。

1999 年，荣培云校长认真总结近百年优良的教育传统，提出了"师德为魂，育人为本"的办学理念。十四中多年来教学质量稳定，有一支师德高尚的骨干教师队伍，他们爱岗敬业、热爱学生、严谨治学，在校内外享有较高的教学声誉，已经形成了"务实、奉献、团结、创新"的优良教育传统。这是几代十四中人不断奋进的结果，是学校发展的重要根基。当时，十四中的青年教师比例已为 70%，因而学校既要让他们不断创新，又要让他们传承学校已经形成的优良教育传统，继承学校优秀教师的宝贵教育经验，努力做到师德为魂、以师育师，使学校教师队伍具有先进的教育思想、高尚的人格魅力、精深的业务知识、精湛的教学技艺、健康的心理素质，努力使学校新人辈出，促进学校可持续发展。

为了建设社会主义和谐社会，加快首都教育现代化的进程，十四中不断追求教书育人、管理育人、环境育人、服务育人、建设育人为本的校园文化，坚持"对每一个学生负责，帮助每一个学生成功"的育人精神，让学生参与课堂教学、参与课程改革、参与学校管理，让学生在学校生活中得到愉悦的体验，将他们培养成为诚实守信、乐于合作、基础扎实、特长明显、善于实践、勇于创新、身心健康、和谐发展的高素质人才，为学生终身发展奠定坚实的基础。正是在这种理念的指导下，十四中成为北京市高中示范校。

王建宗校长于 2007 年提出"严、爱、成"的办学宗旨和"善、博、雅"的育人目标。教育是培养人和塑造人的工程，培养全面发展的人是教育的最终目的。以真善美为育人之本，以德智体为发展之基，从行为习惯养成到道德情感培育，为国、为家、为父母，培养品学兼优的有用之材，是学校的办学宗旨。与之相对应，十四中提出"善、博、雅"的育人目标，要求教师以渊博的知识培养人，以科学的方法引导人，以高尚的人格塑造人，以优雅的气质影响人，把学生培养成为"善、博、雅"的人才。善，育人由德至善，因德而善；博，广博精深，学习广泛涉猎而博，学有优长而精；雅，以美而雅，高雅修身，雅趣生活。正是在这样一种具有前瞻性的教育理念的引导下，十四中形成了一支高水平的教师队伍。

（二）名师辈出引领改革

学校涌现了以化学特级教师陆禾先生（图 1-7）为代表，包括刘连续、杜芷芬、梁增玉、陶乃阁等在内的一批学科带头人。陆禾老师是化学特级教师，是化学教学"综合启发式"流派的代表，曾任国家教委（后改称教育部）中学化学科审查委员、中国化学会理事，主要成果有《特级教师指导学习——化学》《特级教师谈学习策略——高中化学》《高中化学重点难点解析》等，他是十四中第一位享受国务院政府特殊津贴的教育管理专家。

图 1-7 陆禾

图 1-8 杨永培（中）

杨永培老师（图 1-8）的教学生涯长达 54 年，潜心研究中学物理改革。20 世纪 80 年代，杨老师进行"自学讨论式教学"实验，面向全体学生，因材施教，分层次教学，成绩显著。他注重开发学生的潜能，培养学生的创新能力和实践能力，提出让每个学生都要"爱学物理，会学物理，学好物理"。在班主任工作方面，他爱生如子，注重情感教育，坚持对所教的全部学生进行家访。他先后被授予全国优秀教师、北京市劳动模范、北京市模范教师、北京市模范班主任等称号，有《情感与教学》《在物理教学中培养学生自学能力》《关键在于提高课堂教学效率》等成果。

刘连续老师，教学生涯长达 50 年，期间担任班主任 35 年，他认为教师要博读精研，常教常新，教学与竞赛相结合。同时他坚持带领学生进行铁人三项运动——冬泳、环城长跑、骑自行车浏览京郊名胜。他注意全面培养学生，将自己全

图 1-9　1991 年刘连续带领的铁人三项之骑自行车

部的心血、知识、精力都无私地奉献给了学生，被授予市、区级模范教师、十佳班主任、优秀共产党员等称号 20 余次。

化学高级教师魏安，教学生涯达 47 年，热爱教学，一心一意把书教好。魏安老师致力于激发学生对化学这门学科的激情与热爱，善于用生动幽默的语言营造轻松活跃的学习氛围，寓教于乐形成了自己独树一帜的教学风格。他坚持从"会学习、会思考、会记忆、会表达"几个方面培养学生，帮助学生养成良好的学习习惯，成绩显著。魏安老师的主要成果有《奥林匹克化学》《名师中考全方位辅导》《化学中考压轴题》《中考化学最后几题考什么》等 30 多本书及 20 多份教学影音资料。他曾担任北京市化学学科兼职教研员，先后参加了化学教材、考试说明的编写，曾 4 次被聘请参加北京市升学统一考试的命题工作，获市级园丁奖，并

培养了多名优秀的青年教师。

杜芷芬是讲究教学方法技巧、注重普遍开发和特长生培养的高级教师，担任化学教研组组长。在数十年的教学生涯中，杜老师积累了丰富的教学经验，形成了自己独立的教学风格，使学生开阔眼界、激发兴趣，大幅度提高学生各方面的能力。她指导的学生在1990年曾获全国化学竞赛一等奖，她本人获全国优秀辅导教师称号。她还曾赴外省市讲学，主编、参编《中学化学教学手册》等多部著作。

梁增玉是注重提高课堂效率、减轻课外负担的物理高级教师，担任物理教研组组长，是全国教育科学"八五"计划、国家教委和北京市重点课题组的成员。她曾参加《中国中学教学百科全书》的编写工作，1991年被评为全国优秀教师，曾多次为市、区教师讲公开课和去外地讲学，她的教学论文多次发表并获奖。

陶乃阁勤于学习，善于思考，是常教常新的高级教师，担任数学教研组组长。1988年以来，他多次在市里、区里上公开课和录像课，参加市教研部组织的立体几何重要章节录像课的筹备工作，多次承担市、区教研活动的主讲工作，并被聘参加第二届国际数学研讨会等大型教研活动。他的论文多次发表，曾参加《高中数学总复习》等书的编写工作。

在这些老教师的带领下，一批高水平的青年教师脱颖而出，这些优秀教师以安彩凰和李佳为代表。安彩凰老师1983年开始工作，经过教学工作岗位的初步适应阶段后，1986年参加了宣武区首届教学评优活动且她的课被评为优课，显示出骨干教师的潜能；1991年参加北京市青年教师评优课活动，被评为全市第一名，这是她进入成熟期的标志。安彩凰老师于1992年破格晋升为中学高级教师，1993年荣获北京市普教系统优秀青年教师标兵称号，1994年获得北京市中学十佳班主任称号，1995年参加北京市和宣武区教委联合组织的"青年教师安彩凰成长之路研讨会"，2004年获得全国优秀教师荣誉称号，成为教育战线上的栋梁之材。

青年教师李佳编制的计算机化学教学软件在北京市评比中获第一名，并被评为市青年学科带头人，并多次获得各种奖项。例如，在1997年全国中学化学教师录像课评比活动中，原电池被评为一等奖；编制的

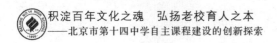

CAI 软件《原电池》《电解》《氨分子结构》进入"九五"国家重大科技攻关项目。2002 年，李佳老师喜获北京市五一劳动奖章。

这个时期已经形成以安彩凰和李佳为代表的优秀青年教师群体。青年教师田树林、张淑俊分获北京市生物、物理评优课优秀奖，25 岁的青年数学教师彭林著述了近 50 万字的数学研究文章。1994—1999 年，十四中有 12 位

图 1-10　十四中部分年轻教师破格
晋升为高级教师

40 岁以下的青年教师破格晋升为高级教师，不少青年教师参加市级评优课获奖。化学教师沈军和数学教师魏晓莉的录像课参加全国录像课评选获特等奖，为北京市赢得了荣誉。

正是在这样一批有经验的老教师的带领下，十四中出现了非常优秀的年轻教师，这些教师成为北京市的学科骨干。情长思远，继往开来，他们正是怀着对教育的热忱和浓浓的爱，投身到教育事业中，并成为教育精英。

三、稳步前行探索发展新途径

北京市自 2007 年起，正式开启了高中新课程及新高考改革方案的实施进程，改革的中心点为"新课程、新理念、新高考"。

（一）学校发展的环境分析

为适应改革并提出相应的策略，十四中进行了课程改革前的现状分析。PEST 分析法是战略外部环境分析的基本工具，它通过政治（Politics）、经济（Economic）、社会（Society）和技术（Technology）四个方面的因素分析，从总体上把握宏观环境，并评价这些因素对某一单位或者集团的战略目标和战略制定的影响。

下面通过该分析法对十四中现在所处的宏观环境做出以下分析，见图 1-11。

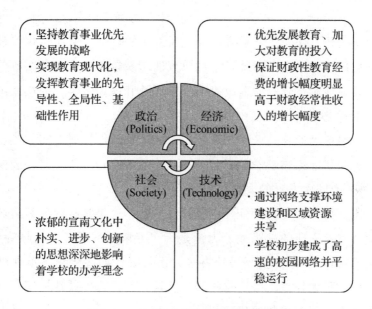

图 1-11 十四中宏观环境的 PEST 分析

1. 政治法律环境

《国家教育事业发展"十一五"规划纲要》《北京城市总体规划（2004—2020 年）》《北京市"十一五"时期教育发展规划》等相关文件指出：全面建设小康社会、构建社会主义和谐社会，教育肩负着重要的历史使命；走新型工业化道路，建设创新型国家，必须充分发挥人力资源优势；坚持教育事业优先发展的战略，加快教育发展，是把我国巨大的人口压力转化为人力资源优势的根本途径；实现教育现代化，发挥教育事业的先导性、全局性、基础性作用，重视教育对社会发展的重要支撑作用，满足国家可持续发展对各类人才的需求，满足人民群众对优质教育和终身教育的需求。《北京市宣武区"十五"期间教育发展规划》《北京市宣武区"十一五"期间教育发展规划》和宣武区 2007—2009 年的政府工作报告都把十四中新址的建设作为宣武区对优质教育资源进行平衡、调整和发展的重要举措。

2. 经济发展实力

党的十七大指出要优先发展教育。近年来，各级政府不断加大对教育的投入。2008年，北京市对教育的投入达到235亿元，未来有望增加到400亿元。优先发展教育，加大对教育的投入，保证财政性教育经费的增长幅度明显高于财政经常性收入的增长幅度已成为各级政府的共识并已得到落实。政府的财政投入有效保证和推动了学校的快速发展。

3. 社会影响

十四中地处原宣武区[①]南部，浓郁的宣南文化中那朴实、进步、创新的思想深深地影响着学校的办学理念。直到今天，"开放、进取、创新"依然是十四中发展的主旋律。

在历史的长河中，"宣南"也曾辉煌一时。这里是战国燕都蓟城的肇始之地、宣南文化的发祥地。无论是天宁寺塔、法源寺、长椿寺（今宣南文化博物馆）、纪晓岚故居等古迹，还是近代湖广会馆、革命烈士高君宇故居、石评梅墓、梁启超故居等建筑，都无一例外地见证了宣南文化从起源、发展到成熟的历程。

在百年的风风雨雨中，十四中的办学始终以"宣南"为立足点，以殷实厚重的宣南文化熏陶着校园文化，爱国、报国的人文思想一直是学校育德的主旨。多年来，学校良好的办学效益为宣南地区教育的发展起到重要的推动作用，逐步得到社会的认可和信赖。

4. 技术支持能力

在相关部门和学校的共同努力下，十四中教育资源共建共享工作取得了重大发展。伴随2007年宣武区教育城域网的建成，教育信息网络资源的共建共享通过规范化建设、分步实施、典型引路、重点突破、应用普及、提高效益等方面工作的开展，通过网络支撑环境的建设和区域资源共享，有效地缩小了教育差距，均衡了教育发展，提高了信息化的整合程度和应用水平，促进了教育改革和发展。作为宣武区城域网广外地区资源和网络中心，十四中在软硬件建设上得到了区政府和区教委的

---

① 宣武区，北京市原辖区。2010年国务院批准撤销北京市西城区、宣武区，设立新的北京市西城区，以原西城区、宣武区的行政区域为新的西城区的行政区域。

大力支持，初步建成了高速的校园网络并平稳运行。

(二)学校发展的 SWOT 分析

表 1-1　十四中 SWOT 分析简表

优势（Strengths）	劣势（Weaknesses）
①百年名校、人才学苑的历史 ②优良的传统和严谨的校风 ③社会知名度 ④一代代师德高尚、教学业务精湛的优秀教师传承下来的精神 ⑤适应当前教育发展的领导班子 ⑥办学育人的核心理念 ⑦高素质、高水平的教师队伍 ⑧优美的校园环境和现代化的教学设施 ⑨丰富的课程资源 ⑩具有学校特色的课程体系	①高水平的师资逐渐减少 ②生源质量下降 ③学校的办学特色不明显
机遇（Opportunities）	潜在危机（Threats）
①国家对教育的重视程度和社会对教育特别是对优质教育的需求 ②全国教育课程改革 ③北京市行政区划的调整 ④新校址的使用	①两区合并，稳定的生源发生了改变 ②校址变迁，师生对社区、对校园环境需要适应 ③四校合并需平稳过渡

1. 发展优势分析

第一，历史上，当十四中以燕冀中学命名时，她的男校和女校在京城就很有名气，得到许多有志学子的认可和政府的重视。可以说，创办者赋予了学校优秀的属性。培养出一代代优秀学子的事实，是十四中持续保持并不断扩大其影响力和社会知名度的重要保证。虽历经百年，学校的优良传统和严谨的校风没有改变，仍然激励着十四中人在继承的基础上不断创新。

第二，在学校进入第二个百年的发展阶段，党政正职换届调整。根据当前教育发展的前景，学校提出了统领十四中办学育人的核心理念：继承发展、固本开新；健全人格、幸福教育；和谐发展、优长育人。伴随着新校址的投入使用，全新的办学理念和管理思路，将把十四中推向

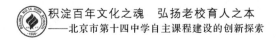

更高的发展平台。

第三，无论是早期的燕冀中学还是新中国成立后的十四中，之所以在教育界有较大的名气，与学校不断涌现出的一代代师德高尚、教学业务精湛的优秀教师有着密切的关系。燕冀中学时期，刘春霖等人就是当时社会的有识之士。新中国成立后早期的全国优秀化学教师陆禾先生，其后出现的北京市劳模杨永培先生、北京市优秀教师陶乃阁先生、物理教师梁增玉先生、数学教师刘连续先生、化学特级教师李佳、生物特级教师王伟光、体育教师赵万勇、语文教师吕立人等，他们的身上都很好地体现出了十四中人优良的育人传统和教师风范。

教师是学校的最大财富之一，学校在办学水平和质量上能否获得提升，取决于师资队伍是否有可持续发展的实力。在招聘教师时，学校要严格把关，加强对青年教师的培养和教育，再加上优秀老教师的影响、带动，要保证十四中在师资方面的优势一直保持和延续下去。

2. 发展机遇分析

第一，无论是"科教兴国"还是"人力资源强国"的提出，都说明了教育在国家发展中的重要性。国家对教育的重视程度和社会对教育特别是对优质教育的强烈需求使得学校工作始终都能得到各级政府的大力支持和扶助。十四中新校址的建成就很好地说明了这一点。同时，政府的支持也将促使学校努力适应国家和社会发展的需要，积极寻求自身的进步和发展。

第二，2009年9月新校舍的投入使用，成为十四中发展的有利契机。学生、教职员工迁入新的学习、工作环境，有利于学校提出新的要求、制定新的或更高的目标，更是教育学生摒弃不良习惯的最佳时机。学校可以此为契机，重新定位。

第三，学校新址在广外地区，广外社区居住者多为国家部委家属。具有较高素质的居住者应该会使得学校周边有一个良好的人文环境，有利于学校提升办学品味，促进学校的发展。

3. 面临的挑战分析

第一，良好的生源是学校取得好的办学效果的前提。十四中原来相对稳定的优质生源会因校址的搬迁而转入其他学校，而新校舍在短时间内不能建立起固定的优质生源输入渠道。

第二，当新的生源进入十四中后，由于地域的差异，学生的自身素质和受教育程度会和原来的学生有所差异。学校的教育教学因此要进行有效调整。

第三，在新的环境中，学生、教职员工展示给周边居民的形象和素质会直接影响到十四中的品牌效应，因此，学校要统一部署，对学生和教职员工进行严格要求，以便让社区周边居民和社会各界很快接纳学校，保证学校平稳运行。

第四，学校要全心全意依靠教职员工办好教育。学校要有合理健全的管理体制，更重要的是，教职员工要具有凝聚力。由于前期本区内教育资源调整，十四中已是四校合一，人员来自不同基础的学校，都已形成自己的工作理念。因此，学校要通过正确的途径，引导各层次人员的价值取向基本趋于一致，只有这样，学校才能稳定发展。

4. 存在的弱势分析

第一，高水平师资逐渐减少。教师中业务过硬、发展前景较好的教师为数不多。

第二，在高中扩招的背景下，学生升高中的压力减小。虽然这增加了学生入学的机会，但造成了生源质量的下降。

第三，学校的办学特色不明显。教育教学、管理工作的特色还有待进一步升华。

（三）课程改革的前期探索

进行高中课程改革以来，十四中在课程建设中不断探索，构建了具有整体性、丰富性、联系性和深刻性的三级课程体系，在严格执行《北京市普通高中课程改革实验工作方案（试行）》的基础上努力开拓创新，在课程建设、教学实施、综合评价等方面取得了一些实验效果和社会效益，积累了较为丰富的实践经验和课程资源。课程设置突出"以学生发展为本"的核心思想，从整体上与学校的办学理念和育人目标相一致，特别是在校本课程和综合实践活动课程的开发与实施中紧紧围绕着"善、

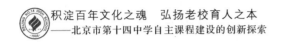
博、雅"的育人目标和"严、爱、成"的办学宗旨，追求课程的价值和效益，努力打造精品课程，培养学生的主体意识和社会责任感，为学生全面而有个性的发展创造课程条件。

在校本课程开发方面，2004 年，结合学校的校史教育，十四中提出了宣南文化校本课程开发的设想，师生共同做了一些有关宣南文化的专题研究，如"宣南文化与北京历史""宣南文化中的戏剧文化""宣南的祠庙、会馆、名人故居"等。比较成熟的宣南文化校本课程已被提升为全区的地方课程，面向全区的学生进行跨校选修，课程开设比较规范，深受学生喜欢。学校近几年又面向西城区南片学生开设了第二门校本课程，即社会准人才培养，旨在加强学校与社会的联系，增强学生的社会责任感，培养学生的社会工作能力。这门课受到了市、区两级政府的高度重视，并在全区进行了现场公开展示，赢得了与会专家的高度评价。这两门课的模式成为北京市推广的跨校选修课模式。

对综合实践活动课程的探索使十四中领导认识到它是培养学生创新精神和实践能力的重要途径，是国家课程校本化实施的重要途径。研究性学习，注重引导学生体验社会、学会研究、享受学习，采用了集中与分散相结合的方式，明确了选取课题、制订计划、搜集资料、研究整理、交流评价的学习过程，在教师的带领与指导下以记录手册的形式引导学生进行研究性学习。目前学校学生研究过的课题可以分为六大类近百个课题。社区服务和社会实践是学校各活动中比较活跃和亮点纷呈的环节，它既融于学校整体课程的架构之中，同时又与学校德育大课堂的规划相统一，形成了学校整体的教育教学课程网络。

十四中师生共同营造了和谐的新课程实施环境，进一步丰富和发展了学校文化的内涵，形成了符合新课程理念的校园文化。从学生角度来看，中学生德育大课堂和在校园宣传栏、学校网站等处可见的"光荣榜""教训窗""品德录""道德标"等，使学生在文化环境的熏陶中自知、自悟、自觉、自尊，进而自律，实现了德育工作的系列化和规范化目标。学校课程设置为学生提供了自主选课的机会，学生根据科目、层次、志向、兴趣、爱好等自主选课。走班上课已成为学生的一种常态学习形式。从教师角度来看，教师在新课程实施中不断提高自己参与实验的责任感和使命感，不断促进专业发展，增强了6种教学意识。

第一，学习意识。教师主动拓展自己的知识结构，扩大自己的学习途径，丰富自己的学习领域，完善自身的知识储备，使自己的专业发展更加主动、立体、多元。教师的能力，包括讲授必修课及选修课的能力、开发校本课程的能力和指导学生研究性学习的能力，都得到增强。

第二，课程意识。教师不仅研究教学，还研究课程，用课程理论来指导自己的教学行为；教师不仅关注自己所教的学科，还能把自己所教的学科放到整个课程结构中去思考，建立全面、整体的联系。

第三，开发意识。教师对教材能够进行深度开发与利用，能够进行"一标多本"的比较与研究。

第四，反思意识。教师能够反思自己的教学经验与新课程理念的差距，反思自己的教学行为与学生发展需要的差距，回归课堂，向课堂要质量。

第五，科研意识。教师用理论来审视和指导教育教学，用科研指导实践，善于将新课程实施中遇到的问题当成课题，在科研中实践，使得每一种教的行为都有科学的依据。

第六，合作意识。教师通过共同的课程开发、共同组织的研究性学习、学科的教学整合等实践活动逐步结合起来，形成新的团队，交流合作，分享经验，共同进步。

在过去的第一轮课程改革中，十四中被评为北京市普通高中课程改革实验样板校、西城区高中新课程实施先进校、宣武区高中新课程模块自主考试实验校。

在努力进行高中课程改革、教育教学稳步前进的同时，培养21世纪所需要的具有良好综合素质的创新型人才，成为十四中谋求更进一步发展的关键。十四中在这个方面也取得了一定的成绩。2008年，北京市为落实人才强国战略，推进普通高中课程改革，发挥首都教育资源优势，从高中阶段入手探索培育现代化发展急需的创新型人才，开启"翱翔计划"。十四中作为"翱翔计划"的生源校，积极配合市教委、市教科院和北京青少年科技创新学院的工作，每年选拔在科技创新领域有浓厚兴趣和研究特长的优秀学生参与其中。2009 年，十四中成为北京市青少年科技创新"雏鹰计划"开发团队的一员，为创新人才的培养进行了有益的探索并取得了可喜的成绩。2011 年，十四中成功地实现了人文与社会科学领域基地校的申报，正式加入了"翱翔计划"这个培养创新人才的团队。2013 年，十四中又成功地申报成为"翱翔计划"生物课程基地校。

十四中既是一所历史悠久的名校，也是走在时代前沿的弄潮儿。一个世纪以来，十四中团结拼搏，与时俱进，在推动社会发展、科技进步、经济建设和教育振兴过程中实现着自己的价值。回顾百年的办学历程，十四中人深切地感到，在这曲折前行而流光溢彩的百年里，推动学校发展的是筚路蓝缕、自强不息的执着追求，是勇为人先、争创一流的进取精神，是砺志笃学、爱校报国的理想志向，是团结凝聚、和谐奋进的人文力量。当今的世界已经进入知识经济时代，中华民族将再次面临机遇和挑战，面对新的征程，十四中要继续秉承"勤于奉献、团结协作、勇于创新"的精神，坚定不移地走内涵发展之路，努力构建开放、平等、均衡、互动的和谐校园，为每一位学生的终身发展搭建坚实的平台，办人民满意的一流示范性学校。

第二章

"博雅—睿智—善美"课程体系建构

学校课程是教育思想和教育理念的载体，是实现教育目标的蓝图，是学校组织教学活动最主要的依据。课程体系的建构是学校教育的核心，十四中通过建构以"博雅—睿智—善美"为主线、以"学科课程＋活动课程"为基础、以"基础＋综合＋实践＋拓展"为层次、以"通修课程＋专修课程＋套餐课程＋拓展课程"为结构、以"身心建康陶冶＋科技实验凸显＋人文综合融通＋网络自修辅学"为维度的"1234"的学校课程体系，通过"1234"相关内容的整合与开发，体现高中阶段的教育价值和基本空位，体现国家课程对公民素质的基本要求，体现教师的创造性和学生的自主选择性。通过持续的课程改革的实践与探索，十四中构建了"博雅—睿智—善美"的全面、基础、选择、开放的立体学校课程体系。

　　学校的"博雅—睿智—善美"课程体系满足学生个性化学习的发展需要，以丰富的课程学习资源，提供更多的学习选择，为学生的全面发展、有个性的发展创造理想的学习条件。学校课程建设的总目标是"以课程建设为中心，构建适应学生成长的课程体系，促进学校、教师、学生的共同发展，在学生与社会之间架设发展的桥梁，贡献社会，幸福人生"。

一、学校课程发展的价值定位

　　学校课程是教育思想和教育理念的载体，是实现教育目标的蓝图，是学校组织教学活动最主要的依据。学校选择什么样的教育，就会选择相应的课程。教育在于发现、发展、引导与帮助：发现学生的个性特点；发展学生已有的、将有的生命潜力；引导学生积极进取、获得最大限度的发展；帮助学生享受更多的美好事物。《国家中长期教育改革和发展规划纲要（2010—2020 年）》指出："坚持以人为本、全面实施素质教育是教育改革发展的战略主题，是贯彻党的教育方针的时代要求，其核心是解决好培养什么人、怎样培养人的重大问题，重点是面向全体学生、促进学生全面发展，着力提高学生服务国家服务人民的社会责任感、勇于探索的创新精神和善于解决问题的实践能力。"它还提出了坚持德育为先、坚持能力为重、坚持全面发展的战略培养主题。因此，学校在课程整合、课程建构、课程发展中一定要全面落实国家的教育方针，适应时代发展的需要，立足于学校的办学理念和育人目标，培育这样的社会主义建设者和接班人：热爱社会主义祖国，热爱中国共产党，自觉维护国家尊严和利益，继承中华民族的优秀传统，弘扬民族精神，有为民族振兴和社会进步做贡献的志向与愿望；具有民主与法律意识，遵守国家法律和社会公德，维护社会正义，自觉行使公民的权利，履行公民的义务，具有社会责任感，具有终身学习的愿望和能力，掌握适应时代发展需要的基础和基本技能，学会收集、判断和处理信息，具有初步的科学与人文素养、环境意识、创新精神与实践能力；具有健康的体魄、顽强的意志，形成积极健康的生活方式和审美情趣，初步具有独立生活的能力、职业意识、创业精神和人生规划能力。

（一）百年积淀是着力学校课程设计的精神之源

　　十四中敢于直面课程改革，勇立潮头，是深厚的历史积淀和百年育人的光荣传统给予了这所学校参与改革的动力与勇气。从严治学，从严施教；教学严谨，精益求精；热爱学生，热爱事业，甘于奉献；成就学生的美好人生是十四中教师的毕生追求。这些优良传统经过十四中一代又一代前辈们的言传身教逐渐积累而成，成为学校一笔不可估量的财富，是学校的灵魂。继承这些优良传统，并在时代发展变化中赋予它新的教育内涵，才能让学校不断创新，才能谋求学校的优质发展和师生的共同发展。学校整体课程建设是学校在新时期发展的不竭动力，学校要通过课程改革、课程建设真正实现"课程的多样化，尊重和满足学生的个性差异，提高学生的科学素养、创新能力和社会实践能力，满足教师专业发展的需要，提高学校教育教学质量，增强课程对促进社会、经济发展的积极作用"。

（二）育人目标是搭建学校课程结构的目标导向

新时期十四中办学育人的培养目标是"善、博、雅"。

善：育人由德至善，因德而善。

博：广博精深，广泛涉猎而博，学有优长而精。

雅：以美而雅，高雅修身，雅趣生活。

教育是培养人和塑造人的工程，培养全面发展的人是教育的最终目的。以真善美为育人之本，以德智体为发展之基，从行为习惯养成到道德情感培养，为天下、为国、为家、为父母，培养品学兼优的有用之才是十四中的办学宗旨。十四中提出"善、博、雅"的育人目标，要求教师会以渊博的知识培养人，以科学的方法引导人，以高尚的人格塑造人，以优雅的气质影响人，把学生培养成为具有"善、博、雅"三大核心素质修养的现代人才。

学校的自主排课实验工作，将在国家和北京市课程政策允许的范围内，按照实验的相关规定，围绕学校的育人目标"善、博、雅"和实际进行整体设计，对现有的资源、即将开发的资源进行重新盘点和组合。十四中教师认为自主排课实验能够让教师施展教育的智慧，体现课程价值的更大发展平台和宽松环境。十四中教师会以做人求善、爱人利人的态度，以精深广博的学问，以修身养性、内涵丰富、气质优雅为前提，在这个平台上做"善"的教育，传承中华民族的美德，求善、向善、修善、行善，树立社会责任感，志存高远；在这个平台上做"博"的教育，以"真"的态度，学真学问，做真本事，追求"真"的精神，享受学习的兴趣和学习的快乐，感受生命的活力；在这个平台上做"雅"的教育，让"雅"在潜移默化中融入学生的身心，树立"雅"的价值观，开发"雅"的课程，创建"雅"的课堂，在典雅和谐的文化氛围中，培养学生内在与外形的和谐统一，使学生成为知识丰富、身体健康、品德高尚、文质彬彬的文人雅士。十四中的课程设计力图在开齐开足国家课程所规定的必修、选修课程的基础上，将"善、博、雅"的课程元素，融入学校整体课程建设中，以优化十四中整体课程结构，形成十四中完整的学校课程体系，从而折射出十四中的办学理念，构建追求卓越的十四中校园文化。

（三）办学特色是形成学校课程体系的脉络元素

学校的办学理念和办学特色是形成学校课程框架的主要元素。学校恪守"严、爱、成"的办学宗旨，追求"善、博、雅"的育人目标。见图 2-1。

严：教师严格自律、严谨施教、严格教育。

爱：教师热爱学校、热爱事业、热爱学生。

成：教师以成功的教育，成就学生的学业和人生。

对学生"严""爱"才能使学生健康成长、成才。成就学生的同时也成就教师自己、成就学校，这也是学校办学所追求的理想目标。将"严、爱、成"的办学宗旨，"善、博、雅"的育人目标，融入课程建设、课程

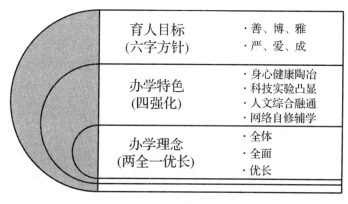

图 2-1 十四中课程建设核心目标

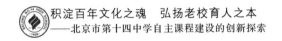
结构、课程内容，成为课程体系的支点，就更能体现出学校的育人目标与办学特色，也更能促进学校的整体发展，提高学校发展的内在动力和创新能力。

二、"博雅—睿智—善美"课程体系的构建思路

十四中在 2007 年进入高中新课程实施的初始阶段，面临很多困难与挑战，学校勇于面对现实、接受现实，主动迎接挑战，一边积极进行教育改革实践，提出如何将理想课程变为现实课程，一边又主动认真梳理出现的问题，进行合理调整与新的规划，明确学校发展方向——在思考中迎接挑战，在实践中追求发展，在发展中建构特色。

（一）在思考中迎接挑战

2007 年，十四中进入高中新课程实施的初始阶段，教师的教学、学生的学习、学校的课程管理都比较明显地不适应新课程。

第一，教学实践上，教材结构发生变化，增加了很多联系生活实际的教学内容，探究活动增多，课程标准、教材、教学参考书、练习不统一，有待整合。例如，新课程强调联系生活实际，强调探究、合作、自主学习，但教学时间紧张，学生之间差距较大，很难实施；课后练习没有台阶，没有探究学习的内容，多数都是高考题目，综合性强，出现了学生上课似乎学懂了但是书后的练习很难独立完成的情况，造成教师教学压力过大，风险和负担加重。

第二，学生学习上，学习方式的改变，让学生一时难以适应；新课程课堂内容的少讲、略讲，学生独立思考、动手实践和合作研究时间的增多，使学生学习负担加重。学生每天要读书、要理解、要探究、要体验、要完成作业，这一切都需要时间，但是学生每天放学后到上床睡觉之间的时间是有限的，很难完成教师布置的各项非书面的学习任务。

第三，课程管理上，每一个模块的教学时间都是 36 课时，但这对有些模块的教学内容而言不够用，特别是当高一新入学学生还不能完全

适应高中的学习节奏时。再有，以一个模块考试合格作为学分记载依据，导致学校的教学管理任务始终都在命题和考试中，特别是当学生成绩不合格需补考时，学校几乎要组织所有科目所有模块的考试，工作量太大，难以应对。这样学校在教学管理上就难以把主要精力放在提高教学质量上。

以上的确是新课程给学校带来的巨大挑战。

挑战一：高中教育一直是以升学为价值导向的，具有残酷竞争的功利文化。社会对人才素质的需要并没有通过高考正确地反馈给高中和师生。高中教育走进了考什么、教什么、学什么的死胡同。

挑战二：新增课程、新增模块和整个课程体系的变化，打破了学校原有的平衡，产生了诸多结构性困难。例如，新增课程使学校原有师资结构不适应，新增模块与教师原有知识结构不对称，体系变化与学校原有教学结构不适应，学生选课与学校原有运行结构不衔接，等等。

面对问题与挑战，十四中在思考，学校的发展正处在质变的临界状态，学校是随波逐流，还是抓住时机促进飞跃，开始一段新的征程？教育改革的目标越宏伟，前行的困难就越大。只看到困难和问题，不能从困难中看到发展的方向与价值，就很难坚持教育改革的正确选择。

(二)在实践中追求发展

在新课程实施的最初阶段，十四中遇到了方方面面的问题，可以说步履维艰，但教职员工还是以积极的心态迎接挑战，学校上上下下达成共识，奋勇前进。教育改革的方向是正确的，但学校一时还很难入情入境，必须要努力改变自己。学校教职员工深信高中课程改革是不可能走回头路的，必须要知难而进，要理性对待高中教育改革，要理性选择教育改革路线，要在改革中适应，在实践中匹配，在行动中磨合，对的确存在的问题根据学校的实际进行调整，解决突出的问题。例如，在课程设置上，在开齐开足必修模块课程和选修模块课程的基础上，对教学内容顺序进行了调整，对学科起始开课的时间进行了调整，如将生物与通用技术调整为高一年级开始，缓解了必修课与选修课的时间冲突，增大了高二选修课与校本课程的比例，最大限度地满足学生选课的需求。教学管理更加注重课程管理，不仅注重教学评价的结果，更注重其发展变化过程，教师的教学方式也向着以学生为主体的理念转变。

（三）在发展中建构特色

随着课程改革的不断深入，学校整体课程建设、课程整合和课程开发成为焦点。将国家课程、地方课程和校本课程整体规划，将三级课程不经过严格划分呈现给学生，既要体现国家的教育意志，又要彰显学校的办学特色；既要凸显学校的育人目标，又要满足学生发展的需求。学校有了这些想法后，就积极行动探索，做前期的调研分析，梳理学校的办学特色和新时期发展的育人目标，征集学生未来发展的需求，满足学生终身学习的愿望。

第一，关注和研究8个领域15门课程独具的教育功能，在对课程内容、教学方法以及课程评价做出选择与运用时，从课程特点出发，尊重其内在的规律。

第二，关注和研究活动课程与学科课程两类课程，建立活动课程与学科课程的相互联系，发挥两类课程的整体功能，努力实现两类课程的优势互补。

两类课程在目标上具有一致性。作为学校课程体系的两部分，活动课程和学科课程都以实现学校的培养目标为根本任务，只是二者发挥作用的角度和侧重点有所不同。学科课程的目标侧重于让学生掌握基础的系统文化知识，具备德智体美劳各方面的基本知识和技能，在此基础上致力于学生全面和谐地发展；活动课程的目标则在于通过各类实际活动，使理论与实践相结合，提高学生实际操作的能力、解决实际问题的能力，培养学生的主动性、创造性，发展学生的兴趣爱好和个性特长。

两类课程在内容上具有互补性。这主要表现在两个方面。一是不同内容的知识的互补。学科课程的知识内容是根据各学科知识的逻辑顺序和学生身心发展的顺序系统组织的，一旦确定，就具有较强的稳定性。活动课程则不同，其内容的选择有较大的开放性和灵活性，可以根据需要因时因地迅速调整，纳入一些有价值的即时信息，如在科技活动中介绍有关的科技新成果，在班团队活动中收集介绍最近的国内外时事等。这样，活动课程在较大程度上弥补了学科课程内容滞后的不足，保证了学生所学知识在时间上的完整性。二是不同形式的知识的互补。学科课程的组织形式决定了其内容侧重于成链状排列的分科系统知识、理论性知识。活动课程的内容多是围绕一个个问题或活动主题来组织的，呈立体状的结构，侧重于综合性知识、应用性知识。学科课程与活动课程中不同形式的知识相互补充、有机渗透，才能形成完整的知识结构，使学生既可以系统地学深，又能联系实际生活。

两类课程在学习活动方式上具有互促性。在学科课程中，学生的学习活动方式主要是接受学习。而"从做中学"是活动课程应采用的较合适的基本学习方式，有利于培养学生的积极主动性、主体意识和动手操作能力。

两类课程在功能上具有整体优化性。学科课程与活动课程在功能上的区别是由二者在课程目标、课程内容和学习活动方式上的不同特点决定的。学科课程所选择的知识内容使其成为学校完成传递和传播人类文化遗产任务的最重要媒介。活动课程内容的即时性、实践性和"从做中学"的活动方式则决定了活动课程具有可以弥补学科课程不足的突出功能，培养学生的主体意识和自我教育能力，使学生开阔视野、丰富经验，并培养学生的创造才能、兴趣爱好，发展他们的特长。这是学科课程和活动课程在功能上的相互补充，同时二者还相互促进，使学校课程的整体功能远远大于两类课程各自的功能之和，从而收到最佳的教育效果。

第三，关注和研究"基础＋综合＋实践＋拓展"四个层次课程的衔接、顺序与发展。

基础类课程，包括国家课程标准中的 8 个领域 15 门课程，它体现了国家课程对公民素质的基本要求，着眼于夯实学生学习基础，促进基本素养的高水平发展。

综合类课程，是整合若干相关联学科使其成为一门更广泛的共同领域课程。综合类课程打破严格的学科界限，有利于培养学生对事物的整体认识的能力。学校将国家课程、地方课程和校本课程结合起来，把相关学科整合为一体形成更大领域的综合类课程，同时综合类课程又把课堂教学与综合实践活动相结合，把教师讲授与学生主体探究相结合，把知识的传授与学生的生活体验相结合，使学生成为习惯好、品行优、身心健康、富有创造精神、自觉主动发展的现代化的综合人才。

实践类课程，以基础类课程和综合类课程中学生形成的知识结构和能力水平为基础，注重学生多样化的实践性学习方式，转变学生单一的以知识传授为基本方式、以知识结果的获得为直接目的的学习活动，强调多样化的实践性学习，如探究、访问、考察、劳动实践和技术实践等。因而，实践活动课程比其他课程更强调学生对实际的活动过程的亲历和体验。学生是通过动手实践的方式来获得经历和体验的。动手实践，是实践类课程的基本学习方式。

拓展类课程，以培育学生的主体意识、完善学生的认知结构、提高学生自我规划和自主选择能力为宗旨，着眼于培养、激发和发展学生的兴趣爱好，开发学生的潜能，促进学生个性的发展和学校办学特色的形成，是一种体现不同基础要求、具有一定开放性的课程。拓展型课程由限定拓展课程和自主拓展课程两部分组成：限定拓展课程主要由综合实践学习领域的学校文化活动与班团队活动、自我服务与公益劳动、社区服务与社会实践等各类活动，以及国家规定的各类专题教育组成，是全体学生限定选择修习的课程；自主拓展课程主要由基础型课程延伸的学科课程内容和满足学生个性发展需要的其他学习活动组成，是学生自主选择修习的课程。

学校通过以上四类课程的整体设计，在发挥三级课程各自功能和整体功能的基础上，注重学生创新思维和创新能力的培养；通过丰富的科研实践和社会实践经历，强化学生的创新能力和实践能力；教育学生学会知识技能，学会动手动脑，学会生存生活，学会做人做事，促进学生主动适应社会，为未来发展奠定基础。

第四，学校在国家课程方案的总体框架下，积极构建和开发了"身心健康陶冶，科技实验凸显，人文综合融通，网络自修辅学"的校本课程，作为学校特色课程的建设内容。

"身心健康陶冶"的目的是通过加强健康体育、竞技体育的课程建设，通过加强审美教育课程、音乐教育课程与健身课程的整合，将身体教育与音乐教育、美术教育有机结合起来，为学生打好坚实的身心发展的生命基础，使学生在健身中有美的追求，在审美中有健康的意识，以健美的身体、追求"雅"的崇高境界。

"科技实验凸显"的目的是加强实验学科、实验课程的规划，充分利用学校高端实验室的高配置条件，充分利用学校在培养"翱翔计划""雏鹰计划"学员中积累的培养经验，创设学生动手实践的学习环境，满足学生多样化的需求，培养创新人才，让学生体会做科学实验的艰辛和追求真理的执着，让学生通过实验体验"真"的教育，树立"博"的意识。

"人文综合融通"的目的是加强人文学科的综合性，加强人文教育，营造积极向上的校园文化氛围，将文学、语言、历史、地理、政治、经济有机结合，为学生健全人格奠定良好的基础，让学生体会到文科综合素养的提高重在知识的积累和视野的拓展，通过"善"的教育，引导"博"的价值。

"网络自修辅学"的目的是加强网络学习，整合网络资源，形成十四中教育资源的立体网络，拓展学生学习的渠道和学习的视野，架起与国内、国外著名中学交流学习的桥梁，让师生放眼世界，吸纳发达国家、优秀学校和自己学校本身的学习资源，让学生体会到学习方式的多样，通过"博"的涉猎，生成"专"的志向。

在分析总结学校课程改革的实践中，十四中不断完善学校总体课程结构，努力逐步形成以学校的育人目标和办学特色为主线的"1234"学校课程结构。

"1主线"——课程建设以"博雅—睿智—善美"为主线；

"2分类"——课程建设以"学科课程＋活动课程"为基础；

"4层次"——课程建设以"基础＋综合＋实践＋拓展"为层次；

"4课程"——课程建设以"通修课程＋专修课程＋套餐课程＋拓展课程"为结构；

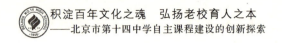
"4维度"——课程建设以"身心建康陶冶＋科技实验凸显＋人文综合融通＋网络自修辅学"为框架。

十四中通过"1234"相关内容的整合与开发，体现高中阶段的教育价值和基本定位，体现国家课程对公民素质的基本要求，通过丰富的科研实践和社会实践经历，强化学生的创新能力和实践能力。

三、"博雅—睿智—善美"课程体系的目标定位

学校课程是一种社会文化现象，学校正是通过课程的编制来实现传承社会文化和教育的功能的。社会不断发展，为了适应社会的需要，教育也要不断变革，所以课程的设置也随之有所变化。

学校课程一方面受制于教育目的和培养目标，是培养目标的具体体现，是达成教育目的的基础；另一方面连接并制约着教学形式、教学方法，有什么样的课程及其内容就决定了要采用相应的教学形式和教学方法。

学校课程在学校教育中具有核心地位，学校的主要工作都是围绕建设课程、实施课程开展的，学校课程实施的过程是达到预期课程目标的基本途径，是课程建设中最能体现师生创造价值的环节。因此，学校课程的设置与课程结构要与学生的学习方式密切相关。

学科课程对社会文化中科学技术的保存、传递和发展具有重要的作用。人类迄今为止创造的被视为经典的、宝贵的知识财富被分门别类地写进了教科书，正是学校的传授作用才使人们将它们继承并迅速地传播开来，也正是有了更多接受过学校教育的人广泛而深入地参加到社会生产过程中去，才极大地推动了社会、科学、技术和经济的发展。

学校的课程改革是一个庞大的、系统的工程。从"单一学科课程"到"课程拓扑群"再到"课程整体体系"，最终到"课程文化"的形成，这背后的支撑点就是学校的办学理念和育人目标。十四中的课程建设秉承"以课程建设为中心，构建适应学生成长的课程体系，促进学校、教师、学

生的共同发展，在学生与社会之间架设发展的桥梁，贡献社会，幸福人生"的目标定位。

十四中首先将以国家课程标准为依据，发挥办学的主动性与创造性，构建促进学生全面发展的课程体系，同时满足学生个性化学习的发展需要，以丰富的课程学习资源，提供更多的学习选择，为学生的全面发展、有个性的发展创造理想的学习条件。

十四中高中课程整体设计在目标定位上遵循以下原则。

(一)全面性

学校课程设计要充分体现按国家课程方案开设各类课程，要全面考虑学科与学科之间、学科活动与课时安排之间、学科内容之间的关系，关注学生的全面发展。课程结构的全面性要从两个方面切入：第一，对学习领域的规划与设计或者对学科与活动的规划和设计必须全面；第二，各学习领域或者学科与活动的课时安排必须均衡。

例如，十四中在课程建设与规划的过程中，在国家课程方案总体框架内提出了四个"课程强化"。第一，"身心健康陶冶"的强化，其目的是通过加强健康体育、竞技体育的课程建设，通过加强审美教育课程、音乐教育课程与健身课程的整合，将身体教育与音乐教育、美术教育有机结合起来，为学生打好坚实的身心发展的生命基础，使学生在健身中有美的追求，在审美中有健康的意识，以健美的身体，追求"雅"的崇高境界；第二，"科技实验凸显"的强化，其目的是加强实验学科、实验课程的规划，创设学生动手实践的学习环境，满足学生多样化的需求，培养创新人才，让学生体会做科学实验的艰辛和追求真理的执着，通过实验体验真实的教育，树立"博深""睿智"的意识；第三，"人文综合融通"的强化，其目的是加强人文学科的综合性，加强人文教育，营造积极向上的校园文化氛围，将文学、语言、历史、地理、政治、经济有机结合，为学生健全人格奠定良好的基础，让学生体会到文科综合素养的提高重在知识的积累和视野的拓展，通过"善美"的教育，引导"博雅"的价值；第四，"网络自修辅学"的强化，其目的是加强网络学习，整合网络资源，形成十四中教育资源的立体网络，拓展学生学习的渠道和学习的视野，架起与国内、国外著名中学交流学习的桥梁，让师生放眼世界，吸纳发达国家、优秀学校和自己学校本身的学习资源，让学生体会到学习方式的多样，让学生明白获取知识需主动、自主，通过"博雅"的涉猎，生成"睿智"的志向。十四中将四个方面的强化渗透在课程的整体规划中，真正实现学校课程建设、课程规划的整体性和全面性，为学生设置激发其全面发展、学有优长的课程体系，为学生的终身学习打下全面坚实的基础。

(二)基础性

十四中的课程立足于基础教育的目标与任务，依据学生成长和发展的客观规律，依据国家课程标准和教学要求，始终坚持通过基础性课程促进学生的德智体美的全面发展，坚持文化知识学习与思想品德修养的统一、理论学习与社会实践的统一、全面发展与个性发展的统一。学校通过基础类必修课程教学，全面落实国家课程方案，保证学生全面完成国家规定的各门课程的学习，全面提高普通高中学生的综合素质。

例如，十四中在高中化学新课程内容的整合上突出了化学学科的基础性，积极关注 21 世纪与化学相关的社会现实问题，帮助学生形成可持续发展的观念，强化学生终身学习的意识，与社会的进步、科技的发展、文化的发展进行了有机结合，特别突出了学生终身学习的要求，关注每个学生终身学习的需要，为每个个体的终身发展奠定基础；在化学课程上保持了相对的稳定性和连续性，选择了具有长久价值的相对稳定的知识，设置了必修 1、必修 2 两个模块，注重从知识与技能、过程与方法、情感态度与价值观三个方面为学生科学素养的发展和高中阶段后续课程的学习打下必备的基础，注重关注学生的经验，为学生提供了丰富多样的选择机会，满足不同学生的发展需要，以适应社会对多样化人才的需求。所以，高中化学新课程的整合体现了基础性。

(三)时代性

十四中课程设计紧跟时代步伐，体现学习领域的共通性，体现学科发展和学科教育改革的方向，关注学科与相关学科发展的前沿问题，考虑学生的特点及时代和未来的社会需要，通过课程的整合开发与构建数字化教育时空，提升学生应对未来社会挑战的能力，满足学生越来越强烈的个性化学习的需要。

例如，学校的通用技术课程建设突出时代性。学校将通用技术课程建设作为新课程改革进程中的重点建设项目，进行了不断探索和研究，取得了初步的成效，也进行了理性的分析和反思。通用技术课程要关注社会前沿的问题，带领学生了解和感受前沿技术，因为前沿技术是推动人类社会向前发展的强大动力。学校在课程改革初期就投入大量资金进行通用技术实验室建设，采购前沿技术设备，如数控车床、激光雕刻机、有进口机芯的机械加工设备，为学校通用技术必修模块的开设奠定了坚实的基础。在 3D 打印技术和"创客教育"以及 STEAM 课程不断涌现的时候，学校也迅速跟进，建设 3D 打印教室，购置多台 3D 打印机，并且把 3D 设计和打印课程融入学校的校本课程体系，让学生在校本选修课里能接触到学科前沿知识。学校还在社团和研究性学习课程中加入"创客教育"和 STEAM 课程的理念。学校在"F1 在学校"科技项目竞赛中获得全国赛第三名的好成绩，学生的自主发明"无人机飞行器"项目获得了北京市技术设计大赛一等奖，"指纹识别和触摸传感的新型汽车门锁"获得北京市青少年科技创新大赛一等奖。学校还开设了古典益智玩具原理探究、VB 编写实用小程序等相关课程。学生的个性化需求是学校开设相关课程的重点关注方向。

(四)选择性

学校课程设计要满足学生的个性化需求，要尊重学生的个性，要为学生提供可以选择的丰富课程，所以学校就必须积极努力创造条件开设、开发学生喜欢的多彩的选修课程，促进学生根据个人兴趣与志向选择课程，实现学生全面而有个性的发展。

例如，学校地理组基于国家课程标准和自身条件以及学生需求设计了以下课程，期望学生有课程选择的可能性，以满足学生的多样化选择需求。

1. 重视学生兴趣，让综合实践活动课程更具活力

学校是为学生而存在的，学生的兴趣与需要是综合实践活动课程开发的重要依据。选修该课程学生的多少从另一方面反映了该课程的成功程度。对于学生来说，他们对课程本身的兴趣是决定其选课的重要因素。根据新课程标准的理念，学生是学习的主体；心理学认为只有引起了学生的兴趣，才能让学生学得轻松，学习才能达到事半功倍的效果。因此，在开设地理综合实践活动课程的时候，学校应该注意学生兴趣与知识的结合，使学生的兴趣得到激发，从而收到更好的教学效果。例如，世界历史上的人文地理中的音乐与地理部分，在分析地理环境对音乐风格的影响时，学生从中发现音乐具有南柔北刚的特点。教师引导学生收集陕北民歌"信天游"和江南民歌以及陕北和江南两地区自然地理环境的资料，在此基础上分析两地地形、气候、河流分布等差异如何使得两区域的民歌具有截然不同的风格。同样，在语言与地理部分，学生通过读中国方言分布图，发现整体来看，南方方言复杂而北方方言相对单一。教师会提出问题：为什么会出现这样的分布特点？学生可以从地理环境的角度去查阅相关资料，分小组讨论分析，得出一些结论。

2. 地理课程选择立足生活题材，让学生学以致用

应用到生活中、解决生活问题的知识才是有用的知识。学生往往不会用学过的知识去分析生活中的问题。学校通过综合实践活动课程的开设，可以在一定程度上促进这一问题的解决。如学习定向越野之后，学生对于户外运动有了更多的感性认识，可以在以后的实践中用上相关方法与技能。又如，学习气象观测与研究中认识云和雨部分的内容后，学生通过亲身实践，每天观测天空云层的变化，可以基本判断可能出现的天气现象，对以后在工作生活中尤其是外出活动时对天气进行判断起到了很好的作用。再如，学习海洋探索中海洋及海岛旅游资源部分的内容后，学生设计以后的旅游活动时，在海洋旅游地的选择、线路设计、景观欣赏等方面能做好相应的准备工作，以便获得更好的旅游体验。

（五）开放性

学校在课程体系的建构、课程结构的优化、课程内容的设置、课程资源的开发、课堂教学的实施等方面，要具有广阔和动态开放的视野，包括高中课程与大学课程的开放、国内课程与国际课程的开放、校内课程与校外课程的开放、必修课程与选修课程的开放。

例如,十四中英语组在近几年积极参与学校的课程开发过程中已经形成了比较系统的课程体系,如实文鉴赏、英语视听说、写作指南、语法指导、美文欣赏等。由三位教师承担的美文欣赏在经过四个学段的不断打磨、整合后已经出版了校本教材。这门课程收集了渗透情感教育的感人读本,包括英文歌词、诗歌、散文、传记,还有相关的视频、演示文稿等多种形式的文案。英语组教师多年来一直开设选修课英美小说欣赏入门。教师通过精细的课堂设计,组织学生开放式地展示自己对文本的理解,实现了读者与作品的互动、读者与作家心灵上的交流。学生将作品编成英文短剧进行演出,或续写作品进行交流,实现了学生在中学英语学习中近距离地、真切地接触地道的英文原文小说作品的目标。在近一年中西文化对比研究过程中,教师以年级为合作群体,以学生合作小组为中心,由学生提出课题研究意向,开展开放式的文化、知识、能力发展等的探究。从开题到查找资料、中期总结、收集数据、外出实践、最后答辩,在整个过程中,师生实现了共同成长。

总之,十四中的课程建设以全面贯彻国家课程方案为基本原则,同时根据学校办学的优势,凸显国家课程中的部分内容,以满足学生全面发展、个性发展、学有专长的学习成长需要。

学校课程建设与培养"全体+全面+优秀"的创新人才紧密联系,从促进学生发展的角度考虑,这是满足学生个性化成长和社会化成长的需要,有利于拓展学习知识、积累经验的途径。

学校课程建设与学习方式的转变、学习方式的多样性紧密联系。学校应根据学生的学习需要,实行班级授课(必要的行政班的学习方式)和走班选课(合作学习、分组学习的方式)及自修学习(允许学生自主学习)。为此,学校还要调整办学组织方式,建立适合多种学习方式的组织制度。

学校课程建设与教师的成长紧密联系。从促进教师专业发展的角度考虑,教师能够在学科课程教学和开发校本课程过程中发展兴趣、发挥特长、实现职业价值。教师通过参与开发课程,增强为学生发展服务的

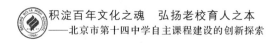

教育意识，增强课程意识和开发能力，发挥在课程建设中的主导作用。

　　学校课程建设与学校的办学理念和特色发展紧密联系。学校要通过课程建设促进学校的整体发展，提高学校发展的内在动力和发展创新的能力，努力构建国家、地方、学校三级课程模式，形成办学特色，建设特色学校。十四中将恪守"严、爱、成"的办学宗旨，追求"善、博、雅"的育人目标，逐步构建、完善和形成面向未来、具有学校特色的"博雅—睿智—善美"立体课程体系。

四、"博雅—睿智—善美"课程体系的结构与课程设置

（一）"博雅—睿智—善美"课程体系的结构

　　第一，十四中坚持按照国家课程的要求，开齐开足必修课和选修课。十四中是北京市高中示范校，有较好的生源基础，在课程设置上采用了"必修与选修1相结合、选修1与选修2相融通、选修2与专修相匹配"的课程设置思路，形成了十四中高中三年课程结构整体规划。课程体系是一个有层级的、立体的、纵横交织的网络结构。

　　高一年级以必修课为主，适当安排一些选修课程，并将生物与通用技术课起始年级定在高一年级。高二年级选修课的比例加大，其中包括选修1、选修2和教师开发的校本课程，以最大限度满足大多数学生的需要。高三年级要根据学生专业的选择情况，开设不同的选修2和配以套餐式的专修课。这样体现出课程结构服务于学生的培养目标，让课程适应学生，将创造力赋予师生，将世界融入课程，让课程通向未来。

　　第二，高中三年始终不变的课程如下：高中三年，学校坚持让学生在校每天进行1小时体育锻炼，每周安排2（必修）+1（选修）（篮球、羽毛球、乒乓球、足球、健身操，排球、跆拳道分两组组合，并从中5选1）节体育课，每天安排2节活动课、1次课间操、2次眼保健操和1次学校自创、自编的手指操；社区服务、职业见习、综合实践活动课程和

研究性学习贯穿高中三年的学习。

第三，学校对课程建设进行科学合理的决策和管理，在国家课程方案的总体框架下，规划设计了以"博雅—睿智—善美"为主线、以"学科课程＋活动课程"为基础、以"基础＋综合＋实践＋拓展"为层次、以"通修课程＋专修课程＋套餐课程＋拓展课程"为结构、以"身心健康陶冶＋科技实验凸显＋人文综合融通＋网络自修辅学"为维度的"1234"的学校课程体系。见图 2-2。

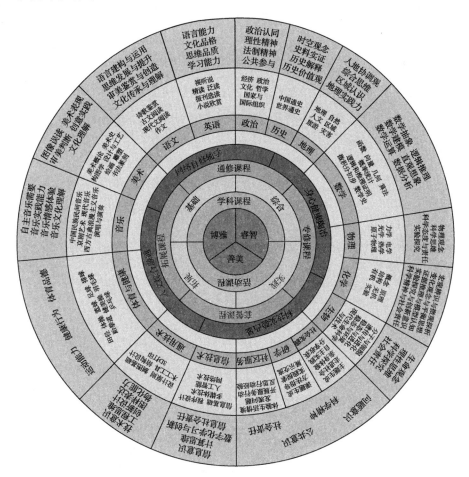

图 2-2 十四中"博雅—睿智—善美"课程结构

表 2-1　十四中学科教学的主要内容

序号	学科	教学内容
1	数学	函数、向量、几何、算法、概率统计、逻辑和推理证明、微积分初步、数学史
2	语文	诗歌鉴赏(古诗、现代诗)，古文阅读，现代文阅读(科技文、社科文、散文、戏剧、小说等)，作文(议论文写作、散文写作、小说写作等)
3	英语	听力、口语，阅读课(精读、泛读)，英文小说欣赏入门，报刊阅读，美文欣赏，实文鉴赏，英语视听说，写作指南，语法指导，走遍美国
4	物理	力学、电学、光学、热学、原子物理
5	化学	概念、原理、结构、无机、有机、实验
6	生物	细胞的物质组成、结构和功能，细胞的生命历程，遗传与变异，进化论，植物生命活动的调节，人和高等动物生命活动的调节，生态学，现代生物技术(细胞工程、基因工程)，微生物及发酵
7	历史	中国古代史、中国近代史、中国现代史、世界古代史、世界近代史、世界现代史；若干专题：政治、经济、文化、改革、人物
8	地理	地球、地图、自然地理、人文地理、区域可持续发展、中国地理、世界地理、旅游地理、自然灾害
9	政治	经济生活、政治生活、文化生活、生活与哲学、国家与国际组织、经济学常识、宏观经济学、微观经济学、资本主义国家政体、当代国际政治
10	信息技术	信息技术基础、算法与程序设计、多媒体应用技术、网络应用技术、数据库管理技术、人工智能
11	通用技术	技术的属性、设计的基本原则、制图基础、木工工具及其使用、材料、结构的强度和稳定性、闭环控制系统设计、三维设计与3D打印技术
12	体育与健康	田径、体操、篮球、足球、排球、跆拳道、健美操、羽毛球、乒乓球
13	美术	美术教育学、美术概论、中西方美术史、绘画构图学、设计与工艺、绘画、雕塑、书法篆刻

续表

序号	学科	教学内容
14	音乐	中国民歌、中国古代音乐、中国近现代音乐、中国当代音乐及流行音乐,传统京剧、现代京剧,巴洛克时期音乐、古典主义音乐、浪漫主义音乐、印象主义音乐、爵士乐、钢琴音乐、电子音乐与流行音乐,歌唱艺术,器乐演奏(打击乐、数码钢琴)
15	研究性学习	课题生成、方法指导、实践探索、展示交流
16	社会实践	主题生成、走进社会、亲身体验、自主实践、分享收获
17	社区服务	体验生活情境、发现问题、开展服务行动、反思行动经验

(二)"博雅—睿智—善美"课程体系的课程设置

1. 高一年级课程安排

表2-2 高一年级课程安排

	第一学期第一学段		第一学期第二学段		第二学期第一学段		第二学期第二学段	
	模块	周课时或学分	模块	周课时或学分	模块	周课时或学分	模块	周课时或学分
语文	必修1	4/2	必修2	4/2	必修3	4/2	选修中国现代诗歌散文欣赏	4/2
	选修语言文字应用							1/2
数学	必修1	4/2	必修4+解三角形	4/2	必修5	4/2	必修3+导数	4/2
	(1)初高中数学衔接 (2)数学逻辑 (3)算法与统计			1/1	选修4-5不等式选讲			1/1
英语	必修1	4/2	必修2	4/2	必修3	4/2	必修4	4/2
	选修文学欣赏1			1/1	选修文学欣赏2			1/1
政治	必修1经济生活	2/2			必修2政治生活	2/2		
	必修3文化生活							1/2

续表

	第一学期 第一学段		第一学期 第二学段		第二学期 第一学段		第二学期 第二学段	
	模块	周课时或学分	模块	周课时或学分	模块	周课时或学分	模块	周课时或学分
历史	必修1古今中外政治发展史	2/2	必修2古今中外经济发展史	2/2				
地理	必修1	2/2	必修2	2/2				
	必修3第一部分旅游	1/1	必修3第二部分自然	1/2				
物理	必修1	2/2	必修2	2/2				
	选修3-1第一部分电路电场	1/1	选修3-1第一部分电路磁场	1/1				
化学	必修1	2/2	必修2	2/2				
	选修化学与生活			1/2				
生物	必修1分子与细胞	2/2	必修2遗传与进化	2/2				
信息技术	必修1信息技术基础	2/2	必选：选修1、选修2、选修3任选其一	2/2				
通用技术	必修1技术与设计			1/2				
音乐	必修1音乐鉴赏			1/2				
美术	必修1美术鉴赏			1/2				
体育与健康	必修体育与健康课6节（风雨课）	2/2	必修体育与健康课6节（风雨课）	2/2				
	选修（篮球、羽毛球、乒乓球、足球、健身操，5选1）	1/1	选修（篮球、羽毛球、排球、乒乓球、跆拳道，5选1）	1/1				
综合实践活动	研究性学习：共90学时，以分散与集中相结合的方式安排，每周安排1课时进入课表，其余课时集中使用	3/5						
	社区服务不少于5个工作日	/1						
	参加10天的社会实践活动（军训）	/2						
	科技节、艺术节等学生社团活动							
体育锻炼	体育课每周3课时，没有体育课的两天安排40分钟的体育锻炼，确保每天1小时的体育活动							
校班团会	每周1课时							

2. 高二年级理科课程安排

表 2-3　高二年级理科课程安排

	第一学期 第一学段		第一学期 第二学段		第二学期 第一学段		第二学期 第二学段	
	模块	周课时或学分	模块	周课时或学分	模块	周课时或学分	模块	周课时或学分
语文	必修 4	4/2	必修 5	4/2	选修中国古代诗歌散文	4/2	选修文化经典研读	4/2
	选修文章写作与修改							1/2
数学	必修 2	4/2	选修 2-1	4/2	选修 2-2	4/2	选修 2-3	4/2
	选修 4-1 几何证明选讲			1/1	选修 4-4 极坐标与参数方程			1/1
英语	必修 5	4/2	必修 6	4/2	必修 7	4/2	必修 8	4/2
	选修报刊阅读 1			1/1	选修报刊阅读 2			1/1
思想品德	必修 4 生活与哲学	2/2						2/2
历史	必修 3 文化与科技发展史	2/2						
物理	选修 3-2	4/2	选修 3-5	4/2	选修 3-4	4/2	选修 3-3	
化学	选修 4	4/2	选修 6	4/2	选修 5	4/2	侧理综合	
生物	必修 3 稳态与环境			3/2	选修 3 理科综合			3/2
通用技术	必修 2 技术与设计							1/2
艺术	选修艺术：音乐与舞蹈、音乐与创作、音乐与戏剧表演、演奏、歌唱、工艺、设计、油画、中国画(线描)，至少选择 2 个模块							1/2
体育与健康	必修体育与健康课 6 节(风雨课)			2/2	必修体育与健康课 6 节(风雨课)			2/2
	选修(篮球、羽毛球、乒乓球、足球、健身操，5 选 1)			1/1	选修(篮球、羽毛球、排球、乒乓球、跆拳道，5 选 1)			1/1
综合实践活动	研究性学习：共 90 学时，以分散与集中相结合的方式安排，每周安排 1 课时进入课表，其余课时集中使用							3 / 5
	社区服务与职业见习不少于 5 个工作日							/1
	参加 1 周的社会实践活动							/2
	科技节、艺术节等学生社团活动							
体育锻炼	体育课每周 3 课时，没有体育课的两天安排 40 分钟的体育锻炼，确保每天 1 小时的体育活动							
校班团会	每周 1 课时							

3. 高二年级文科课程安排

表 2-4　高二年级文科课程安排

	第一学期第一学段		第一学期第二学段		第二学期第一学段		第二学期第二学段	
	模块	周课时或学分	模块	周课时或学分	模块	周课时或学分	模块	周课时或学分
语文	必修 4	4/2	必修 5	4/2	中国古代诗歌散文	4/2	选修文化经典研读	4/2
	选修文章写作与修改							1/2
数学	必修 3	4/2	选修 1-1	4/2	选修 1-2	4/2	综合复习	
	选修 4-3 数学史与数学思想方法							1
英语	必修 5	4/2	必修 6	4/2	必修 7	4/2	必修 8	4/2
	选修报刊阅读							1/2
思想品德	必修 4 生活与哲学	2/2			选修 1 经济常识			2/2
	选修 3 国家国际组织							1/2
历史	必修 3 文化与科技发展史	2/2			选修改革	4/2	综合复习	
	选修 4 历史人物	2/2						
地理	选修 5 自然灾害与防治区域地理	3/2			选修 3 旅游地理侧文综合复习			3/2
生物	必修 3 稳态与环境	2/2						
通用技术	必修 2 技术与设计							1/2
艺术	选修艺术：音乐与舞蹈、音乐与创作、音乐与戏剧表演、演奏、歌唱、工艺、设计、油画、中国画(线描)，至少选择 2 个模块							1/2
体育与健康	必修体育与健康课 6 节(风雨课)	2/2			必修体育与健康课 6 节(风雨课)			2/2
	选修(篮球、羽毛球、乒乓球、足球、健身操，5 选 1)	1/1			选修(篮球、羽毛球、排球、乒乓球、跆拳道，5 选 1)			1/1
综合实践活动	研究性学习：共 90 学时，以分散与集中相结合的方式安排，每周安排 1 课时进入课表，其余课时集中使用							
	社区服务与职业见习不少于 5 个工作日							/1
	参加 1 周的社会实践活动							/2
	科技节、艺术节等学生社团活动							

续表

	第一学期 第一学段		第一学期 第二学段		第二学期 第一学段		第二学期 第二学段	
	模块	周课时或学分	模块	周课时或学分	模块	周课时或学分	模块	周课时或学分
体育锻炼	体育课每周3课时，没有体育课的两天安排40分钟的体育锻炼，确保每天1小时的体育活动							
校班团会	每周1课时							

4. 高三年级课程安排

表 2-5　高三年级课程安排

	第一学期		第二学期	
	模块	周课时或学分	模块	周课时或学分
语文	专修、复习	6+1	专修、复习	6+1
数学	专修、复习	6+1	专修、复习	6+1
英语	专修、复习	6+1	专修、复习	6+1
政治	侧文专修、复习	4+1	侧文专修、复习	4+1
历史	侧文专修、复习	4+1	侧文专修、复习	4+1
地理	侧文专修、复习	4+1	侧文专修、复习	4+1
物理	侧理专修、复习	5+1	侧理专修、复习	5+1
化学	侧理专修、复习	4+1	侧理专修、复习	4+1
生物	侧理专修、复习	3+1	侧理专修、复习	3+1
体育与健康	必修	2/2	必修	2/2
	选修（篮球、羽毛球、乒乓球、足球、健身操，5选1）	1/1	选修（篮球、羽毛球、排球、乒乓球、跆拳道，5选1）	1/1
综合实践活动	研究性学习：共20学时，以分散与集中相结合的方式安排课时，不进入课表，师生采用网上交流的方式进行研究，集中时间安排开题、结题交流等工作。题目：职业规划、人生规划			
	社区服务与职业见习不少于5个工作日			/1
	参加1周的社会实践活动			/2
	成人礼、科技节、艺术节等学生社团活动			

续表

	第一学期		第二学期	
	模块	周课时学分	模块	周课时学分
体育锻炼	体育课每周 3 课时，没有体育课的两天安排 40 分钟的体育锻炼；确保每天 1 小时的体育活动			
校班团会	每周 1 课时			

　　通过三年的学习生活，学校力求使学生形成"善"的品位、"雅"的气质、"博"的才华。为此，学生需要基础扎实（必修课要学透，奠定人生基础）；需要方法得当（必选课要学深，提高学科素养）；需要能力拓展（选修课要学精，赋予创造能力）；需要个性张扬（校本课程要主动，形成人生规划的意识）。

第三章

国家课程校本化实施

学校全面贯彻落实国家课程。学校经过学习—理解—执行和自主—发展—创新两个阶段，稳步进入高中新课程标准实施阶段，逐步形成"育人为本"的国家课程校本化实施的课程体系，这个体系也彰显了学校的特色：在课程设计上，建立学科分层系列课程；对教学顺序进行调整，实现学科内和学科间的相互协调；打破严格的学科界限，实现同类学科的综合与贯通；对国家必修课时进行合理安排；在实施过程中，重组与整合学科课程结构；探索与改革学科教学方法和学生学习方法；在国家课程校本化实施的自主管理与自主评价中，建立新课程实施下的学分认定管理实施办法，完善课程实施教学管理制度；实现课程实施中包括教师、学生和课程在内的全面多元的评价；保障学校自主会考命题质量，体现自主会考特色。

　　教育部《普通高中课程方案(实验)》是在我国第八次基础教育课程改革在全国顺利推进的背景下出台的。这次课程改革在以下四个方面实现了重大突破:第一,培养目标更凸显以学生发展为本的理念,新高中教育要为学生的终身发展奠定基础,要促进学生全面而有个性的发展;第二,课程设置按照学习领域、学习科目和学习模块三级结构有序展开,尤其是模块化设计使科目内部有了新的突破,提升了课程的灵活性和选择性,这样既有利于整体规划课程内容,提高学生的基本素养,又能促进学生的特长发展、个性发展,有利于学生全面成才;第三,课程资源的开发和教材的编写更突出时代性、基础性和选择性;第四,学习方式、教学方式、评价方式和学校管理方式等都呈现崭新的面貌,自主、合作、探究、民主等观念日益深入人心。

　　课程改革的关键在于实施。美好的教育理想和教育蓝图最终落实到实践中才有意义。

一、国家课程校本化实施的发展

(一)学习—理解—执行阶段

　　在这一阶段,学校各项工作的开展与实施都紧紧围绕着课程改革,努力体会教育专家、课程专家的教育理念和教育思想,力争做到"四个突破",让学校的课程改革、课程实施、课程管理"像教育专家、课程专家们所思所想、所期盼所理想"的那样,坚决杜绝穿新鞋走老路。

　　新一轮的课程改革为教师提供了充分发挥创造性的广阔空间,同时也向教师提出了严峻的挑战。新课程改革打破了几十年传承下来的教学惯性。要进行全新的多角度(课程理念、课程内容、教学方式、学习方式)的课程变革绝不是一朝一夕可以完成的,需要教师有耐力、有恒心、有毅力,并坚信课程改革的前景是光明的。只要教师不懈努力,坚持前进的航线,就一定可以向着目标前行。

1. 努力提高执行国家课程标准的自觉性和主动性

　　进行国家课程改革以来,学校上上下下,从干部、师生到学生家长

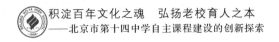

保持了高度一致，认真学习新课程理念，体会课程改革的精神，也就是说，要想高质量地完成课程改革，实施国家新的课程标准必须要实现思想上的统一、认识上的统一和行动上的统一。

为了达到思想上的统一，学校积极组织教师开展校本研修活动，学习新的课程理念，学习相关文献，并组织讨论交流。为了能够平稳地进入国家新课程的实施阶段，学校在没有进入新课程实施阶段时，就组织新高一的教师到课程改革实验省市参观学习，学习先进经验和好的做法，对普遍出现的问题及早把控，做好充分的思想准备。学校的每一位教师经过两年新课程的通识培训和校本研修，很快地熟悉了新课程的结构和新课程的设计理念，并能够自觉执行国家新课程方案。通过多角度和多层次的学习、交流与实践，教师对实施新课程的思路更加清晰了，心中更有底了，增强了执行新课程的自觉性和主动性。

为了达到认识上的统一，学校成立了课程改革领导小组，校长担任第一负责人，教学副校长统筹领导新课程的实施。学校加大了课程改革、实施高中新课程标准的宣传力度，汇编了各级各类课程改革宣传资料，出台或修改了和新课程相配套的学校教学管理制度。同时，学校也加强了对依据新课程标准配套制定的各种教育教学制度的解读，了解制度建立的背景，关注制度制定的细节，使师生能够共同自觉地按章执行。学校也充分利用家长会宣传新课程，使家长了解国家进行课程改革的原因、目的等。

为了达到行动上的统一，坚定不移地贯彻新课程方案，学校坚持按新标准要求的课时开课，不随意增减课时；坚持按课时设置科目，不随意增减科目；坚持按新标准教学，不随意提高和降低教学标准；坚持学生全面和个性发展，既突出基础又强调自主；积极主动缓解教学内容多课时不够的矛盾。新课程实施以来，教师最困惑的是教材容量大、课时少。很多教师对教材的模块特点把握不准，出现了"满堂灌"的现象，与新课程的理念相悖。教师也尝试设计师生的互动环节，但的确出现了完不成教学任务的情况，所以做了几次就不敢坚持了，依旧采取一讲到底的做法，问题出在教师不敢放手去实现真正意义上的"用教材"。如何解决呢？我们采取了同伴研修和行动研究法。

学校建立了学科集体备课制度，这种同伴研修是以教师的需求为起点、以教师的专业发展为主线的教师培训形式。学校为了保证活动的有效性，将同年级同学科的集体备课纳入课表，要求教师每周参加一次集体活动，每次活动要定专题、定主持人，要根据教学的需求，选择研修资源，设计全员参与的互动学习内容和研讨过程。学校加强校本研修的正确导向，提出了"一、二、三、四"校本研修方式。

一是"解决一个问题"。实施课程改革的年级的教师，要根据新课程对教师专业的要求，每人提出一个研究课题，以课题、项目促进课程改革。

二是"实现两个提高"，即提高课堂教学质量，提高教师专业化水平。

三是"狠抓三课落实"。"三课"是指集体备课、课堂和课程。教师在个人精心准备的基础上，开展集体讨论，形成对教材处理的整体意见，将集体智慧和个人风格结合起来，完成具有个人特色的教学设计、教学方案。同时，教师要更关注课堂的有效性，在课堂上要创设情境，注重生成，联系生活，尊重生命，实现人文关怀，克服知识本位和单向灌输，积极创设民主、平等、和谐的课堂学习氛围。

四是突出"四个环节"，即以"学习、实践、反思、交流"四个环节为研修活动的主要流程，在研修的四个环节的循环中推动学校研修文化的形成，促进教师的专业发展。

学校为了坚定不移地贯彻新课程方案，适时召开了"聚焦新课程，践行新理念——走进必修、选修课堂"的教学研讨会。大家通过观摩研讨同一节课，去体会和感受教师在教学实践中对新课程的理解、对新的教学模式的探索、对新课程倡导的教学方式的诠释。同时，学校也邀请了教材编写专家，指导教研员和教师一起进行研究与探讨，看教师对新课程的理解是否到位。专家们给予了充分的肯定，对教师的课堂教学进行了精彩的点评，为教师今后的新课程的教学实践指出了方向，提出了指导性的建议。

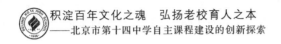

无论专家有怎样美好的预设，教材编辑有怎样美好的愿景，课程的实施最终还是由一线教师去操作的。因此，提高教师执行新课程的自觉性和主动性，就显得非常重要。

2. 搭建高中新课程实施结构，坚定不移地执行新课程方案

新课程改革是对我国高中教育乃至基础教育的再认识，是对我国中学教育乃至基础教育的重构。高中新课程改革的两个亮点是模块设置和学分认定。以模块的方式组织课程内容体现了课程设置的理念，有利于知识的融会贯通和相互联系。教师可以根据模块设置灵活地实施课程，为教师对新课程的二次开发提供了前提条件，也为社会生活中的新问题和科学技术发展的最新成果的介入开辟了道路，同时模块设置也带来了教学组织方式的变革。

(1)加强国家课程各模块的教学设计和整合，满足学生的基础需求

根据新课程的要求，学校要树立模块整体安排和整合研究的教学设计意识，要尽量保证课程模块的整体特性，建立起模块时间观念，保证模块的连续性，注重模块之间的有效整合。

学校组织各学科教研组在开始模块教学前完成对该模块的整体教学设计，保证该模块教学内容在教学时间上的合理分配与整合，充分考虑模块的知识与技能、过程与方法、情感态度与价值观的三维目标的实现，充分考虑相应模块之间和模块内部的有效整合研究。

(2)加强国家课程模块课时标准的教学设计，提高教学质量

课程实施方案是学校根据课程规划具体落实各门课程的开设顺序、课时分配，安排教学任务，提供实施条件等全过程的方案。

高中新课程在模块的课时设计上是比较严格的，原则上实行"9+1"，即9周的教学和1周的复习考试。每周4课时，一个模块36课时。对这个比较生硬的课时规定，教师的确很不适应，反对的呼声很高。就拿语文、数学、英语三科来讲，以前每周5～6课时，现在成为每周4课时。教师很不适应。教师需要有一个积极的心态主动面对新课程带来的变化和不适应。学校也必须要有解决问题的整体思路和实施办法，所以提出"执行高中新课程标准，实施课堂有效教学"的5个研究。

研究一：模块教学的总课时不变，在有效的教学时间内提高课堂的含金量。

如何实施？教师首先要精心备课，要研究教材，要研究学科本质，要研究教学目标，要研究学生认知规律，要研究学习规律，要研究教学内容，要精心设计教学环节，要精心设计教学方法，要精心设计分层问题，要精心设计教学手段，充分利用好现代教学辅助技术，帮助学生理解与认识问题。

研究二：模块教学的总课时不变，可以局部调整，在加与减中有效实施。

如何实施？教师要深入学习课程理念，明确课程培养目标，整体把握学科教材，有计划、有步骤、循序渐进地完成每一阶段的教学任务和培养目标。

研究三：把握好学科必修课程与选修课程的结合点与结合时间，实现有效实施。

如何实施？学校要遵循教育规律，选择、整合、确定高中三年的教学内容。学校组织教师认真研究选修课程的内容，发挥选修课程的教育功能，不违背学生的认知规律，遵循建构主义理论，遵循"教师主导、学生主体"教学结构理论，在教学活动、教学内容、师生课堂活动空间、课堂时间分配等方面，积极创设条件让学生这个主体元素加入，营造良好的学习氛围；通过教学活动更好地培养学生的创造性思维，这时再适时加入一些选修课程，来激发学生的学习兴趣，就会产生更好的教学效果。因此，学校在高一年级大胆尝试开设国家标准选修课程。必修课关注学生终身发展的基础，保证学生学到基本的知识和技能，保证学生达到高中教育的一定水准，为将来的专业发展奠定基础。选修课关注社会需求、学生生活、学生兴趣和终身学习，丰富学生的专业知识，提高学生的能力。

十四中是北京市高中示范校，大多数的学生要接受高等教育。如果机械地让学生集中某一段时间学习必修课或选修课对学生的发展是不利的。教师要想找到必修课和选修课结合的切入点和平衡点，让学生的基础知识、基本技能和其他方面都能够协调发展，就要将必修课和选修课协调起来，这样才能充分调动学生学习的积极性和求知欲望。为此，学校在高一年级就为学生开设了国家标准选修课 10 余门。学生自主选择 2~3 门，学生以年级为单位实行网上选课、网上组班，打破了原有的行政班的授课形式，使选修课全部实行了学生流动走班学习。实践证明，学校在高一年级就切入国家标准选修课对学生的能力发展是有利的，满足了学生的个性特点和多样化的发展需求，满足了学生对课程的选择权，体现了高中学生学习的主体性，培养了学生的主人翁意识。

研究四：研究各学科特点，挖掘各学科教育功能，实现教育的整体优化与合理配置。

如何实施？例如，语文是重要的交际工具，是人类文化的重要组成部分。工具性和人文性的统一，是语文课程的基本特点。高中语文的课程目标是进一步提高学生的语文素养，使学生具有较强的语文应用能力和一定的语文审美能力、探究能力，形成良好的思想道德素养和科学文化素养，为终身学习和有个性的发展奠定基础，让学生在积累、感受、思考、拓展和发现中获得发展。因此，高中语文教学积极倡导自主、合作、探究的学习方式，让学生在学习语文、实践语文的同时更加重视语文的人文内涵、情感熏陶和价值取向。在新课程实施与改革中，十四中语文组进行了学科建设，构建了具有学校特色的国家课程中必修课程与选修课程、选修课程与校本课程有机融合的课程框架，将校本课程宋词选篇、红楼梦欣赏、古文赏析、诗词鉴赏、经典影视赏析、高中分年级必读名著和必修课程与选修课程整合融通，形成了较为系统的语文学科课程框架。

又如，数学学科从学科特点来看，具有内容的抽象性、逻辑的严密性、结论的准确性和应用的广泛性等特点。所以高中数学教学应当是思维的教学，应让学生"带着问题走进课堂，带着思考走出课堂"，逐步引导学生养成理性思考的习惯，培养学生的理性精神。因此，高中数学教学应该努力揭示数学概念、法则、结论的发生发展过程和本质，揭示人们探索真理的艰辛与反复，让学生体会蕴含在其中的数学思想，体会寻找真理和发现真理的科学方法，追寻数学发展的历史足迹。在新课程实施与改革中，十四中数学组进行了学科建设，在"注重基础、强化能力、渗透数学文化"上下足功夫，将必修1～5、选修2-1、选修2-2、选修2-3、几何证明、不等式证明、极坐标与参数方程、数学发展史整为一体，形成十四中的数学课程框架，满足学生数学学习的各种需求，要求数学教学不仅使学生掌握数学的基本知识、数学方法，还让学生学会用数学方法思考问题、解决问题，获得更高的数学素养。

再如，生物学科从学科特点来看，属于科学范畴，是通过探究实验构筑起来的科学体系。实验是生物学科的基础。高中生物教材中有许多实验。生物实验可以向学生提供生物界的感性知识，培养学生学习的基本技能和观察、分析、综合运用生物学知识的能力；可以激发学生学习生物学的兴趣，培养学生实事求是的科学态度。生物实验不仅有利于提高学生的实验能力、支持学生学习理论内容，同时，这些实验可以引申出一些操作性强、具有实效性的探究性课题。在新课程实施与改革中，十四中生物组积极进行学科建设，特别重视学科实验与学科探究。借助十四中高配置的生物学专业实验室和优质的教师队伍，生物组开发、整合了高中生物学系列探究实验课程，来全面践行生物课程的基本理念，在学习国家必修课程、选修课程的同时又积极开发出优质校本课程，如生物实验技术、身边的微生物等，又梳理出有价值的研究性课题，如"植物色素的提取""开花培养基的调配""不同浓度抗生素对扇贝中大肠菌的抑制作用研究""地沟油转化成生物柴油的实践研究"等。

再比如，地理学科的本质是研究地理环境以及人类活动与地理环境相互关系的科学，它具有两个显著的特点。第一是综合性：地理环境由大气层、水圈、岩石圈、生物圈等圈层构成，是地球表层各种自然要素、人文要素组合而成的复杂系统。地理学科兼有自然科学与社会科学的性质。第二是地域性：地理学科不仅研究地理事物的空间分布和空间结构，而且阐明地理事物的空间差异和空间联系，并致力于揭示地理事物的空间运动及空间演变的规律。

研究五：严格规范新型学科综合实践活动课程研究性学习模式，培

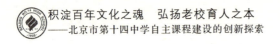
养创新型人才。

如何实施？研究性学习是教育部在 2000 年加入高中综合实践活动版块的一项内容，是一门独立的国家必修课程，具有严肃性和正统性，是一门没有课程标准和教材的课程，但又是一门国家规定课名、课时和一般要求，地方统一协调和指导，由学校自己开发的课程。

《普通高中"研究性学习"实施指南（试行）》明确指出，研究性学习教育要"实施以培养创新精神和实践能力为重点的素质教育，关键是改变教师的教学方式和学生的学习方式"。学校通过研究性学习课程培养学生发现问题、提出问题和解决问题的能力，收集、筛选和加工处理信息的能力，实践能力，交流、沟通与合作的能力，实事求是的态度及科学精神。学校从 2000 年开始始终坚持开设研究性学习课程，始终坚持培养学生掌握科学研究的基本方法，通过完整的课题研究过程，引领学生一步步地模仿科学家开展研究工作的程序进行学习与实践。学校教师坚信研究性学习带来的学生学习方式的改变会使学生终身受益，使学生在自主"选题—开题—研究—结题"这四项环节中，真正成为学习的主体。

第一，从自由选题、发现问题，到形成课题研究小组、明确小组人员的研究分工，学生的学习主动性凸显出来。

第二，从研究内容、研究方法与研究计划的确定，到自发调研、开题论证，学生经历了研究的全过程，是一种前所未有的自主选择、合作学习的体验。

第三，学生从自主探究、解决问题，到在实践中学会获取所需的研究资料，并学会整理与归纳信息、分析和利用信息，激发了自身的自主探究能力。

第四，学生从自我呈现、成果答辩，到选讲研究性学习成果，极大地发挥了学习能动性、积极性，更主动和自发地完善研究、完成答辩，激发了自主研究的热情。

3. 学校在高中新课程实施的第一阶段初步取得可喜成果

第一，通过学习实践，加深了教师对现代教育理念的认识与理解，并为学校进一步进行课程改革实验奠定了思想基础，也为学校提供了继续深化课程改革的精神动力。

第二，全面统筹学校的课程改革，全面规划课程，精心组织落实，明确了学校的课程目标，在培养目标、建设目标、组织目标上进行了清晰表述；创造性地做好课程结构设计，在课程实施过程中建立、优化了相关机制，在课程评价方面做到了科学、有效。

第三，重视课程要素的组织工作，优化了组织机制。课程要素主要有教师、学生、资源、环境等，在组织过程中，学校充分考虑学习的主题、概念、原理、技能、价值观等内涵要素的作用。

第四，在课程实施过程中，既注重纵向的时序联系，又注重横向的水平联系。纵向的时序联系考虑学生学习内容及学习心理的循环式发展与递进性提高；横向的水平联系是指整体考虑学生的学习，注重各学习要素的整合，培养学生的综合素质。

第五，课程结构安排方面，从打牢基础开始，丰富了学生的课程选择性，引领了学生的学习和发展方向。在高一年级从奠定扎实的学习基础开始，为学生提供了丰富的选择性课程，为个性化学习创造了条件，在此基础上，进一步发现和发展学生的潜能，提供方向性的学习课程，为学生将来的专业选择提供了帮助。

第六，教师树立了课程意识，使教育面向全体学生，促进学生全面发展，同时鼓励学生自主发展，发现学生的个性潜能，帮助学生丰富自己的学习生活、发现自己的潜能优势，激发学生"学有基础，学有专长"。

第七，学校建立了立体的课程改革支持系统，将社会资源整合进学校，将学校资源延展至社会；改革了办学运行机制，使行政围绕育人运转，管理突出业务中心；建立了全员育人的工作机制，为学生的成长提供了更为具体、贴心的帮助，同时发挥学生的自主作用，调动学生的发展积极性。

第八，学生的发展是在生活中进行的，生活的方式是实践的，实践的领域是逐步拓宽的，认识的范围是逐步扩大、逐步深刻的。随着知识的融入，学生认识世界、认识人生的水平显著提高，学生的实践能力显著增强；学生通过融入生活实践，提高了整体认识世界的能力，不断深入地发现生活的意义，理解人生的价值，调整人生的目标，形成追求一生的幸福和美好生活的动力，树立为人类在自然世界与精神世界中的自由、解放做出贡献的远大志向。这是教育的逻辑，是教育的真谛，也是课程的逻辑，更是做好课程规划设计的指导思想。

4. 在实践中梳理问题，不断改进，逐步形成新的自主课程实施方案

在第一轮课程改革中，学校被评为北京市普通高中课程改革实验样板校、西城区高中新课程实施先进校、宣武区高中新课程模块自主考试实验校。学校在观念确立、行为转变方面进行了大量探索，随着课程改革的推进，学校发生了较大的变化。教学环境不断改善，教学理念不断更新，国内国际课程资源不断涌入，教师队伍不断优化，生源质量不断提高，学生需求也在不断多元化、立体化和综合化，这些变化促使学校开始更加理性地面对课程，并进行深刻的反思。

第一，如何在课程规划上更加彰显学校特色，在特色中凝聚学校文化，在文化中提升学校办学质量。

第二，如何在课程设置上更充分地满足学生多样化的价值追求。

第三，如何在课程评价上建立科学有效的评价指标和可行的操作体系。

从学校未来发展的角度来审视学校在第一阶段实践国家课程标准的思路，发现它已经不能完全解决以上问题，那么怎么办？只有坚决深化改革，积极参加新一轮的课程改革实验，借助北京市自主排课实验这个平台，用课程建设提升学校的办学理念；优化学校的课程结构，实现学校"善、博、雅"的育人目标；改革学校现有的课程结构，实现"国家必修课程＋地方必选课程＋贯通整合课程＋校本自选课程"的新课程结构，即形成国家课程校本化实施的整体架构，将国家课程、地方课程和校本课程融合成一个整体，进行无缝衔接，才能真正体现学校的育人目标与办学特色。

(二)自主—发展—创新阶段

在这一阶段，学校各项工作的开展与实施都紧紧围绕着课程改革和课程建设的落实。学校通过选择、改编、整合、补充、拓展等，对国家课程和地方课程进行再加工、再创造，使之更符合学生的需要和学校的特色，即通过国家课程和地方课程在学校文化基础上的融合与建构，来实现国家课程校本化的最优实施，来进一步实践、发展国家课程理念，并落实到具体的育人价值上。

1. 国家课程校本化实施的定义

国家课程校本化实施，简称"校本化课程实施"。校本课程开发包括两个方面：第一个方面是学校在国家课程计划预留的课程空间内的完全自主的课程开发；第二个方面是学校对国家课程"因学校制宜""因学生制宜"的创造性的改编和再开发。国家课程校本化实施的核心词"实施"表示国家课程校本化实施首先关注国家课程对所有学校、所有学生的共同要求，国家课程校本化实施的主导价值是课程实施中国家与学校、学校与环境的相互适应和调整。

国家课程校本化实施界定为在坚持国家课程改革纲要基本精神的前提下，学校根据自身性质、特点和条件，将国家层面规划和设计的面向全国所有学生的书面的学习经验进行的为适应本校学生学习需求的学习经验的创造性实践，包括教材的校本化处理、学校本位的课程整合、教学方式的综合运用和个性化加工及有差异性的学生评价等多样化的行动策略。

2. 国家课程校本化实施的必要性

国家课程是国家教育行政部门的统一课程，它体现国家意志，是专门为保证未来公民接受基础教育之后达到共同的水平而开发的课程。国家课程具有统一规定性和强制性。正是由于这种特点，学校在第一阶段实施新课程标准中，的确存在着以下问题。

问题一：国家课程仍旧以学科课程为主，综合课程不足；仍旧以知识课程为主，动手课程不足；选择性增强但与学生的需求还有差距。

问题二：国家课程注重的是普适性，很难考虑到学校、学生的个性差异。

问题三：在课程选择方面，仍然坚持以考试为主的价值取向，把考

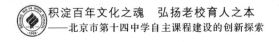

试科目看得很重，这种状况破坏了基础教育的整体价值，导致教师的专业发展局限于技术层面，过于依赖国家课程的权威，阻碍了教师的全面发展。

面对新课程实施以来出现的以上若干问题，学校没有墨守成规、消极等待，而是积极进行课程改革。2012年3月，学校接到可以申请加入新一轮高中新课程自主排课实验的通知时是非常兴奋的。学校曾多次向上级主管部门提出想参加此项目的请求，这次机会终于来了。在学校上上下下的共同努力下，经过近两个月的准备，学校召开了各种形式的座谈会、研讨会，明确了学校的发展方向，挖掘和提炼出学校的办学传统，使学校的办学理念和育人目标更加清晰、明确、具体；梳理出学校课程建设的思路，特别是对学校过去5年课程改革的成功经验给予了充分肯定，对存在的问题认真研究并制订出修改方案；把学校各方面的资源进行有机有效的整合。经过反反复复的修改，学校形成了申请文本，于2012年5月正式提出申请，7月顺利通过。

学校上下深感接受这项实验工作是机遇，是挑战，更是一种责任，于是利用2012年的暑假，思考实验途径，出台与实验方案相配套的各种文件，落实更具体、更翔实的操作步骤，为新高一能顺利进入实验做好准备工作，当然也包括了课时调整、教师调整和教师培训。学校在开学初对教师进行了三天培训，王建宗校长做了"推动自主排课实验，促进教师专业发展"的报告，提出了5个目标和8个突破。5个目标：①促进学生学习与发展，提高教育教学质量；②促进教师专业发展，培养教育教学专家；③提高教学管理水平，培养课程管理专家；④提高教育科研水平，促进教育理论建设；⑤提高教育实践水平，贡献教育事业。8个突破：①课程整合的突破；②课程特色的突现；③跨学科教学的突破；④主题单元教学的突破；⑤自主网络指导学习的突破；⑥学习组织形式多样化的突破；⑦健全组织管理机制的突破；⑧教师评价机制的突破。

无论是老教师还是青年教师都对此项工作高度重视，表现出了对学校、学生和教师个人的高度责任心和主人翁的姿态。

学校在 2012 年 9 月开始进入北京市自主排课实验，至今已走过一个周期。三年来，学校按照预定计划和时间节点进行实验，效果突出，成绩显著，真正实现了学校在国家课程总体框架之下"做自己的事"，即在坚持国家课程改革的基本精神和总体方向的前提下，研究自己的学生、自己的教师、自己的家长和自己所在的社区，积极争取市、区行政部门和教育教学专家的支持与帮助，有特色地、创造性地满足国家课程的要求。

3. 学校在国家课程校本化实施中努力做到六个结合

第一个结合：国家课程校本化与学校文化结合，体现国家的意志，体现学校的理想。

第二个结合：国家课程校本化与教研团队相结合，研究知识的呈现方式，研究课程的整体架构，研究课程与课程的协调。

第三个结合：国家课程校本化与教师个人相结合，把国家课程内化为教师的职业理想，形成和教师特点高度融合的个性化课程。

第四个结合：国家课程校本化与课堂教学相结合，将高效课堂与学科育人融为一体。

第五个结合：国家课程校本化与智慧备考相结合，将知识能力、学科素养融为一体。

第六个结合：国家课程校本化与教学评价相结合，将过程评价与终结性评价合为一体。

(三)形成学校特色

学校借助北京市自主排课实验平台，调整了学科课程实施阶段，修改了课程模块之间的顺序，调整了学科会考时间节点，重点增加了技术创新和科学研究课程，为培养学生的创新精神和实践能力创造了有利条件。

1. 学校课程设计的特色——建立学科分层系列课程

课程体系犹如学校课程的脉络，它明确了各类、各门课程的地位和作用以及彼此之间的内在联系，它是教育理念和教育行为轨迹的真实反映。

按课程的性质分类，课程包括基础型课程、综合型课程、研究型课程和拓展型课程，如图 3-1 所示。

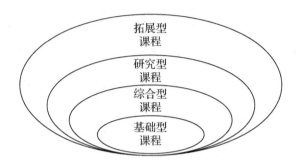

图 3-1　课程分类

基础型课程旨在促进学生基本素质的形成和发展，体现国家对公民素养的最基本要求。基础型课程由各学习领域有共同基础要求的学科课程组成，是全体学生必修的内容。基础型课程按照通性、通则、通法确定内容，体现可再生长的基础知识和再发展的基本能力要求，在具体选材上以共同要求为基础，同时形成一定的层次与梯度。基础型课程主要由工具性科目类、社会科目类、自然科目类和体育与艺术科目类组成。基础型课程为学生打基础，是学生赖以生存的支柱。基础型课程的质量是学校的生命线。

综合型课程旨在超越传统的单一学科的界限，按照水平组织的原则，将人类社会的综合性课题、跨学科知识和学生感兴趣的问题，以单元活动的形式统整起来，有机地将学问性知识和体验性知识、单一学科知识和跨学科知识、社会课题和学生问题、理论和实践、课内和课外、校内和校外结合起来，以促进学生身心和谐发展。综合型课程的开设要体现基础性，从适应未来社会发展的需求出发，让学生主动参与最基础的人类文化基础知识的学习，使学生掌握最基本的学习方法。综合型课程的开设要体现多元性，课程内容要多元化，以适应不同发展水平学生的需要，以适应不同层次学生和每一个学生个性发展的需要。综合型课程的开设要体现开放性，强调学生的学习生活与社会发展的联系，提倡教学活动的多样性和教学时空的开放性。综合型课程的开设要体现整合性，按照现代社会和科学的发展状况，重新审视基础教育的课程，对学科设置及内容进行整合，重视课程的综合性。

研究型课程旨在引导学生运用研究性学习方法发现和提出问题、探究和解决问题，培养学生的自主与创新精神、探究与实践能力、合作与发展意识。它的内容可以从学生的兴趣与生活经验出发，也可以从科学出发，实施时可以采取主体探究、课题研究、项目设计等方式。研究型课程的突出特征是坚持学生实施过程中的"自由选题、自主探究和自由创造"。教师引导学生从自身的校园生活、家庭环境、社会生活中选择探究的专题，让学生学会关注社会、学校、家庭的变化，激发自我实践的愿望，培养学生强烈的社会责任感、历史使命感和健全的人格。

拓展型课程以培养学生的主体意识、完善学生的认知结构、提高学生的自我规划和自主选择能力为宗旨，着眼于培养、激发和发展学生的爱好，开发学生的潜能，促进学生个性的发展和学校特色的形成，是一种体现不同基础要求、具有一定开放性的课程。

例如，国家课程校本化实施的数学课程结构如图3-2所示。

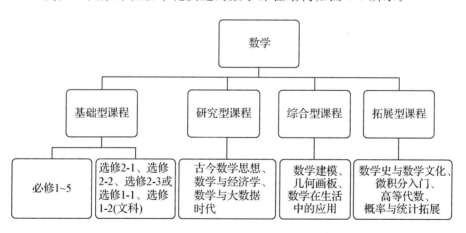

图3-2 十四中国家课程校本化实施的数学课程结构

2. 调整教学顺序，实现学科内和学科间的协调

根据生源质量，十四中重新构建学科内的教学知识体系，重新编排教学顺序。例如，数学学科按模块1、模块4、模块5、模块2、模块3的顺序进行教学，在中间适度加入选修模块，这样的顺序既符合学生的

认知水平，又符合数学学科内在的知识结构与逻辑关系。在艺术课上，学生高一时先按兴趣走班选课学习，中间适度结合兴趣点学习必修内容，进入高二再集中进行必修模块欣赏课的学习。这样，高一的教学顺序安排是选修＋必修，以选修为主，以必修为辅；高二的教学顺序安排是必修＋选修，以必修为主，以选修为辅。必修和选修相结合，激发了学生学习艺术的兴趣与动力。

3. 打破严格的学科界限，实现同类学科的综合与贯通

部分学科打通课程界限，对教学资源进行合理整合。例如，政治学科侧重于对人类文明成果的理性认知，历史学科侧重于阐述人类文明发展演进的历史进程，地理学科侧重于研究地理环境以及人类活动与地理环境的相互关系，跨自然与人文两大领域，颇具综合性与地域性特点。在研究及教学中，教师要把握学科精髓，梳理交叉知识，借用教学资源，跨学科研究知识。又如，物理、化学、生物学科都表现出实验科学的特征，它们在实验教学上有相同之处。再如，语文学科的部分内部可以与美术欣赏、音乐欣赏相结合。

4. 合理安排国家必修课时

从 2012 年开始，十四中在参与北京市自主排课实验中，针对高中课程的新理念、新内容、新教学方法，采取了稳步推进的方法。在第一阶段实践的基础上，在全面按照国家课程标准开齐开足各类课程的基础上，在充分调研与论证的基础上，并根据学生的认知规律和高中三个年级的不同特点，学校对国家标准课程模块教学的顺序和教学时间进行了整体调整。

学校为高一年级开齐开足国家课程标准规定的所有课程，加强研究型课程，注重学生良好学习习惯的形成，注重学生的学习体验；重点以开设必修课为主，以固定的行政班组织教学，为学生提供了"标准通修课程"，开设了语文、数学、英语、物理、化学、生物、政治、历史、地理、音乐、美术、通用技术、信息技术、体育与健康和研究性学习等必修课程；将地理、物理、化学安排在高一期末时进行会考，以减轻高二会考科目过于集中造成的压力。

学校从高二年级开始实施文理分班，充分发掘学生的特长；以固定行政班和流动走班相结合的形式组织教学，为学生提供了文理套餐课程和自主选择课程，面向全体学生增加 40 门校本选修课，有国家课程标准规定的选修课，有教师自主开发的校本课程，将国家课程、地方课程和校本课程融为一体；满足了学生的多样化需求，使学校的课程体系具有让学生全面而有个性发展的特色；安排在高二第一学期期末进行生物、历史、政治和技术会考，在高二第二学期期末进行数学、语文和英语会考。

学校针对高三学生面临专业选择，为学生提供了专业套餐课程，根据理科、工科、文科、体育和艺术考试不同的需要提供不同层次的教学内容，使学生学有专长、在大学自主招生与普通高考中赢得成功、实现自己的人生理想。此外，学校安排在高三的第二学期初完成高中阶段的体育会考。

这样，学校完成了高中三年的课程建设，教育教学目标任务整体实现，落实了国家课程的学校理念，即递进性、延展性、发展性，达到了如下目标：

高一年级课程文化"衔接"＋"兴趣"＋"基础"，认识自我，健康成长；

高二年级课程文化"基础"＋"能力"＋"素养"，发展自我，修身扬长；

高三年级课程文化"能力"＋"超越"＋"未来"，超越自我，立志成才。

5. 国家课程校本化实施的方法与策略的探索

学校在国家课程校本化实施的推进中，重点落实了以下五个方面的工作。

第一，强化课程领导，制定学校高中新课程管理制度，构建与高中新课程相适应的教育教学管理体系，创建学校重基础、多样化、有层次、综合性的课程文化，促进新课程在学校的稳步实施。

第二，重视课程研究，积极开发课程资源。实施新课程首先从教学

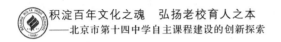
内容研究入手,研究教学目标的把握、教学内容的选取、各领域知识之间的逻辑结构、教学的呈现方式等。

第三,重视课堂教学研究,促进教学方式转变。在课堂教学中,教师要注重体现新课程理念,优化教学设计,注重教学策略和教学方法的选择,实施有效教学,引导学生自主学习、合作学习、探究学习,不断转变自身的教学方式和学生的学习方式。

第四,实施发展性评价,合理开展学分认定。用学分进行学生学业成绩管理是新课程的一项重要改革。在学生学业成绩评价中,纸笔测试与非纸笔测试相结合,过程性评价与终结性评价相结合,自评与他评相结合,科学合理地开展有效性评价,真正实行学生学业成绩与成长过程相结合的综合评价方式。

第五,建立以校为本的教学研究制度,鼓励教师对教学实践中的问题开展教学研究,创设有利于教师创造性地实施新课程的环境,使新课程的实施过程成为教师专业成长的过程,以促进教师专业素质的提高。

二、国家课程校本化实施的重点

(一)重组与整合学科课程结构

从 2007 年开始进行国家课程改革到 2011 年,十四中努力实践,成绩显著。学校将国家课程适度调整与校本课程全面整合,统筹安排,使课程更有利于对学生创新精神和实践能力的培养,有利于学校有序、高效地进行管理,有利于教师开发课程,有利于学生自主选择课程。增强课程选择性是新课程改革的基本目标之一,也是十四中参与北京市自主排课实验的价值追求。

学校在坚持国家课程改革纲要基本精神的前提下,根据自身的性质、特点和条件将国家统一规划和设计的面向全体学生的课程创造性地变为适合本校学生学习和发展的课程。

1. 基础型必修课程

基础型必修课程如图 3-3 所示。

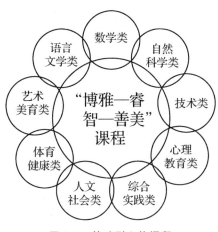

图 3-3　基础型必修课程

2. 发展型选修课程

发展型选修课程如图 3-4 所示。

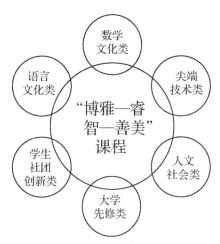

图 3-4　发展型选修课程

3. 重组与调整知识模块的目标定位

①满足学生多样化发展的需求，对学科课程知识模块进行优化重组与整合，目的是实现学校的育人目标，面向全体学生，在为学生发展奠定良好基础的同时发展学生个性，激发学生潜能，推动学生个体在不同

的方向上树立更高的目标。②科学调控学科课程与活动课程的课时比例，实现高效、均衡和减负，对学科课程知识模块进行优化重组与整合，有效地提高教育教学的质量，挖掘课堂、教师和学生等的潜力，均衡学科教学与实践活动的发展，促进学生高效学习和健康成长，切实减轻学生的课业负担。③基于学生认知特点为学生自主学习、自主发展提供可选择的资源。

对学科课程知识模块进行优化重组与整合，是基于学科的知识特点和学生的认知特点的。学校有机整合学科知识和社会现实问题，进而为教师课堂教学的实施提供更多的可能，为学生的自主学习和自主发展提供可选择的资源。

(二)改革与探索学科的教学方法

1. 分类教学与分层教学

为了实现学校的育人目标，满足学生的个性与未来发展的需求，十四中的课程可以分为基础类、综合类、实践类和拓展类等。为了满足学生选择的需要，部分学科课程与校本课程通过走班进行分类与分层教学。

各学科根据培养目标和课程设置，以学科领域为依据进行整合。在不同的学科领域，根据学生的兴趣、发展需求和学习能力的差异，教师有针对性地进行分类教学和分层教学。

(1)分类教学的原则

学生的兴趣、教学目标、教学内容不同，所以学校成立了不同类型的班级，如实验学科班、生化项目班、理科实验班、文科实验班等。这样组合成的班级带来的教学方法不同，体现了因材施教的教育理念；这样组合成的班级带来的教学评价不同，体现了学生的特点和差异性；这样组合成的班级带来的作业不同，体现了教学的针对性和实效性。

(2)分层教学的原则

为给不同层次的学生提供合适的学习条件和必要的学习机会，满足学生不同的学习需求和发展需要，在基础类课程和拓展类课程的实施过程中，学校进行了分层教学。分层教学根据学生学习的可能性水平将学生分成不同的层次，并确定与各层次学生实际相协调的分层教学目标，从而有利于教师把教学重点和教学难点确定在学生的最近发展区中，使每个学生在原有的基础上都能得到提高与发展。

2. 追求"智慧课堂""高效教学"

"智慧课堂""高效教学"是十四中自主课程实施过程中对课堂形态的追求。课堂教学是课程实施的主渠道，课堂教学的质量决定课程实施的质量，课堂教学的质量是课程改革是否成功的核心指标。

(1)"智慧课堂"的要素解读

"智慧课堂"从课堂教学的三个核心要素入手，从三个维度阐述"智慧课堂"的内涵。三个核心要素是指知识、教师和学生。"智慧课堂"是指课堂应体现出知识有智慧、教师有智慧，最终实现学生有智慧。

核心要素一：知识。通过知识教学，建立知识网络结构，建立学科间的联系；通过书本知识与学生生活经验相结合的教学，引起学生的学习兴趣，把抽象的公式与具体可感知的事物联系起来；通过将科学前沿知识引入教学，引起学生对科学精神、科学发展的追求。

核心要素二：教师。教师应展示学科魅力，通过对学科精神、学科思想、学科知识、学科方法的深刻把握，让学生充分体会学科魅力。

核心要素三：学生。学生主动学习、深度思考，提高主动建构知识和探索知识本源的能力。

(2)"智慧课堂"的主要特色

特色一：师生平等。教师与学生之间是一种彼此适应、彼此依存、彼此尊重、彼此欣赏、优势互补的关系。

特色二：合作探究。师生或生生之间深入合作，让合作成为知识探索、情感交流的主要形式。

特色三：开放与选择。课堂教学并不是传统的传授式，而是按照学生的认知水平及需要选择教学内容、制订教学方案，并且具有灵活的选择性的新模式。

特色四：有效教学与高效学习。教师通过创设情境，提供多种途径使学生在不断的体验中获得知识、发展能力，进而实现有效教学和高效学习。

特色五：多元评价。教师注重学生学习的体验和感受，给学生的自我评价留足空间。

（3）"高效教学"的要素解读

在新课程理念下，课堂教学应是有效的教学、高效的教学。所谓"高效教学"，是指教师遵循教学活动的客观规律，使用恰当的教学策略，投入尽量少的时间、精力和物力，取得尽可能好的教学效果。"高效教学"能够高效地促进学生的发展，高效地获得预期的教学效果。

（4）"高效教学"的内容

内容一：关注学生发展，要求教师树立"以学生发展为本"的教学理念。

内容二：关注教学目标，要求教师制定明确、具体的教学目标。

内容三：关注教学效益，要求教师有时间与效益的观念，追求教学的高效性。

内容四：关注教学策略，要求教师掌握相关的教学策略。

内容五：关注教学反思，要求教师树立反思意识，不断反思自己的日常教学行为。

十四中从 2007 年实施新课程以来，一直关注课堂教学生态、课堂教学模式的研究，提出"智慧课堂""高效教学"等主题词。为保障课堂教学的效率、效果和效益，学校通过教学研究从教学设计、教学基本功、教学魅力等维度，系统地、有层次地开展各级各类研讨活动，在活动中提升教师的专业发展水平。2012 年，学校参与了北京市自主排课实验，希望借助此平台，巩固研究成果，增加研究"智慧课堂""高效教学"的深度与广度，在学习的过程中让学生、教师和知识都充满智慧。学生具有主动的学习状态和切身的情感体验；教师能深刻理解学科精神、学科思想、学科核心概念和学科方法，并以生动的方式呈现出学科的内在魅力，施展教育智慧，引导学生会学，使"智慧课堂""高效教学"成为自主课程实施的主旋律。从教育生态学的视角出发，当下的教育教学强调课堂的主体是"人"，强调师生共同努力，通过最优的现代课堂教学设计和最有效的课堂教学活动，促进学生全面发展。

3. 建立专家引领下的"高端备课"机制，让课堂精彩优质

学校聘请了北京师范大学化学教育研究所王磊教授作为化学组教科研的指导教师，引领化学组教师进行科学研究。"高端备课"这一科研项目的理念深刻，将促进学生核心认识和关键能力的发展这一课堂教学设计与实施的基本理念作为项目研究的支撑点。此项目在王磊教授的指导下真实有效，它以现代科学教育理论和方法为指导，以学科核心知识教与学的关键问题及有效教学策略为研究内容，是一种基于专家支持与同伴合作的新型教学研究和教师专业发展模式，主要着力点在于促进教师教学能力的提升。

化学组教师经历了四年"高端备课"的研究与实践，这让学校的教师都能感受到化学组教师专业水平提高了。化学组教师珍惜参与"高端备课"活动的每一分钟，关注"高端备课"中教学设计的每一个环节。其他教师常常看到化学组教师为了一个想不明白的问题，从办公室一直争论到餐厅。正像他们所说的，"高端备课"研究项目的研讨环节和试讲环节对他们改进教学设计、提升教学效果、促进自身发展的帮助最大。在"高端备课"研究项目中，指导专家的分析讲解、质疑提问和讨论建议这三种指导行为，对教师的专业成长最有效。"高端备课"研究项目的学生访谈和学生前后测这两个环节对教师的帮助也特别大。

"高端备课"研究项目的成果在字里行间表现出此研究项目的四大亮点。

亮点一：教师多轮次深度参与，从教学理念到实践行为都发生了积极转变。

亮点二：教师多线索、多维度设计教学环节，通过转换视角，通过对以核心问题为线索、以情景素材为线索、以学生活动为线索等六条线索的组合，对教学过程深入反思，促使自身对教学理念、学科本质、学生的认识方式和学习发展规律深入思考，促使学生进行完整的思考和完整的表达，促使学生的思维外显。

亮点三：教师聚焦概念原理，系统深入，逐层达成教学目标。例如，电化学主题进行了高一必修、高二选修、高三复习的整体化和层级化的教学设计，达到了由点到面、逐步深入的层级教学目标。

亮点四：教师关注学生学科素养的形成、学科能力的发展。教师通过对学生能力进行诊断，对测试结果深入分析，找到学生普遍存在的问题，进而进行主题整体化教学设计，选取重难点进行有针对性的教学改进，将学生能力发展作为教学效果的重要评价指标。例如，原电池教学建构了"二维四要素"模型，目的是转变学生认识偏差、提高学生分析和解决真实问题的能力。

教师是教育改革和实践的主体，教师具有较强的主体意识和创造精神，是教育改革最终得以成功的基础。科研是促进教师专业发展，使教师成为研究型教师、专家型教师以及使教师实现人生和职业价值的必要途径。

"高端备课"研究项目中的课例研究是回归课堂教学、提升教师科研能力、直面教学中具体问题的研究，以课堂教学问题的解决为中心。教师研究团队从不同角度观察学生在教学活动中的状态，通过收集、解释、记录、改进相关信息来丰富教育智慧。参与"高端备课"研究项目的教师通过专家引领、同伴互助、个人经历和"实践、认识、再实践、再认识"，将教师的发展最终落实到了教学质量和学生发展上，实现了"高端备课"研究项目的最初设计目标——以教学改进研究为原点，帮助教师建立更为科学有效的课堂教学和测评理念及方法，切实促进教学团队整体的发展和进步。

下面是化学组孙文艳老师的一个成功课例。

化学组孙文艳老师的一个成功课例

课题	第二章　化学反应与能量　第二节　化学能与电能		
授课教师	孙文艳	学校	北京市第十四中学
本教学设计属于：原始教学设计（　）备课讨论后教学设计（　）试讲后教学设计（√）			

教学目标	【知识与技能】①使学生理解并掌握原电池的反应原理。②通过实验提高学生的动手能力、观察能力及思考能力。 【过程与方法】①通过教师创设问题情境、学生进行实验探究，帮助学生建构原电池概念、理解和掌握原电池原理要素及装置要素。②通过生活中常见的电池引导学生学会以问题为中心发现问题、解决问题的学习方法。 【情感态度与价值观】①通过原电池的探究过程，培养学生实事求是、勇于探究和创新的科学态度。②让学生体验科学探究的艰辛与愉悦，增强为人类的文明进步学习化学的责任感和使命感。
教学内容分析	化学能与电能属于化学原理范畴，是化学学科的重要原理性知识之一，是对氧化还原反应原理本质的拓展和应用。学生在初中化学中初步学习了"化学与能源"，在选修模块4中将系统深入地学习化学反应与能量。本节课内容为原电池的概念、原理和组成原电池的条件，是电化学中的重要知识。本节课既是对初中化学相关内容的提升与拓展，又是选修其他相关课程的基础，起到承前启后的作用。本节课知识不仅是对有关金属、电解质溶液、氧化还原反应、能量守恒原理等内容的丰富和延伸，也是培养学生思维能力、实验能力很好的素材。
学生情况分析	学生具备了电解质、氧化还原反应本质、能量守恒原理等相关的理论知识，初步具备了一定的分析问题的能力与合作探究的精神，但是无电化学基础，理解原电池原理有一定难度。
教学关键	重点：原电池的反应原理、构成条件。 难点：原电池的反应原理和电极反应式的书写。

教学过程设计

知识线索	学生认识发展线索	问题线索	活动线索	教师讲述线索	情境素材证据线索
从生活中的电池入手，通过实验探究逐步分析原电池的反应原理，通过变化装置要素区分其在装置中的作用。	从能量转化入手，认识电能是二级能源；结合电池及电流表，巩固判断电极的方法；分析原电池中化学能转化为电能的过程及原电池的装置要素。	生产生活中，哪些能量可以转化为电能？电池中哪些能量直接转化为电能？通过物理学原理，如何分析电池的正负极及两极反应原理？原电池是如何构成的？如何设计原电池？	分析生产生活中电能的来源；结合物理学原理分析电池的正负极；以 $Zn \mid H_2SO_4 \mid Cu$ 为例分析两极反应原理及装置；学生实践分析方法的使用；更换装置要素强化其不同作用。	介绍我国的发电结构和化学能转化为电能的过程；过渡引出化学能直接转化为电能的原电池装置，分成三个环节分析原电池的构成。	我国电能的主要来源。火力发电的原理。物理实验中现象与电池工作原理的联系。根据现有材料，自行设计原电池。

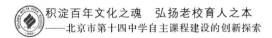

教学设计		
	教师活动	学生活动	设计意图
环节1	介绍我国发电厂种类、总量构成图及火电站工作原理示意图，介绍火电站中的能量是如何转化的。 通过对便携式用电器中的能量转化进行思考，分析哪类化学反应可能实现由化学能直接转化为电能。 结合物理实验，分析现象与电子运动的关系，并学习判断正负极的方法。	体会电能是二级能源，只能由其他能量形式转化而来。 认识到生产生活中存在的各种能量转化方式各有长处、互相补充。观察、回忆、分析社会生活。	通过对能量转化方式的分析，引起学生对社会生活的分析和反思。 结合生活经验及物理实验原理分析电流表偏转与电子运动之间的关系，用于判断装置的电极。
环节2	实验探究1：Zn｜H₂SO₄｜Cu 根据示意图，观察电流表指针偏转方向，确定电极。 分析铜锌原电池工作的基本原理。 讨论分析以下问题： 电流表指针偏转方向是什么？ 电子流动方向是什么？ 谁失电子？ 在哪里失电子？ 生成什么产物？ 谁得电子？ 在哪里得电子？ 生成什么产物？ 如何构成闭合回路？ 形成原电池定义及其反应原理的分析过程，发现电极反应式与总反应的关系。 分析构成原电池的装置要素的作用，通过更换装置发现其主要的差异及对反应原理的影响。	动手实验，观察现象并记录。 思考问题、分析反应过程。 形成反应原理要素。 明确拆分装置要素的作用。	通过典型化学装置产生电能的事实确认可行性。 根据原理的分析，确认氧化还原反应在原电池构成中的重要性及拆分方法。 通过问题引导学生形成完整思路。 培养用微观知识解释宏观现象的思维习惯。
环节3	分析：Zn｜H₂SO₄｜Cu原电池的电极、电解质溶液是否可以进行更换？是否对反应原理产生影响？ 结论： 装置要素中作用单一者可以更换为同样不参与反应的物质，原理不变； 装置要素中作用多元者若更换，则改变反应原理。	思考问题、分析变化过程。 明确拆分装置要素的作用。	通过装置的更换引导学生关注各要素的作用。 紧扣氧化还原反应原理进行分析。

环节4	实验探究2：$H_2 \mid H_2SO_4 \mid O_2$ 按照装置图及总反应原理，分析原电池反应原理及各装置要素的作用，体会拆分装置要素的作用。 归纳整理原电池工作原理与氧化还原反应之间的关系。	观察实验现象。 分析、思考。 归纳总结：分析原电池工作原理的步骤方法。	从现象到本质，培养学生的分析总结能力。 使学生根据所学知识判断原电池、书写反应原理，更深刻地理解原电池的构成要素。 建立模型，并运用模型分析燃料电池的反应原理。
板书	第二节　化学能与电能 一、原电池 1. 定义：将化学能转化为电能的装置 2. 反应原理 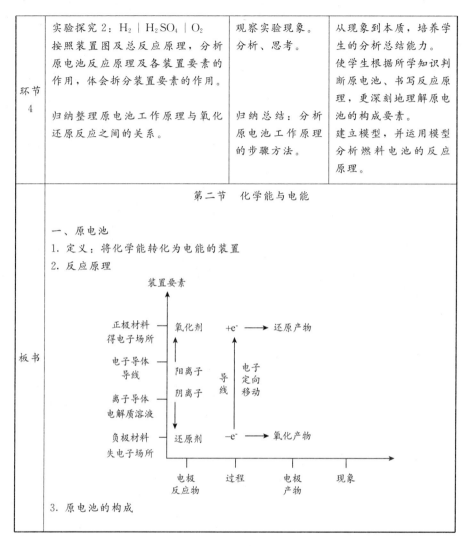 3. 原电池的构成		

　　"高端备课"就是基于专家支持和现代科学教育理论与方法的指导，帮助教师在实际授课过程中不断地超越和创新已有教学设计水平的一种基于教学设计和实践的备课方式。"高端备课"过程十分艰辛，需要经过一次次备课、一次次试讲、一次次讨论、一次次修改，正是在这样的反复过程中，教师的能力可以实现最大限度的提高。

　　(三)寻找与变革学生的学习方法

　　教师在国家课程校本化实施这个平台上，有可能也有机会去实现自

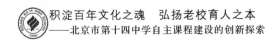

已的教育理想，去整合课程、开发课程，形成自己的教学特色和教学风格。

教师在新课程实施中必须要树立正确的教育观和质量观，应主动寻找与变革学生的学习方法。

1. 从自身做起

①教师要努力探索如何在实施新课程中调动学生学习的积极性，帮助学生学会学习。教给学生获取知识的方法比教知识本身更重要，正所谓"授人以鱼，不如授人以渔"。教师的关键作用是要教会学生学会学习，教给学生获得知识、提升技能的方法，帮助学生在学习过程中获得良好的、积极的情感体验。②教师要努力探索如何在实施新课程中激发学生乐学。"知之者不如好之者，好之者不如乐之者。"只有当学生有了乐在其中的情感体验，学生才会拥有持久的学习动力。教师在教学中要精心创设情境，营造良好的学习氛围，充分激发学生的学习兴趣，调动学生的学习热情，吸引学生积极主动地投入学习活动中去。③教师要努力探索如何在实施新课程中促进学生爱学。人们都爱做习以为常的事情，学生对待学习也不例外。教师只有促进学生养成爱学习的习惯，才会让学生在学习和成长的过程中产生不竭的动力，才会让学生踊跃质疑，才会让学生善于发现问题、提出问题、解决问题，才会让学生的创新意识与能力得到不断增强。

2. 转变学生的学习观念、学习方法、学习手段，倡导自主、合作、探究

①教师要研究如何让学生由被动学习向自主学习发展。在新课程实施之前，绝大多数学校都存在教师教什么学生就学什么的情况，学生的学习被教师主导。在新课程实施中，学生是学习的主体，在回答问题、交流、讨论、辩论、角色扮演、展示、实验、操作等学习活动中，学生逐渐具有发自内心的强烈动机。②教师要研究如何让学生由个体学习向合作学习发展。在新课程实施之前，课堂学习主要是学生单独的、自我封闭式的学习。在新课程实施中，课堂能够充分发挥每一个学生的潜能，发挥集体的力量，汇集多方智慧，完成教学任务，培养合作精神，

增强交往能力，形成竞争意识，表现为教师与学生合作、学生与学生合作、小组与小组合作、学生与小组合作等多种形式。③教师要研究如何让学生由接受学习向探究学习发展。在新课程实施之前，教师单向地教学生学，学生成为教师灌输知识的"容器"。在新课程实施中，教师积极倡导学生独立或在教师的指导下探索和创新，引导学生在自主学习或合作学习中发现问题，准确大胆地向教师、同学提出问题，通过实验、实践、查询等手段搜集、识别、管理、使用信息分析问题，通过讨论、交流、展示、表演等途径解决问题，或生成新的问题，再进入新一轮的探究学习中。④教师要研究如何让学习辅助工具由单一向多元发展。在新课程实施之前，书本、学具、小黑板等是学生的主要辅助学习工具。随着信息时代的来临，在新课程实施中，为拓宽视野、丰富信息、活跃思维、培养兴趣、提高效率，除原有的学习辅助工具外，计算机、网络等已经普遍进入课堂成为常规学习工具。

3. 构建课堂文化

构建课堂文化就是运用科学的教学理念，创建、激发富有生命的、有效的课堂氛围和师生共同的价值取向，体现教学对学生的理解、关怀与尊重，以更好地完成教学任务，让师生在和谐、愉悦的合作互动中得到成长与发展。①教师要研究建立民主平等的师生关系。学生是主体，教师是主导，两者都是课堂的主人。学生发言大胆，展示积极主动，敢于发表不同的意见；教师不固执己见，善于吸收不同的意见和观点，鼓励学生的奇思妙想，不歧视个体的"另类"思维，包容学生的错误。②教师要研究建立宽松、和谐的课堂氛围。课堂要轻松、活跃、欢快、和睦、友好，教师的教学语气、动作等能启发学生的灵感，课堂活动、研究课题能激励学生勇于创新的精神。③教师要研究建立师生、生生对话与协商的教学形式。课堂要形成良好沟通、互动、辩论、合作、展示的局面。教师留有充足的时间和机会给学生表达自己的观点、意见；教师搭建良好的互动交流平台，促进师生之间和谐一致，生生之间配合得当。④教师要研究建立科学、开放的教学平台，让学生积极参与、主动学习、合作探究，在快乐中学习，在学习中享受快乐。

三、国家课程校本化实施的管理与评价

(一)完善教学管理制度

新课程的实施，不仅需要先进的教育理念、完善的课程体系、与教学内容相匹配的教学方式，也需要有保障其实施的组织和领导机制以及一套相应的管理制度。管理制度是提高育人质量的基本保障，一所学校的教学常规管理可以从以下六个方面展开。

十四中教师在教学中要做到"六认真"

一、认真备课

①认真学习领会新课程标准，明确教学目标、教材体系，统筹安排教学内容，制订简明可行的教学计划。

②在认真钻研教材和联系学生实际情况的基础上，按时写好教案。教案应包括教学目标、教学要求、重点及难点分析、教学过程、教学方法、板书设计、作业布置、教具准备等内容，不备课不准上讲台（坚决反对全部下载不加修改的 PPT 和教案）；提倡结合教学实际写好教学后记。

③课上需讲解的例题、需演示的实验和布置的作业，教师应预先做过，上课需用的教具应事先备齐。

④积极参加学科组教研活动和每周的学科备课活动，实现两备制：第一，教师个人备；第二，集体主备制。原则上，组内应尽量统一教学目标、教学要求、教学进度、作业内容、阶段考试题目和阅卷标准。

备课：考查教师在课前准备工作中是否做到资源钻研透彻、教学目标明确、过程设计缜密、教案规范完整、资源开发充分、教法合理有效、关注全面发展等。

二、认真上课

①上课铃响，教师准时进入教室，不迟到，不拖堂，中途不随意离

开教室，不接打手机，不私自调课。

②认真执行教案，努力贯彻备课意图，灵活运用教学方法，合理安排和控制教学过程，提高课堂教学每一分钟的含金量。

③教学语言清楚、准确、鲜明，教学通俗易懂、生动形象、富有启发性。

④板书工整，书写规范，内容精要设计合理、清楚醒目、富有美感。

⑤上课衣着整洁，仪表端庄，精神饱满，教态自然，不嘲讽、训斥和体罚学生，对违反纪律的学生耐心教育，避免矛盾激化，不责令学生离开教室或自己赌气不上课。

上课：考查教师是否做到目标明确、内容准确、寓德于教、激情激趣、善于启发、面向全体、关注差异、注重反馈、行为规范、艺术精当、反思有效。

三、认真布置和批改作业

①按新课程标准和教材布置作业，作业有利于巩固知识、启发思维、培养能力，作业量适度，不应盲目地、不加分析地搬用不切学生实际的复习资料，提倡精选例题，提倡分层作业。

②严格要求学生规范认真地完成作业、独立完成作业、按时上交作业；要认真及时批改作业，批语要恰如其分，以鼓励为主，提倡面对面的批改。

③要记载学生作业中的典型错误，及时讲评，严格督促学生改正作业中的错误，并再次批阅。

作业：考查教师是否做到精选、先做、全批、布置适当、反馈及时，提高这一环节的有效性关系到落实减负的要求，教师负有十分重要的引导作用。

四、认真辅导

①对学生要进行学习目的、学习态度的教育，指导学生掌握正确的学习方法，培养学生的自学能力。

②对有学习困难的学生要多加关心，耐心帮助，平等相待，解答疑难；对成绩优秀的学生要加强课外阅读指导，进一步满足其求知欲，扩大知识面，鼓励冒尖；对因病因事缺课的学生要及时补课。

③提倡教师一专多能，接受学校分配的选修课、校本课程的开发与实施、课外活动课以及研究性学习的教学辅导任务。

辅导：考查教师是否能做到尊重差异、分类指导、精心实施、讲究实效等，要重视对少数个别有学习困难的学生进行有针对性的辅导。

五、认真组织考试

①按学校规定认真组织考试，帮助学生梳理知识点，正确教育学生遵守考试纪律，认真监考，坚决执行学校的《监考守则》，防止舞弊行为，违纪行为发生时及时报告年级组、教务处。

②学校组织统一考试，要提高命题质量，符合模块考试的要求和标准，侧重基础知识和基本技能的考查，难易适当，题量适中，既有深度又有广度，注重能力考查。

③要按统一的评分标准，流水阅卷、评分，阅卷后及时认真进行试卷分析及讲评，做到分析到位、问题找准、措施具体明了。

④充分利用"教学与学习评价体系"，强化质量监控意识，实现教学管理、信息反馈科学化，实现评价体系的两个功能——管理与服务。

评价：考查教师是否能做到科学组织、认真命题、严格监考、改进考评、客观评定、强化分析等。考试形式应根据不同学科、不同阶段，采取多样化方式进行，不应局限于书面答卷和闭卷形式。

六、认真组织课外活动

①根据学科特点和学生的年龄特点组织开展各种形式的课外活动，做到时间落实、计划落实和内容落实。

②课外活动丰富多样，要注重思想性、趣味性和科学性，确保活动安全，每次活动要做好记录，要有总结。

活动：考查教师是否能做到课内课外相结合、注重学生的实践活动、开展丰富多样的与学科相关的实践活动，在活动中关注科学性、趣味性和安全性。

学校的教学常规贵在认真落实，教学常规既是一个古老的话题，又是一个常谈常新的话题，只有认真落实才能见成效。学校的教学常规重在坚持。教师在工作中要尽职尽责，才会收获专业成长，学校的教学工作才会扎实推进，学校的教育质量才会逐渐提升。学校的教学常规要讲究激励，即要千方百计地激励教师认真做好备课、上课、作业设计与批改、辅导、评价和开展课外活动等各个教学基本环节的工作。

(二)实施多元自主评价

课程评价是依据一定的评价标准，采取定性与定量相结合的方法收集信息，对课程体系构建的合理性与科学性以及课程实施条件、实施过程与实施效果进行价值判断的过程。《基础教育课程改革纲要（试行）》指出根据培养目标和人才理念，建立科学、多样的评价标准，要探索促进学生发展的多种评价方式，激励学生乐观向上、自主自立、努力成才，要建立促进教师不断提高的评价体系，要建立促进课程不断发展的评价体系。具体的评价体系，应体现评价互动化、评价内容多元性、评价过程动态化等基本理念。因此，评价应从以下三个方面展开。

1. 学生发展性评价

对学生的评价不仅要关注学生的学业成绩，而且要发现和发展学生多方面的潜能。十四中建立了促进学生综合素质全面提高的评价制度，评价内容尽量全面，评价方式多样，评价过程公正，评价结果公平，始终坚持过程评价与结果评价相结合的评价原则。

2. 教师发展性评价

建立以教师自评为主，校长、教师、学生、家长共同参与的评价制度，使教师从多种渠道获得信息，不断提高教学水平(参见表3-1)。

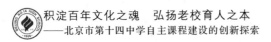

表3-1　十四中教师考核测评量化表

姓名：　　任教学科：　　任教年级：　　测评人类别：　　总分：　　时间：

考核指标	序号	考核要素	考核标准	评分标准			评定分数
				A	B	C	
一、政治思想（20分）	1	政治表现（6分）	（1）爱国守法，拥护党的各项方针、政策	3	2	1	
			（2）积极、认真参加学校组织的各种会议	3	2	1	
	2	职业道德（8分）	（1）自觉遵守师德规范及学校的师德公约，严于律己，为人师表	4	3	2	
			（2）廉洁奉公，不谋私利，作风正派，举止文明，语言规范，服饰得体	4	3	2	
	3	思想教育（6分）	（1）贯彻党和国家的教育方针，坚持育人为本，注重学生全面发展	2	1	0	
			（2）教书育人，热爱学生。尊重、关心、爱护每一个学生，帮助他们成功，不体罚或变相体罚学生	2	1	0	
			（3）热爱学校，尊重家长，坚持并宣传科学教育思想和方法	2	1	0	
二、业务水平（20分）	4	业务知识（4分）	（1）具有教育学、心理学、教学法的基础理论，掌握现代教育信息技术	2	1	0	
			（2）掌握所教学科的教学大纲或课程标准及教材教法	2	1	0	
	5	专业技术（10分）	（1）准确、熟练传播知识和技能，课堂教学效果好，受学生欢迎	2	1	0	
			（2）学习新的教育理念，注重学生学习能力的培养	2	1	0	
			（3）能承担校、区、市级公开课	2	1	0	
			（4）具有胜任毕业班教学工作的能力	2	1	0	
			（5）胜任班主任或年级组长工作	2	1	0	

续表1

考核指标	序号	考核要素	考核标准	评分标准			评定分数
				A	B	C	
三、工作态度（25分）	6	教科研（3分）	(1)能做专项课题研究，能撰写论文在市、区、校获奖或在大会上发言甚至发表	2	1	0	
			(2)在市、区级教研活动中做主讲人	1	0	0	
	7	培养指导（3分）	(1)能积极开展选修课、活动课及研究性学习等课外活动，辅导学生在市、区级学科竞赛中获奖	2	1	0	
			(2)能指导青年教师的教育教学，成果明显	1	0	0	
	8	工作积极性（9分）	(1)积极承担学校安排的工作，兢兢业业，不敷衍，不懈怠	3	2	1	
			(2)出勤好，不缺课。按时参加教研活动、集体备课等，班主任做到"五必到"	3	2	1	
			(3)顾全大局，关心集体，与其他教师团结协作，善于配合，主动帮助别人解决工作上的困难	3	2	1	
	9	敬业精神（6分）	(1)工作上坚持高标准，钻研业务，苦练内功，勤奋进取，不断提高教育教学水平	3	2	1	
			(2)积极进行教育教学改革，更新观念，主动实践，争做反思型教师	3	2	1	
	10	事业心、责任感（10分）	(1)在教育教学中尽职尽责，努力提高质量。学生成绩的评定及教育教学方面的统计数据真实准确，按时上交	3	2	1	
			(2)按学校要求认真备课写教案，完成课堂教学任务，及时批改作业，热心辅导学生，认真完成命题、阅卷、听课等任务，教学中不发生失误或引起学生、家长不满	5	4	2	
			(3)树立全员德育思想，加强养成教育，主动纠正学生的不良行为，事事处处做学生的表率	2	1	0	

考核指标	序号	考核要素	考核标准	评分标准			评定分数
				A	B	C	
四、工作业绩(35分)	11	工作量(14分)	(1)满课时	6	4	0	
			(2)跨年级任课,担任班主任、教研组长、年级组长、备课组长	4	0	0	
			(3)开设选修课、活动课、研究性学习或服从学校安排兼做其他工作	4	0	0	
	12	工作效能(16分)	(1)教案齐备规范,课堂教学秩序井然。班主任与任课教师积极合作,努力提高本班学生成绩。班级管理规范,无违纪违章行为	8	6	4	
			(2)所教班学年成绩、会考成绩、高考成绩的平均分、及格率、优秀率达到学校要求,使学习基础较差的学生成绩明显提高	8	6	4	
	13	教科研成果(5分)	(1)论文在校、区获奖,或在区级以上刊物上发表	2	1	0	
			(2)辅导学生参加学科、文体、科技竞赛获区级以上奖项	2	1	0	
			(3)参加教学评优课获区级以上奖项	1	0	0	
		附加	(1)论文获市级一、二等奖,全国三等奖及以上(由教育行政部门颁奖)	10			
			(2)辅导学生参加学科竞赛获市级以上奖项(由教育行政部门颁奖)	10			
			(3)参加评优课获区一等奖,市级一、二等奖	10			
			(4)高考学科成绩名列全区第一、二名	20	10		

(1)评价方案科学

　　学校教师评价方案的科学性主要应包括四个方面。①评价内容的全面性。学校应当从教师在教育教学过程中的工作态度、敬业精神、对学生的关爱情况、教育教学效果等方面对教师进行综合评价。②评价主体的多元性。实行教师自主评价，即行政人员、其他教师、学生、家长共同参与的多元化评价方式。③评价程序的规范性。评价方案是自上而下再自下而上，经过教代会广泛讨论通过的方案，然后按照方案规定的程序进行评价。④评价标准的差异性。对年轻教师、有经验的教师和骨干教师，在评价标准的要求上要有所差异，尽可能让教师的个性发展特点和专业发展追求相结合。

(2)评价过程公开透明

要强化教师在评价过程中的主体地位，要发扬民主，做到公平公正，增加评价过程的透明度，要注意评价过程中的全员参与，调动全体教师参与评价的积极性和主动性。

(3)评价结果发挥激励作用

教师是培养人的职业，学校对教师的评价将可能影响到教师的工作态度，所以教师评价应以激励为主，有针对性地对每位教师提出改进建议、专业发展目标和进修计划等。只有这样，才能充分挖掘教师的潜能，发挥教师的特长，更好地促进教师的专业发展和主动创新能力的提升。

3. 课程发展性评价

学校发展与课程发展息息相关，新课程改革赋予了学校更大的自主权，学校不仅是课程实施的阵地，而且成为课程整合与建设的阵地。学校要建立促进课程不断发展的评价体系，周期性地对学校课程的执行情况、课程实施中的问题进行分析评估，调整课程内容，改进教学管理。

评价方式有两种：第一种是周期性地召开教师、学生和家长座谈会，充分发挥教师、学生及家长在学校课程建设和发展中的作用，定期对不合理的部分进行调整与改进。第二种是周期性地对学生进行问卷调查，对所有来校听课的教师进行随堂访谈与纸质评价，了解课堂教学课程实施的情况，与教学质量不高、学生不满意的教师进行谈话，责令限时改进。参见表 3-2 和表 3-3。

表 3-2 十四中课堂教学评价表

任课教师:　　班级:　　科目:　　授课时间:　　评课人:

评价项目	评价指标	评价等级		
		A 符合	B 基本符合	C 不符合
课堂教学设计	1. 教学目标符合课程标准要求和学生实际的程度,符合群体与个体不同层次的需求			
	2. 知识结构科学系统、有层次,重点突出,难点突破得当			
	3. 对所教知识的内涵深刻理解、准确把握,学科味道浓,并能够基于教学需要对各种学习资源进行合理选择、科学处理			
	4. 能够根据教学内容的需要及学生认知规律选择合适的教学方法和现代化教学手段			
课堂教学实施	5. 教师主导意识突出——情境创设得当,讲解规范到位,引导有效,评价到位,注重鼓励,问题设置能引发学生深度思考,能关注不同层次的学生,能唤醒学生的自主学习意识			
	6. 学生主体意识突出——课堂活动广泛参与,思维活动有深度			
	7. 教师语言清晰、生动、有感染力,师生、生生交流平等和谐			
课堂教学效果	8. 课堂实施效果与预设目标达成一致			
	9. 不同层面学生在学科能力上有不同程度的提升			
	10. 学生有进一步学习探究的愿望			
课堂教学特色				
课堂教学建议				

统计:在 10 项评价中,A 有(　　)项,B 有(　　)项,C 有(　　)项。

表 3-3 十四中学生抽样评价表

同学们：

你们好！这份问卷用来评价每位教师课堂教学的状况，学校会把所获得的结果进行合理分析，反馈给教师本人，以改进课堂教学、提高教育质量。这里采用不记名的方式，因此希望你们行使学校赋予你们的权利，如实、客观地填写每一个项目，以便提高我们学校的管理水平。

感谢你们对学校管理工作的支持！

被评价学科：　　　　被评价教师：　　　　评价时间：

项目	非常赞成	同意	一般	不同意	反对
	8	6	5	2	1
1. 该教师着装整洁、大方、得体					
2. 该教师备课是认真的、充分的					
3. 该教师讲课能激发我的兴趣					
4. 该教师常用举例方式讲解，条理清楚					
5. 该教师能随时和学生讨论问题					
6. 该教师没有任何体罚或歧视学生的行为，师生关系平等、民主、和谐					
7. 该教师对我比较真诚、热情					
8. 该教师布置批改的作业，我是满意的					
9. 听该教师的每一堂课我都是有收获的					
10. 该教师经常研究与教育教学有关的问题					
11. 该教师上课无迟到、早退、拖堂、接打电话、坐着讲课或无故缺课现象					
12. 我欢迎该教师继续给我们上课					
总分（满分：96 分）					
我认为该教师的主要经验和需要改进的建议是：					

（三）规范学分认定办法

自 2007 年秋季开始，新升入普通高中学生的课程学习状况实行学分管理。十四中为了规范普通高中学分的认定和管理行为，确保学分认定的真实性、严肃性和公正性，促进普通高中课程改革的顺利开展，根据教育部颁发的《普通高中课程方案（实验）》和《关于积极推进中小学评价与考试制度改革的通知》的精神，参照《北京市普通高中学生学分管理暂行规定》的相关内容，依据《西城区普通高中新课程学分认定及模块评价实施意见》，并结合十四中的实际，特制定本办法。

1. 实行学分管理的基本含义

高中新课程学习实行学分管理。通过学分描述学生的课程修习情况，是普通高中课程改革在学生评价管理方面的重要变化。学分管理是以学分为单位计算学习量的一种模式，它按照培养目标的要求，规定各门课程的学习和学生应得的总分，以取得规定的最低限度以上的总学分作为学生达到毕业程度的标准。学分由学校认定，学校成立学生学分认定管理指导委员会，授权教务部门负责具体实施。

2. 学分认定的基本内容

学生参与学校开设的课程修习课时记录；学生在学校开设的课程修习过程中的表现性评价记录；模块修习完的课程考试成绩。

3. 学科类课程的学分认定

（1）必修课程和必选 1 课程的学分认定

①学习课时记录认定。学校按课程计划规定的课时开设课程，学生必须全程参与课程学习。学生参与课程学习的时间由任课教师登记，教务处结合班级上课日志加以确认。该项内容占学分等级认定的 10％。

②学习过程的表现性认定。学生学习过程的表现主要包括学习态度、参与教学活动的情况、完成作业及各项学习任务的情况、从事与学习内容相关的实验和实践活动及平时成绩等。学习过程表现性评价主要由任课教师根据学校制定的学生学习过程表现性评价量表如实填写。该项内容占学分等级认定的 30％。

③模块考试成绩的认定。模块学习结束，学校根据课程标准统一命

题组织考试，考试除书面笔试外，可以采用灵活多样的形式，最后以分数的形式呈现。该项内容占学分等级认定的 60％。

学分评定最后的呈现方式是基本学分＋等级认定（A：90～100 分；B：80～89 分；C：60～79 分；D：60 分以下）。参见表 3-4。

（2）选修 2 课程的学分认定

选修 2 的学分认定同前面所述的学科学分认定办法相同。每个学生必须在选修 2 课程中获得 6 学分。学校应开设校本课程，为学生选修创造条件，并在修习结束后进行考核。自选课程学分依据学生的修习时间、过程表现及课程考核成绩三方面来认定。以上三方面均合格者，才能获得相应的学分。

表 3-4　十四中模块学分及等级评定表

学段：　　　学科：　　　领域：　　　科目：　　　执教教师：

班级	姓名	学号	考勤		学习过程表现性评价					终结测验		等级总分	学分	等级
			得分	权重（10％）	学习态度（20分）	作业及平时成绩（40分）	自主探究潜能表现（15分）	参与学科活动获奖情况（10分）	实验与实践能力（15分）	权重（30％）	得分	权重（60％）			

4. 学分认定的实施程序

第一，任课教师或指导教师及班主任在模块学习或综合实践活动完成后，综合学生学分认定所需材料，向学校教务部门提出学分认定申请及初步意见。

第二，学校教务部门根据申请及材料内容做出学生是否获得学分的鉴定，并报学校学分认定管理委员会批准生效。

第三，学分公示。学校对不能获得学分的学生要向其书面说明原因，学生如对学校不予认定学分的决定有异议，可在公示之日起 15 日内向学校学分认定管理委员会提出复议申请。学校在接到学生复议申请后 15 日内做出复议决定，及时给学生书面回复，并做好学生的思想工作。

5. 学生毕业的学分要求

学生每年在每个学习领域都必须获得一定的学分，三年中要获得必修 116 学分(包括研究性学习活动 15 学分、社区服务 2 学分、社会实践 6 学分)；选修 1 不低于 22 学分，选修 2 不低于 6 学分，总学分达到 144 方可毕业。

(四)体现自主会考特色

2012 年，十四中申请参加北京市高中自主排课实验获得批准，具有了自主命题、自主组考的权利。从 2013 年开始，十四中以《北京市实施教育部〈普通高中课程方案(实验)〉的课程安排指导意见(试行)》、北京市普通高中会考的考试大纲说明为依据，进行语文、数学、英语、政治、历史、地理、物理、化学、生物、技术 10 个会考科目，以及音乐、美术、物理、化学和生物实验操作 5 个考查科目的高中会考自行组考。

高中自主会考以来，十四中通过高中会考自行组考工作，积极适应高中课程改革和发展的新形式与变化，深入推进自主排课实验，加强学校教学管理和质量监控与提升，探索高中会考与高考的有效衔接，提升教师运用自主会考命题对高中教学质量进行科学监控与评价的能力。学校通过高中会考自行命题、自行阅卷、自行组考、自行质量分析，提升骨干教师的学科研究能力和科学评价能力。

学校形成了一套严格管理、严格命题、严格组考的工作流程。学校会考全部都是自命题完成的，接受了市、区两级质量监控，可以说高质量、高水平完成了从命题到组考的一系列工作。

工作流程：第一，成立命题小组，命题人员由教研组长和骨干教师担任，每一位工作人员签署工作责任书和保密协议；第二，命题人员建立学科试题库；第三，请市级命题专家培训命题理论和命题技术；第四，绘制学科命题蓝图并上交市教育考试院，接受市级命题专家的评定

(学校在一学期会考工作中上交的 4 个科目的命题蓝图有 3 个科目一次性通过); 第五, 集中封闭命题并上交市教育考试院, 接受市级命题专家的评定审核(学校在一学期会考工作中上交的 4 个科目的命题蓝图有 3 个科目一次性通过, 得到了市教育考试院的充分肯定, 在总结会上受到表扬); 第六, 教务处审核学生参加会考的资格; 第七, 组织会考, 严肃考纪、考风(市领导来十四中视察会考现场, 看到各个环节的精细安排, 给予了高度评价); 第八, 按会考上交成绩的要求上报市教育考试院, 根据北京市教育考试院对会考的最终评价再对命题教师的这份会考试卷进行最终评价, 评价等级定位分为优、良、合格与不合格; 第九, 凡会考没有达到标准的继续转入参加北京市的统一会考作为会考的补考, 学校不再组织单独命题补考。部分文件参见表 3-5 和表 3-6。

表 3-5 十四中 2014 年普通高中会考××学科试题汇报

1. 预测整卷难度值为 ___0.82___
2. 预测平均分为 ___82.4___
3. 预测及格率为 ___99%___
4. 预测优秀率为 ___75%___
5. 预测满分率为 ___1%___
6. 预测中等生完成答卷时间为 ___70 分钟___
7. 知识点覆盖率为 ___90%___
8. 重点知识覆盖率为 ___80 %___
9. 原型题与原题的比例为 ___30%___
10. 试卷中考查学生能力的试题比例为 ___80 %___

表 3-6 十四中 2014 年普通高中会考生物学科命题蓝图

题号	题型 客观	题型 主观	考查内容	预计区分度 低	预计区分度 中	预计区分度 高	预计难度 低	预计难度 中	预计难度 高	认知层次 了解	认知层次 理解	认知层次 应用	此题总分	预计得分
I卷1	√		细胞的物质组成	√			√			√			1	0.95
2	√		核酸的基本单位	√			√			√			1	0.9
3	√		有机物的元素组成		√		√			√			1	0.9
4	√		生物大分子以碳链为骨架	√			√					√	1	0.95

续表1

题号	题型		考查内容	预计区分度			预计难度			认知层次			此题总分	预计得分
	客观	主观		低	中	高	低	中	高	了解	理解	应用		
5	√		原核细胞与真核细胞的比较	√			√			√			1	0.95
6	√		细胞器的结构与功能		√		√			√			1	0.9
7	√		细胞核的结构与功能	√			√			√			1	0.95
8	√		细胞的吸水与失水		√			√			√		1	0.75
9	√		细胞呼吸原理在生产生活中的应用		√		√				√		1	0.9
10	√		细胞全能性的概念		√		√				√		1	0.9
11	√		减数分裂和受精作用的意义	√			√				√		1	0.95
12	√		减数分裂中染色体的变化	√			√			√			1	0.95
13	√		相对性状	√			√				√		1	0.95
14	√		DNA 分子的结构层次	√			√				√		1	0.9
15	√		DNA 复制		√			√			√		1	0.75
16	√		基因的分离规律及其实质		√			√			√		1	0.75
17	√		染色体组	√			√			√			1	0.9
18	√		性染色体和性别决定	√			√			√			1	0.9
19	√		基因突变	√			√			√			1	0.9
20	√		人类遗传病	√			√			√			1	0.9
21	√		自然选择	√			√				√		1	0.9
22	√		各种植物激素的生理作用	√			√			√			1	0.95

续表 2

题号	题型		考查内容	预计区分度			预计难度			认知层次			此题总分	预计得分
	客观	主观		低	中	高	低	中	高	了解	理解	应用		
23	✓		神经调节的基本方式	✓			✓					✓	1	0.95
24	✓		动物激素调节	✓			✓			✓			1	0.9
25	✓		内环境的概念		✓		✓					✓	1	0.85
26	✓		稳态的概念			✓	✓					✓	1	0.85
27	✓		淋巴细胞的分化	✓			✓					✓	1	0.9
28	✓		体液免疫		✓			✓				✓	1	0.7
29	✓		群落的空间结构		✓		✓				✓		1	0.9
30	✓		保护生物多样性的措施	✓			✓				✓		1	0.95
31	✓		ATP 与 ADP 的相互转化		✓		✓					✓	2	1.8
32	✓		细胞呼吸的过程		✓		✓					✓	2	1.8
33	✓		基因的自由组合规律		✓			✓				✓	2	1.5
34	✓		染色体数目的变异	✓			✓				✓		2	1.8
35	✓		DNA 的复制、遗传信息的转录与翻译	✓			✓				✓		2	1.8
36	✓		基因、环境因素与生物性状的关系	✓			✓					✓	2	1.8
37	✓		生长素的生理作用	✓			✓					✓	2	1.8
38	✓		体温调节		✓			✓			✓		2	1.7
39	✓		群落及其组成	✓			✓				✓		2	1.8
40	✓		生态系统的成分		✓		✓			✓			2	1.8
Ⅱ卷 1		✓	离子和小分子的跨膜转运方式		✓		✓					✓	5	4.1

续表3

题号	题型		考查内容	预计区分度			预计难度			认知层次			此题总分	预计得分
	客观	主观		低	中	高	低	中	高	了解	理解	应用		
2		√	细胞器之间的分工协作关系		√		√			√			5	4.5
3		√	叶绿体的结构与光合作用的关系、光合作用的过程			√	√				√		5	3.7
4		√	细胞分裂和细胞分化			√		√			√		5	3.0
5		√	基因的自由组合规律、伴性遗传		√			√				√	5	3
6		√	遗传信息的转录和翻译	√			√				√		5	4.5
7		√	物种的概念、染色体数目的变异		√			√			√		5	3.75
8		√	神经调节		√		√				√		5	4.5
9		√	建立数学模型解释种群的数量变动			√		√			√		5	3.5
10		√	生态系统的功能			√		√				√	5	3.5

从2013年开始，学校经历4年共8次会考命题与组考任务，得到了北京市教育考试院的高度评价，所有科目的命题评价等级均在良好以上，特别是化学学科4年来均为优秀。学校从中培养锻炼了一支骨干教师队伍，几位教师因会考命题出色，参加了北京市中考命题和西城区高考模拟考试命题工作，也得到了业务过硬、命题有水平的评价。

第四章

校本课程精品化

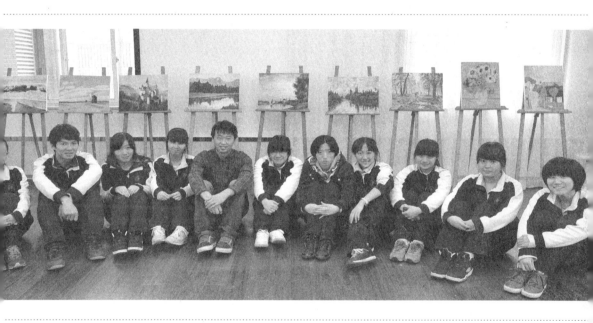

十四中作为北京市高中示范校、北京市普通高中课程改革实验样板校、北京市中小学综合实践活动课程特色校，在校领导和教师的共同努力下，形成了具有学校办学特色的，体现教师创造性、学生自主选择性的独特的"校本课程的开发""校本课程的实施"与"校本课程的管理与评价"体系。

一、校本课程开发的背景与价值

（一）校本课程开发的背景

第二次世界大战后，为了迅速恢复和发展教育，以美国为首的发达国家在基础教育领域掀起了一场名为"新课程运动"的教育改革运动。这场改革最大的特点在于高度强调国家课程开发策略，它以学科专家为支配力量在全国范围内形成统一的课程内容。但这种自上而下的课程开发与推广模式，未能取得预期的成效。究其原因是国家课程开发机制固有的特点决定了这场教育改革具有不可避免的缺陷。首先，课程权力的重心集中于中央机构，而基层学校的广大教育工作者，特别是教师没有课程权力，这与现代社会教育民主化的诉求相悖离。其次，由学科专家控制的课程，貌似标榜高质量，但对于广大教师和学生来说却是水土不服的。面对不同的学校、教师和学生的多元需求，试图用一个高度集权的课程模式和开发机制来解决复杂的课程和教学问题，这无异于削足适履，教育质量根本无从保证。正是在这种背景下，校本课程开发登上了历史的舞台。自 20 世纪 70 年代末开始，美国、澳大利亚、英国等国家都在校本课程开发方面进行了积极的探索和实践。虽有起有落，但校本课程作为与国家课程相辅相成的课程这一整体的思路并未改变，并且影响深远。①

2000 年，教育部制定了《全日制普通高级中学课程计划（试验修订稿）》。2001 年，国务院召开全国基础教育工作会议，随后发布了国务院《关于基础教育改革与发展的决定》。2001 年 6 月，教育部制定了《国家基础教育课程改革指导纲要（试行）》。这一系列的举措，为我国校本课程的实施起到了政策上的保障作用，同时也意味着校本课程开始进入国家课程政策的范畴。

---

① 参见项家庆．教你开发校本课程［M］．广州：世界图书出版广东有限公司，2012：6.

在这样的大背景下，自 2007 年秋季入学的高一年级起，北京市普通高中全部进行课程改革实验。为做好实验工作，根据《基础教育课程改革纲要(试行)》和《教育部关于进一步加强普通高中新课程实验工作的指导意见》，并结合北京市实际，北京市制定了《北京市普通高中课程改革实验工作方案(试行)》。自此，北京市高中的教育教学改革逐渐达到了高潮。

自 2000 年开始，十四中在课程建设中积极探索，努力构建比较完整、丰富的三级课程体系，在严格执行《北京市普通高中课程改革实验工作方案(试行)》的基础上开拓创新，在课程建设、教学实施、综合评价等方面取得了一些实验效果和社会效益，积累了较丰富的实践经验和课程资源。课程设置突出"以学生发展为本"，与学校的办学理念和育人目标相一致，特别是校本课程和综合实践活动课程的开发与实施紧紧围绕"博雅—睿智—善美"的育人目标与学校实际，追求课程的价值和效益，努力打造精品课程，体现学生的主体意识和社会责任感，为学生全面而有个性的发展提供适宜的环境和条件。

因此，在对课程开发与实施的教育背景、学校地理环境、学校教师进行分析后，2004 年，十四中决定从宣南文化课程资源入手开发适合学校的校本课程，至 2015 年形成显示学科特色的 40 多门校本课程。

十四中校本课程开发背景案例

十四中位于广安门地区、两广大道上，这里是战国燕都的发祥地，也是北京文化的发源地。学校北靠白云观，南眺大观园，东临天宁寺，西接莲花池，周边还有宣南文化博物馆(长椿寺)、纪晓岚故居、湖广会馆等古迹和高君宇烈士墓等爱国主义教育基地，这些都给学校带来了深厚的文化积淀。另外，学校所在地就是首钢公司北京钢铁厂原址，这又给学校留下了工业化进程的痕迹；铁路客运枢纽北京西站就在学校附近，这也给学校对学生进行社会科学类学科教学提供了多方面、大批量的教育素材。

学校在 2004 年结合学校的校史教育提出了宣南文化校本课程开发的设想，自此开启了十四中校本开发的历程。

宣南文化校本课程以"研习古都历史，传播宣南文化，服务人文奥运，光耀伟大中华"为宗旨，以"师生合作，共同研究，共同开发"为课程开发思路。这一课程开发方向能够较好地整合课程资源，能从学生身边入手，可操作性强，教育性强，一经提出受到了师生的高度重视。师生做了一些有关宣南文化专题的研究，如"宣南文化与北京历史""宣南文化中的戏剧文化""宣南的祠庙、会馆、名人故居"等。学校的发展过程始终浸润在宣南文化的发展之中，宣南地区传统文化中朴实、勤劳的精神始终扎根在学校的校风中。宣南地区的历史变迁，一直影响着学校的荣辱和兴衰。此外，由于在百年办学当中，学生和教师也多生活在宣南地区，开放性、全面性的宣南文化精髓在学校办学中也得到了良好的体现。

因此，学校以宣南文化作为校本课程进行开发，以引起学生的兴趣，对于培养学生的创新精神和实践能力大有益处。另外，由于学校与宣武区的渊源，学校可以在课程中激发学生爱校、爱区的情感，使课程开发具有培养情感和引导价值观的功能。

(二)校本课程开发的价值

校本课程开发的价值主要体现为对师生发展的价值、对课程发展的价值、对学校发展的价值及对社区文化发展的价值。

1. 对师生发展的价值

深化课程改革需要落实以人为本，要求充分尊重每一个人的个性特点，并使个体得以充分的发展，校本课程开发正是顺应了以人为本的思想。同时，校本课程开发注重充分尊重每一所学校的特性，有针对性地开发适应学生学习的课程，提高学生的学习兴趣，丰富学生的学习内容，促进有意义的学习。培养创造力、重视质量、发展个性是知识经济时代的要求。专业化、创造性成为未来社会对人才的基本要求。因此，个性化的校本课程在个性化的人才培养方面起到了不可替代的作用。

教师是学校的基本组成部分，也是校本课程开发的主要力量。在校本课程开发过程中，教师的个性化特点非常重要，个性化的校本课程开发同样也促进教师个性的形成，是教师个性化专业发展的关键途径。这是校本课程开发的过程也是教师研究的过程，这个过程伴随着教师的有意义学习，即基于问题解决、不断反思和主动改进的学习，可以有效地促进教师个性化专业素质的养成。

经过几年校本课程的开发与实施，十四中的教师发生了转变，他们由教授课程到设计课程，由关注单一学科到关注综合学科，由关注学生的知识、能力到关注学生的人文修养，这无疑都是教师专业成长的飞跃。同时，学生也发生着变化，多学科综合思维不断发展，他们的人文素养也得到了提高。

2. 对课程发展的价值

校本课程是学校根据自身的办学条件、师资特点、学生的需求等因素，为学生"量身定做"的课程，同时校本课程开发是一个持续的、动态的、逐步完善的过程。教师能够根据教育教学的实际情况，经常修订课程，以提高课程在学校教育教学中的适应性。

在开发和实施的过程中，经过几年的不断努力，十四中部分教师将自己上课用的素材编写成册，形成了十四中的校本课程教材，多数教材已经进入第三轮试用阶段，包括北京师范大学出版社出版的《汽车万花筒》。另外，《校园气象观测》《海洋地理》《定向越野》《从"花间"到"饮水"》《美文欣赏》《鲁迅作品选读》《生活中有机化合物的结构与性质初探》等教材也正在试用。

3. 对学校发展的价值

"教育是一项基础性投资"的概念已经被社会和多数家长接受。家长择校一方面受高考驱动，另一方面也是在为孩子选择合适的教育环境。家庭已不再停留在追求"有学上"的层面，而是追求"上好学"、享受优质的教育。校本课程开发强调自主决策、自主开发，有利于提高教育品质，更好地适应市场的需求。

4. 对社区文化发展的价值

十四中针对学生发展的实际需要，系统而具体地将地方文化的传承纳入学校课程整体规划之中，既可以将其作为独立设置的地方文化课程，也可以将其融入国家课程或地方课程校本转化过程中。这样做不仅使地方文化通过教学过程得到传承，而且由于地方文化之于学生的"亲缘性"，更有利于学生吸收和运用。例如，北京市西城区各中学开设的走进西城校本课程，就是地方课程校本化的很好体现。

二、校本课程的结构与体系

（一）校本课程的结构：点—线—面—体

校本课程的内容要建立在对学生发展需要进行评估的基础上，以满足学生的兴趣和个性发展需要为宗旨，充分利用当地社区和学校的课程资源。在实施的过程中，十四中从课程内容出发，将校本课程类型分成学科学习点（单元型）、学科延长线（学科型）、跨学科知识面（领域型）、跨领域知识体系（跨领域型）。

1. 学科学习点（单元型）

学科学习点（单元型）：校本课程开发的内容集中在某一领域或者某一学科内容中的一个单元，校本课程将该单元知识进行深入探讨。这类校本课程，一般是配合学生在某一时期的学习需要，围绕某一个学科问题进行深入探究而开发出来的。例如，十四中地理组开发与开设的世界历史上的人文地理、气象观测与研究、海洋地理这几门课程，将地理课本中的几个单元知识进行详细介绍，深入探讨。

目前，学生的知识来源离不开书本，但是书本的知识对于学生来说又是不够的，因为课本的知识不可能将一个问题讲得太深入，教师也没有足够的时间让学生将知识应用于实践中。基于此，校本课程的开发应该立足于学生学过的知识，同时也是对所学内容的扩充。因此，地理组开设的校本课程都是源于课本而又有别于课本知识的，在课本知识的基础上，对某一单元问题进行深入探讨。例如，世界历史上的人文地理课程中"北京都城史"一节内容，是将历史教材中学生掌握的历代北京城的相关内容进行整合的典型，学生可以从中了解北京作为都城的历史简况，以及包括北京城址变迁在内的城市历史地理基本情况，并能由此扩展到对西安都城史的探究。又如，初中地理教材的内容主要讲述了地图的一般知识。很多学生仅从书本上了解到地图判读的一般原则，但不能很好地将其应用于城市地图、交通图、旅游地图的判读。因此，十四中地理组希望学生通过对定向越野课程的学习，掌握利用地图定位、定向的技能，在未来户外运动、野外工作和旅游中得心应手。

2. 学科延长线（学科型）

学科延长线（学科型）：为提高国家课程的成效而进行的某一国家课程（学科课程）的补充与拓展，或者是针对部分学有余力、有特长的学生开发开设的课程。这些课程往往是大学开设的一门学科课程，或者是为应对大学自主招生而开发课程。教师根据学生情况，将其进行调整，改编成适合高中学生的课程。例如，十四中数学组开发与开设的微积分入门，美育组教师开发与开设的绘画综合基础、朗诵。

数学组开发与开设的微积分入门这门校本课程缘于教师对校本课程的认真思考、对学生现状的调查分析。有了微积分，人类才能把握运动的过程。宇宙飞船是微积分直接应用的结果。所以微积分是极为重要的数学工具，广泛应用在生活中的每一个角落。目前，国家课程数学选修2-2教材有一章涉及微积分的内容，但比较浅显。基于十四中高二学生的认知水平，数学教师通过校本课程，比较系统地开发了适合高中学生理解，又能够很好地过渡到大学的微积分内容。该门课程经过几年的实践与总结，能够达到预期效果，既能让学生理解微积分的思想本质，又适合重点高中学生的学习。

近些年，十四中每年都会有较为少量的学生选择报考艺术类院校，或者一些建筑类、工业设计类专业等，但是学校还没有开设专门应对这些学生专业考试的课程，所以美育组教师利用校本课程的平台，为这些学生开设了绘画综合基础课程。该课程严格按照近年来主流美术院校的考试科目（素描、速写、色彩、构图、创作、默写、设计基础）进行设计，旨在系统完整地指导学生进行美术学习，通过课程学习使学生能够应对主流美术院校的考试科目，并具备一定的竞争力。

3. 跨学科知识面（领域型）

跨学科知识面（领域型）：校本课程内容主要集中在某一领域内。教师根据学生的实际情况，将某一领域的内容进行选择、调整、修订、替代、整合，最终经过多元的评估达到预期效果，这种课程的主要目的是让学生对某一领域的内容有所了解，并不要求他们一定接受或者掌握该领域的内容与技能，从而有助于学生多学科综合思维的发展。例如，十四中开发与开设的校本课程国家权力的运行机制，是社会科学领域中历史学科与政治学科进行整合的一门课程。

自北京市正式进入课程改革以来，十四中也成为自主排课实验校。学校将课程进行重新规划与设计，要求每位教师开发和开设校本课程，这无疑深化了教师对校本课程的思考。

校本课程国家权力的运行机制的开发与开设缘于高中政治学科的教学实践。在教学实践中，教师发现高中政治学科包括经济、政治、文化、哲学等内容，阐释这些内容不仅要以学生以前的经验为基础，也需要其他学科知识作为补充内容，尤其是要了解各国经济、政治、文化发展的历史，正所谓论从史出。另外，跨学科听评课过程中，政治组教师发现不同学科教材中的有些内容是相通的，有些是互补的，学生学习人文学科的方法也有一般规律。从学生来看，有些学生的学科意识非常强、思维角度比较单一；有些学生虽具有一定的综合思维意识，但不具备真正的综合思维；有些学生求知欲较强，会追着不同学科的教师问相同的问题。因此，政治组教师借助校本课程的平台开发与开设了国家权力的运行机制课程。

经过几年的实践，教师发生了转变，他们由教授课程到设计课程，由关注学科的本质到关注学科的综合，由关注学生的知识、能力到关注学生的人文修养，这无疑都是教师专业成长的飞跃。同时，学生也发生着变化，多学科综合思维得到发展，人文素养也得到了提高。

4. 跨领域知识体系（跨领域型）

跨领域知识体系（跨领域型）：此校本课程的内容并不局限于某一领域，可以跨越多个学习领域。这类课程的学习目的考虑到学生综合素质的培养，多以某一主题为切入点，涉及的内容涵盖科学技术、传统文化等多个领域，如十四中开发的汽车万花筒校本课程。

汽车作为现代社会的重要交通运输工具之一，已经进入千家万户。汽车万花筒校本课程围绕汽车，简明而又系统地把与汽车有关的内容介绍给学生，使学生能够了解汽车的造型之美、内部的机械知识、选择燃料的原则、环保指数的测量，并延伸到汽车发展历史、汽车企业文化等方面的知识。

（二）校本课程的体系："博雅—睿智—善美"

这两年，十四中校本课程取得了初步的成果，同时也形成了课程体系，将40余门校本课程进行整理后得到如表4-1所示的体系。

表4-1　十四中校本课程的体系

博雅课程	英语美文品读、英语视听说、美文欣赏、学点语法让你妙笔生花、无机化学实验探究、生活中有机化合物的结构与性质初探、物质的结构与性质、生物学实验设计、全民族的抗战、定向越野、海洋地理、气象观测与研究、三维设计与3D打印技术、VB编写实用小程序、摄影基础、古典益智玩具原理探究、高中生要了解的宏观经济学、走进英伦物理课堂、化学学科思维训练、食育中的化学
睿智课程	微积分入门、数学史简介、走向深空、世界历史上的人文地理、光学简史、物理在医学中的应用、重金属驱排药物研究、肿瘤学入门、被隐身的女性：由方维仪《读〈苏武传〉》说起、中国古代图书出版业的广告、明朝时期的服装文化、身体的束缚与解放、近代中国废止缠足的历程、如何用问卷法开展社会调查、哲学与成才、社会科学的研究思路与方法、走近人文社会科学、我国重点保护野生动物普氏野马保护现状、神经元和脑、基于ImageJ软件的细胞周期分析方法介绍
善美课程	跆拳道、羽毛球（提高班）、羽毛球（基础班）、足球、朗诵、数码钢琴集体课、成为一个"耐撕"的人、和谐人际关系团体辅导课、影视名作欣赏、宣南文化

三、校本课程的开发、实施、管理与评价

校本课程的发展是一个持续不断的改进过程，在开发、实施、调整、巩固、再开发、再实施的过程中不断适应学生个性发展的需求和学

校特色形成的需要。

近几年，在十四中领导和教师的共同努力下，十四中形成了具有学校办学特色的，体现教师创造性、学生自主选择性的独特的"校本课程的开发""校本课程的实施"与"校本课程的管理与评价"体系。

(一)校本课程的开发

1. 建立校本课程组织管理运行机构

学校成立了校本课程开发工作领导小组，即校本课程开发专业委员会，由校长、课程专家、学科教研组长、家长及学生代表组成。

校长是校本课程开发的第一责任人。校长在校本课程开发中的作用与任务有以下几点：①确定学校课程愿景，结合学校文化特色、学生特点、师资队伍、发展阶段、资源等实际情况，确定符合学校的课程目标，制订课程开发方案；②为教师的专业成长搭建平台；③建立学习共同体；④尊重教师的专业性，让教师参与课程决策。

课程专家是校本课程开发的专业顾问，在开发过程中起到专业引领的作用。他们的具体任务如下：①帮助学校进一步修改制订《校本课程开发与管理方案》；②审批教师提交的校本课程开发方案、校本课程纲要，对教师撰写的校本教材进行审阅与指导；③对课程的开发与实施提供专业指导和保障。

学科教研组长具有丰富的教育教学实践经验和扎实的科研能力，同时又非常了解学校本学科教师的情况。因此，在课程开发过程中，他们的具体任务如下：①制订本教研组校本课程开发方案；②组织教研组内校本课程开发与实施过程中的教师研讨交流；③参与校本课程评审会，对教师提交的校本课程方案与校本课程纲要进行审批。

校本课程的开发离不开家长的支持和学生的配合。在校本课程开发与实施的过程中，学校可以采取问卷调查或者访谈的形式，了解家长和学生的兴趣、意向等。

以下是十四中校本选修课程调查问卷及调查统计结果。

校本选修课程现状及需求调查问卷

姓名：　　　　　　　班级：

校本课程是学校在具体实施国家课程、地方课程的前提下，通过对本校学生的需求进行科学的评估，充分利用当地社区和学校的课程资源，由学校教师编制、实施和评价的多样性的、可供学生选择的课程。它与国家课程、地方课程共同构成学校课程的有机整体，是执行国家三级课程管理政策的部分。因此，校本课程是全体高中生必须参与的选修课程。

为了使我校校本课程满足绝大多数学生的需求，实现校本课程的开发意义，请同学们配合完成以下调查内容。

1. 你认为学校开设的校本课程对你有意义吗？

A. 非常有意义　　B. 有意义　　　　C. 无所谓　　　　D. 无意义

2. 学校开设的校本课程会加重你的学习负担吗？

A. 会　　　　　　B. 不会　　　　　C. 无所谓

3. 今年学校开设的校本课程数量和内容能满足你的选择需求吗？

A. 能　　　　　　B. 不能

4. 学习后，你最喜欢的课程是＿＿＿＿＿＿＿＿老师开设的课程。

5. 说说你当初为什么选择你学习的这几门课程。学习后，令你印象最深刻的活动是什么？教师设计的内容的难易程度你能接受吗？评价方式合适吗？你能完成学习任务吗？你的心得和收获是什么？你还有哪些建议？

请说一说第一学段校本课程＿＿＿＿＿＿＿＿：

请说一说第二学段校本课程＿＿＿＿＿＿＿＿：

请说一说第三学段校本课程＿＿＿＿＿＿＿＿：

6. 今年学校共有32位教师为高二年级开设了27门课程，同学们还希望学校开设哪些内容的校本课程？

2016 年第三学段进行的校本选修课程现状及需求调查结果统计

1. 你认为学校开设的校本课程对你有意义吗?

统计内容	A. 非常有意义	B. 有意义	C. 无所谓	D. 无意义	没填写	总计
选择人数	92	118	6	2	1	219
所占比例(%)	42	53.9	2.7	0.9	0.5	100

2. 学校开设的校本课程会加重你的学习负担吗?

统计内容	A. 会	B. 不会	C. 无所谓	没填写	总计
选择人数	23	163	33	0	219
所占比例(%)	10.5	74.4	15.1	0	100

3. 今年学校开设的校本课程数量和内容能满足你的选择需求吗?

统计内容	A. 能	B. 不能	没填写	总计
选择人数	95	117	7	219
所占比例(%)	43.4	53.4	3.2	100

4. 学习后,你最喜欢的课程是_____老师开设的课程。

课程名称	上课人数				选择人数	占上课总人数比例(%)
	第一学段	第二学段	第三学段	总人数		
羽毛球(基础课)	12	10	12	34	21	61.8
学点语法让你妙笔生花 1 班	0	12	11	23	9	39.1
男子足球	14	15	6	35	13	37.1
跆拳道	5	6	6	17	5	29.4
摄影基础	27	20	20	67	18	26.9
气象观测与研究	9	10	16	35	9	25.7
数学史简介	22	15	8	45	1	2.2
VB 编写实用小程序	16	20	20	56	11	19.6
影视名作欣赏 3 班	18	17	16	51	10	19.6

续表

课程名称	上课人数				选择人数	占上课总人数比例（%）
	第一学段	第二学段	第三学段	总人数		
生物学实验技术	12	12	12	36	7	19.4
三维设计与 3D 打印技术	15	15	15	45	8	17.8
海洋地理	20	18	20	58	10	17.2
世界历史上的人文地理	22	20	20	62	10	16.1
朗诵	5	10	11	26	4	15.4
走进英伦物理课堂	19	12	9	40	6	15
化学学科思维训练	16	8	16	40	6	15
食育中的化学 1 班	19	18	0	37	5	13.5
影视名作欣赏 1 班	17	17	20	54	7	13
数码钢琴集体课	20	20	22	62	8	12.9
生活中有机化合物的结构与性质初探	0	0	17	17	2	11.8
影视名作欣赏 2 班	19	16	18	53	6	11.3
数学史简介 1 班	0	10	9	19	2	10.5
食育中的化学 2 班	23	18	0	41	4	9.8
化学与技术	20	16	17	53	5	9.4
羽毛球（提高课）	12	10	10	32	3	9.4
光学简史	22	17	15	54	5	9.3
学点语法让你妙笔生花 2 班	15	16	14	45	4	8.9
定向越野	14	16	20	50	3	6
和谐人际关系团体辅导课	19	21	19	59	3	5.1
高中生要了解的宏观经济学	18	16	14	48	2	4.2
......						

5. 说说你当初为什么选择你学习的这几门课程。学习后，令你印象最深刻的活动是什么？教师设计的内容的难易程度你能接受吗？评价方式合适吗？你能完成学习任务吗？你的心得和收获是什么？你还有哪

些建议?

略。

6.今年学校共有 32 位教师为高二年级开设了 27 门课程,同学们还希望学校开设哪些内容的校本课程?例如语言方面的德语入门、数学方面的微积分、其他类别里的辩论技巧,请同学们具体举例。

①语言方面　②人文方面

③数学方面　④社会方面

⑤科学方面　⑥技术方面

⑦体育方面　⑧艺术方面

⑨其他

序号	领域	具体内容
1	语言方面	小语种 27 人(韩语、日语、德语等),古汉语解析 1 人,《红楼梦》中的诗词赏析 1 人,普通话 1 人,作文课 1 人
2	人文方面	历史 24 人,天文 8 人,心理学 2 人,古诗鉴赏 3 人,其余都是 1 人(文化常识普及、外国文化、英国国家地理、传统文化、旅游、宗教故事、东西方文化差异、地理)
3	数学方面	建模 2 人、数学逻辑 1 人、数学思维游戏 2 人、高等数学 3 人、空间几何 2 人、解析几何 4 人、立体几何 1 人、线性代数 1 人、微积分 6 人、拓扑学入门 1 人、数列 1 人、概率 1 人、题型总结 1 人、解题技巧 1 人
4	社会方面	哲学 6 人,经济学 5 人,社交方法 4 人,社会事例分析 2 人,政治 2 人,其余各 1 人(管理学、金融学、模拟联合国)
5	科学方面	理化生实验类 16 人,科技制作 6 人,量子物理学 2 人,力学 1 人,科学知识普及 2 人,宇宙起源 1 人,宇宙探秘 1 人
6	技术方面	计算机 10 人,包括 Photoshop 技术入门、字幕制作、影片剪辑、编程,电子竞技 9 人,车床使用介绍 1 人,动漫设计 1 人
7	体育方面	篮球 39 人、乒乓球 20 人、网球 17 人、排球技术 11 人、游泳 4 人、健身 4 人、台球 3 人、定向越野 2 人、滑板 2 人、拳击 2 人、高尔夫 2 人、航模 2 人、散打 1 人、武术 1 人、围棋 1 人、体操 1 人、武术 1 人、防身术 1 人、皮划艇 1 人、攀岩 1 人、瑜伽 1 人

续表

序号	领域	具体内容
8	艺术方面	绘画29人、漫画5人、美术4人、油画4人、国画1人、书法4人、素描5人、视觉艺术1人、声乐6人、音乐鉴赏5人、架子鼓5人、吉他5人、乐器4人、合唱3人、流行乐歌唱技巧2人、打击乐1人、口琴1人、中国传统乐器普及1人、曲艺1人、流行音乐鉴赏1人、音乐剧1人、表演1人、爵士舞1人、舞蹈3人、古典舞1人、服装设计1人、播音主持1人
9	其他	辩论技巧4人、高考近期情况分析1人、大学选择指导1人、做菜1人、魔术2人、减脂课程1人、编剧和导演1人

2. 校内外课程资源的分析

在课程开发的准备阶段，客观、全面地对校内外课程资源进行分析是首要的工作。学校校本课程的设计应符合学生的兴趣、年龄特征、生活经验和家庭社会背景等。因此，在对校内外课程资源进行分析的过程中，学校可以尝试系统分析各种公共资源的功能，建立校内外课程资源的沟通机制，形成"学校—家庭—社会"三位一体的课程资源网络。

校内课程资源的分析可以涵盖学校的方方面面，如学校历史、办学理念、行政运行机制、教学质量、特色学生社团等。

杨龙立在《校本课程的设计与探讨》一书中提出了用SWOT分析法来评估学校的现状，其中，S(Strengths)指长处，W(Weaknesses)指短处，O(Opportunities)指机会，T(Threats)指威胁，通过对这些因素进行判断来了解学校的整体状况，参见表4-2。

表4-2　学校现状评估的SWOT模式

项目	长处(S)	短处(W)	机会(O)	威胁(T)	备注(建议、注意事项等)
学校教育哲学					
行政管理					
校园环境					
师资力量					
生源状况					
特色课程					
……					

3. 师资培训

学校要想落实校本课程的开发，要实现一系列改变，如学校管理文化和教学新文化的确立、人力资源的重组等，其中，最为重要的是教师的变化。

由于教师是校本课程开发的主体，所以调动教师的积极性成为校本课程开发的关键。围绕校本课程开发专题，学校开展教师培训就显得尤为重要。

为了增强教师的课程意识及能力，校本课程的师资培训可以采取"专门培训"和"自我研修"两种方式，同时在开发与实施过程中建立学习共同体，保障校本课程的有效实施。①

(1)"专门培训"和"自我研修"两种方式相结合

"专门培训"可以有理论课和实践课两种形式。理论课主要由专家向教师介绍校本课程的相关知识，比如校本课程的选题设计、目标设计、内容设计、教材设计、实施设计、评价设计等知识。实践课与理论课配套实施，即教师在学完一个理论专题后，就立即在专家指导下及时进行实践培训。

"自我研修"可以从不断学习、深入研究和坚持写作三个方面入手。教师通过广泛阅读介绍课程理论进展和反映课程实践经验的文献、阅读国内外有关杂志和报纸等进行不断学习和深入思考，同时通过写作来促进思考和寻求分享。

(2)建立学习共同体，促进教师专业成长

近年来，人们对学习共同体建设进行了深入探索，提出了"学研(学习研究)整合共同体""复合型学习共同体"和"'专家—新手'共同体"等一系列新策略。②

"学研整合共同体"旨在将行动学习和行动研究有机结合，包括问题界定和需求分析、成立行动学研小组、制订行动学研计划、举办专家研讨会、开展行动学研、总结行动学研、准备汇报行动学研的成果及汇报行动学研成果8个步骤。

---

① 参见李臣之. 校本课程开发[M]. 北京：北京师范大学出版社，2015：292～293.
② 参见李臣之. 校本课程开发[M]. 北京：北京师范大学出版社，2015：297～303.

"复合型学习共同体"是促进校本课程实施的策略。从教师专业发展及课程实施的需求出发，"复合型学习共同体"具体分解为教研共同体、专题学习共同体、课程建设共同体、社区共同体。教研共同体可以理解为专家指导下的教研共同体，如图 4-1 所示。专题学习共同体可以利用开发和研究相同的课程资源形成共同体。例如，在北京市西城区开展的走进西城课程中，教师将地方文化资源转化为学校课程资源，开发出适合自己学校的校本课程。在这个过程中，不同学校的教师利用教学观摩、网络学习与教师交流形成新的学习共同体，如图 4-2 所示。课程建设共同体由校领导、课程专家、教学主任、年级组长、教研组长、班主任、信息中心教师、教务处教师等组成。主管教学的校长负责学校课程的整体规划和要求的制定；教学主任负责各个年级课程的申报、整理，课程开设的时间、空间的调配及协调和课程的评价；教务处与年级组一起共同组织学生选课；年级组和课程教师负责课程开设过程中的学生管理；信息中心负责开发课程建设电子支持平台，开发"校本课程学生选课系统"，负责帮助学生完成选课，实现教师在线课程申报、教务处在线审核课程。社区共同体促进课程的开展。社区共同体由学校、家长、社区组成。

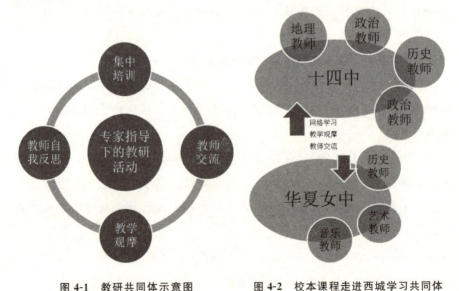

图 4-1　教研共同体示意图　　　图 4-2　校本课程走进西城学习共同体

"'专家—新手'共同体"的实质是"新手教师学会教学，大学教师和一线教师共同研究教与学的问题"。

考虑到学校教师教育教学的实际情况，十四中在教师培训过程中主要采取"专门培训"和"自我研修"两种方式。学校按照课程开发与实施阶段的需求组织教师培训会、主题交流研讨会，组织教学研讨周等一系列活动，形成课程开发与实施的共同体，促进校本课程的有效实施。

每年开学前，学校将举行为期三天的自主排课研讨会，会议主要包括如下内容。第一部分是专家引领，聘请课程专家进行理论培训；第二部分是交流研讨，其中的一个主题是校本课程。首先，教师以教研组为单位进行小范围的研讨。研讨分为三个议题：第一个议题是关于准备开设校本课程的思考；第二个议题是反思高二年级开设校本课程的成绩与不足；第三个议题是思考校本课程对于教育、学校、教师自身发展及培养学生学科素养的意义。这样的会议内容非常充实，为教师新一年的教学提供了方向，同时也是教师反思与学习的平台，因此很受欢迎。参见表 4-3。

表 4-3　十四中校本课程教师培训校历

序号	学期	教学周	教师培训内容	参与人	负责人
1	暑假		1. 校本课程理论培训 2. 校长宣读本学年学校教学工作计划及校本课程学校方案	全体教师	校长
2	第一学期	1～10	1. 高二年级校本课程第一学段实施，每位教师每周 2 课时 2. 教研组内教师观摩与研讨	全体教师	教务处 教研组长
3		11	1. 高二年级校本课程第二学段开始实施，为期 10 周，每位教师每周 2 课时 2. 教研组内教师观摩与研讨	开课教师	教务处 教研组长
4		14	在高二年级开展"校本课程展示与研讨周"活动，全校教师进行观课研讨	全体教师	校长 教务处
5		15	1. 教研组长会对教研组长进行动员 2. 新一学年校本课程征集工作布置	教研组长	教学校长

续表

序号	学期	教学周	教师培训内容	参与人	负责人
6		18	1. 教师上交下一学年校本课程申报意向表 2. 教研组内研讨	全体教师（主要是高一年级教师）	教务处 教研组长
7		1	1. 高二年级第三学段课程实施 2. 教师上交校本课程纲要	全体教师（主要是高二年级教师）	教务处 教研组长
8		2~4	课程专家与提交纲要教师进行主题交流，修改课程纲要	提交课程纲要的教师、课程专家	教务处
9	第二学期	6	校本课程第一次评审会	提交课程纲要的教师、课程专家、教研组长、备课组长、年级组长	教学校长 教务处
10		8	校本课程第二次评审会	课程专家、第一次未通过评审的教师	教学校长 教务处
11		11	1. 高二年级校本课程第四学段实施 2. 准备下学年开设校本课程的教师提交最终的课程纲要 3. 在高二年级进行本学年开设校本课程的教师的反思交流会（第二学期期中召开质量分析会）	全体教师（主要是高二年级教师）	教务处 教研组长
12		15	教研组交流研讨：本学年校本课程实施总结会	全体教师	教务处 教研组长
13		20	校本课程实施总结交流会	全体教师	教务处

　　另外，学校每年举办两次教学研讨周活动，其中一次是在第一学期期中之后，学生进入校本课程第二学段的学习时，学校将开展为期一周的以校本课程质量监控为主题的教学研讨周活动，让教师利用教学研讨周进行观摩、展示与研讨，从而提高校本课程教学质量。例如，2015—2016学年的教学研讨周主题为"高中自主安排新课程实验项目工作会——校本课程展示与研讨"，研讨周的主要内容分为观摩课和展示与

116

研讨会，活动期间要求每位高中教师听 1～2 节观摩课，同时准时参加展示与研讨会。

表 4-4 是学校对全体教师开放的校本课程观摩课，表 4-5 是听课记录模板。

表 4-4 高中自主安排新课程实验项目工作会——校本课程观摩课安排

12 日（周一）第四节和 16 日（周五）第五节			
序号	选修科目	教师	上课地点
1	影视名作欣赏	于晓鸥	高二 4 班
2	数学史简介	魏晓莉	高二 8 班
3	经典赏析	杨晓琳	高二 5 班
4	光学简史	李晓风	电 1/光学实验室
5	食育中的化学	吕怡	化学自主实验室 1
6	化学与技术	张雅静	化学实验室 1
7	定向越野	陈斌	高二 1 班
8	世界历史上的人文地理	秦达西	高二 3 班
9	气象观测与研究	李桂冬	史地专业教室
10	海洋地理	赵冬松	高二 2 班
11	男子足球	赵万刚	操场
12	羽毛球	谷宇	地下篮球馆
13	跆拳道	刘巍	跆拳道室
14	VB 编写实用小程序	曹振生	机房 1
15	朗诵	符玉顺	高二 7 班
13 日（周二）第五节和 15 日（周四）第四节			
序号	选修科目	教师	上课地点
1	影视名作欣赏	张彩虹	高二 8 班
2	影视名作欣赏	崔彩红	高二 5 班
3	学点语法让你妙笔生花	杨丰跃	高二 3 班
4	走进英伦物理课堂	王伟	力学实验室 1
5	化学学科思维训练	刘刚	化学实验室 3

序号	选修科目	教师	上课地点
6	食育中的化学	于鹰	化学自主实验室 1
7	生物学实验技术	张玲	高分子实验室
8	高中生要了解的宏观经济学	李存秀	高二 1 班
9	三维设计与 3D 打印技术	李煜	技术教室
10	羽毛球	樊洋	地下篮球馆
11	数码钢琴集体课	宋妮	数码钢琴教室
12	摄影基础	于洽	高二 6 班
13	和谐人际关系团体辅导课	朱爱学	一层心理活动室

表 4-5　十四中课堂教学听课记录

听课教师		听课时间	
任课教师			
课题			
本节课的主要教学内容			
课堂亮点、问题与我的思考			

说明：

1. 此表为正反两页，是教学研讨周期间教师听课所用记录表，请各位教师每听一节记录一页；

2. 教学研讨周时间为 2015 年 10 月 12 日(周一)至 10 月 16 日(周五)；

3. 活动期间要求每位高中教师听 1～2 节观摩课，观摩课具体时间、地点请看各教研组的通知；

4. 请各位教师在 10 月 16 日(周五)展示与研讨会时带回此记录表，并上交教务处。

4. 拟订校本课程开发方案

校本课程开发方案是学校开发校本课程的规划和指南，一般包括以下内容：①课程开发的背景；②课程开发的基本依据；③课程开发的总目标，一般从学校发展目标、学生发展目标、教师发展目标、学校特色课程发展目标四个方面进行描述，是对校本课程所要达到的结果的预设；④课程开发的原则；⑤课程结构和模块设置；⑥课程的实施与评价；⑦保障措施。

　　根据学校的具体情况，十四中校本课程开发的总目标设定为"以课程建设为中心，促进学校、教师、学生的共同发展，为社会、家庭和学生提供高质量的课程服务"。

　　第一，课程建设应与优秀人才的早期培养紧密联系，从促进学生发展的角度考虑，为满足学生个性化成长和社会化成长的需要，给学生提供掌握知识、体验知识的途径，并开发相关课程：身体健康、心理健康课程；科学知识和科学技能课程；社会活动和社会体验课程；艺术审美与休闲健身课程。

　　第二，课程建设应与教师的成长紧密联系，从促进教师专业发展的角度考虑，使教师能够在学科课程教学和开发校本过程中发展兴趣、发挥特长、实现职业价值；使教师通过参与课程开发，增强为学生发展服务的教育意识，增强课程意识和开发能力，发挥在课程建设中的主导作用。

　　第三，课程建设应与学校的办学理念和特色发展紧密联系，通过课程建设促进学校的整体发展，提高学校发展的内在动力和创新能力，努力构建国家、地方、学校三级课程模式，形成办学特色，建设特色学校，即"严、爱、成""善、博、雅"。

　　值得注意的是，校本课程的开发方案会随着课程实施不断完善，所以它仅是课程开发与实施前的指南，在课程结构、模块设置、实施与评价等方面提出原则性的要求或者框架。

十四中在学校课程方案中对校本课程方案的描述

　　严格校本课程实施的常规管理，按"通修、专修、套餐、延伸"的课程结构开发课程，确保开课质量和课程实施的有效性。

　　主管教学的校长负责学校课程的整体规划和要求的制定；教学主任负责各个年级的课程申报、整理，课程开设的时间、空间的调配与协调以及课程的评价；教务处与年级组一起共同组织学生选课；年级组和课程教师负责课程开设过程中的学生管理。

　　开发课程建设电子支持平台。学校在 2007 年成功研制了校园网上校本课程学生选课系统，能很好地完成学生选课后的统计工作。教师可以实现在线申报课程，教务处可以在线审核课程，学生可以自己网上报名及查询选课结果，班主任和任课教师也有相应的权限查询本班学生的报名情况和相应课程的报名情况。这简化了程序，强化了功能，方便了师生，为及时安排开课的时间地点创造了非常好的条件。

教研组组织做好本学科教师校本课程的申报工作，组织教师对选定的校本课程进行规划、构思和方案设计并认真填写校本课程申报意向表。教学主任负责申请表相关内容的初审，学期末递交课程开发专业委员会等待审批。

做好校本课程实际的运行和管理工作。教务处统一排课，确定活动时间和活动地点，每学期开学的第一周组织学生网上选课。走班选课的时间一般安排在周一至周五上午的第四节课和周一、周二、周五下午。

不断完善对承担校本课程教师的管理，将校本课程开发和实施纳入正常教学工作。校本课程开设与优秀教研组评选、教师考核评优挂钩，将能否承担校本课程以及校本课程教学质量的高低作为教师晋升的重要条件之一。

完善学校课程的组织、实施与评价方案。为了保证学校课程的实施，学校成立了课程开发专业委员会，其成员是市区级骨干教师和特级教师。该委员会的任务如下：任务一，帮助学校进一步修改制订《校本课程开发与管理方案》；任务二，审批教师的校本课程开发方案；任务三，对课程的开发与实施提供专业的指导和保障。

加大学校对校本课程开发的资金投入，保证校本课程开设所需的资料、器材和活动费用的充足，资助优秀的课程成果的编辑出版，奖励课程建设突出的管理人员和优秀教师，促进课程建设的良性循环。

学校在课程设置上力争突出基础性与发展性相结合、规定性与选择性相结合，希望借助北京市自主排课实验这个平台，充分赋予教师课程自主选择权，充分赋予教师重新架构课程结构的决策权，能够让教师大胆地去实验、去探索、去研究，对课程进行合理科学的调整和规划，让学生的个性化需求得到满足、特长得到发挥、个性培养得以实现，让学校的办学特色"严、爱、成"能够更好地展现，让育人目标"善、博、雅"

能够更好地实现。

5. 提交校本课程申报意向表

在确定学校校本课程方案后，教师根据实际情况，在调查研究和集体讨论后，向学校提交校本课程申报意向表（见表4-6）。

表4-6　十四中校本课程申报意向表

教研组		申报教师	
申报课程名称			
课程涉及学科			
课程开发背景			
课程说明			
教研组长意见			

6. 撰写校本课程纲要

撰写校本课程纲要是校本课程开发过程中的一个重要环节。第一，课程目标的陈述应当全面、适当、清晰，一般包括三个维度的目标。近几年，有些学校根据学科特色改为从学生要具备的核心素养角度描述教学目标。第二，课程内容要重点明确，涉及具体包括哪些内容与如何实施。第三，课程实施包括方法、组织形式、课时安排、场地、设备、班级规模等具体内容。第四，课程评价主要是对学生学习的评定，涉及评定的方式和评定的分数、权重与结果。

十四中校本课程纲要（模板）

一、课程说明

课程名称						
授课教师		所属科目		计划课时	20	执笔人	
课程开发背景						
课程内容简介						

课程目标	
课程意义	
主要授课方式	
授课对象	
开课条件	
课时计划纲目	

二、课时目标及内容安排

课次	课题	教学目标	教学重点	教学难点	教学方法
1					
2					
3					
4					
5					
6					
7					
8					
9					
10					
11					
12					
13					
14					
15					
16					
17					
18					
19					
20					

三、考核方式及评价量表

（一）平时成绩（100分）

考核项目	权重	实际得分

（二）作业成绩（100分）

考核项目	权重	实际得分

（三）检测成绩（100分）

考核项目	权重	实际得分

7. 校本课程的开发评审

为了保证校本课程的顺利开展，在教师提交了校本课程纲要之后，学校组织专家、教学领导、教研组长、家长进行评审，然后召开校本课程评审会，通过答辩的方式对教师开发的校本课程进行再次完善，见表4-7。同时，学校教务处、总务处、信息中心等部门领导对开课所需的硬件条件进行协调，确保课程的顺利开展。

表4-7 十四中校本课程评审会课程评价量化表

序号	学科	教师	课程名称	课程内容充实			课程目标准确			课时安排科学			评价方式合理			综合评价	建议
				A	B	C	A	B	C	A	B	C	A	B	C		

8. 编写校本课程教材

教材是供教学用的资料，如课本、讲义等。教材的定义有广义和狭义之分。广义的教材是指课堂上和课堂外教师和学生使用的所有教学材料，比如课本、练习册、活动册、故事书等。教师自己编写或设计的材料也可称为教学材料。学生从网络上获取的学习材料也是教学材料。总之，广义的教材不一定是装订成册或正式出版的图书。凡是有利于学生增长知识或发展技能的材料都可称为教材。狭义的教材即教科书。教科书是一门课程的核心教学材料。教科书除学生用书外，一般还配有教师用书，很多还配有练习册、活动册以及配套读物、音像带等。

校本课程教材是校本课程发展到一定阶段的产物，是校本课程的物化形式。学校的校长和教师作为主体，为了有效地实现校本课程目标，达到教育学生的目的，对教学内容进行研究，共同开发一些基本的教与学的素材，作为校本课程实施的媒介，这些素材构成了校本课程教材。它的形式是多样的。

在校本课程开发与实施的过程中，教师手中是必须有教的材料的，而且越完善越好。那么，如何撰写校本课程教材呢？撰写校本课程教材过程中应该注意哪些问题呢？

校本课程教材的开发必须按照《基础教育课程改革纲要（试行）》的要求，根据本校发展的需要和学生实际，在充分调查学生需求的基础上，根据学校的理念和发展方向，通过收集、整理、归纳校内外的课程资料进行编写。同时，编写教材必须在学校相关部门统一领导下实行主编负责制；编写过程中有专门部门负责监督、检查；编写完成后，学校需聘请经验丰富的、水平较高的教师或者专家审稿。教师在使用过程中可根据教学情况进行实时调整。

编写教材的一般步骤有：①确定教材开发和编写负责人（主编）；②做好教材定向；③确定参加教材编写的人选；④明确教材的编写目标和编写原则；⑤拟订大纲和细目；⑥按板块对编写任务进行分解；⑦主编组织编写人员对提交的文章进行逐一审读，按照教材体系进行编排；⑧主编组织教材的试用和修订。

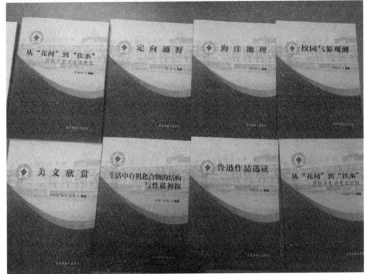

图 4-3　十四中的校本课程教材举例

经过两年的实践，十四中部分教师将上课用的素材编写成册，形成了十四中的校本课程教材，参见图 4-3。

（二）校本课程的实施

学校校本课程在实施过程中要经历开设、调整、巩固三个阶段。它的发展是一个持续不断的改进过程。在这个过程中，教师要不断地摸索与尝试、积累实践经验、调整课程实施策略、总结经验并推广。

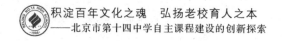

本部分主要介绍校本课程的发布与学生选课。

1. 学生的动员

为了使校本课程能够顺利实施，作为实施对象的学生主体，有必要清楚学校校本课程的实施方案和具体实施步骤，并且参与到校本课程的评价之中。因此，学校通过学生动员会、网络等进行学生动员。

十四中学生参与校本课程建设的工作内容

学生作为课程开发成果的主要使用对象，他们的需求和对课程的认可是促进校本课程开发与实施必不可少的因素。因此，他们应该而且必须参与到学校校本课程开发与建设的过程当中。

十四中学生参与校本课程建设的主要内容如下。

全体高一年级学生在学年末参与校本课程学生动员会，认真倾听开课教师对课程的介绍。动员会内容主要有三部分：①开课教师介绍学校校本课程开课方案；②开课教师介绍每门课程的主要内容、教学方法、学生评价方式、班级规模、对学生的要求等；③开课教师介绍网上选课步骤及注意事项。

网上选课：①根据动员会的介绍在暑假规定时间内，按照网上选课操作步骤进行高二年级第一学段选课，并在开学前到网上查看第一学段上课安排；②在第一学期期中考试前一周到校园网进行第二学段选课；③在寒假规定时间内进行第三学段网上选课；④在第二学期期中考试前一周进行第四学段网上选课。

根据校本课程进展阶段，参与网上校本课程实施评价。

积极参与学校开展的校本课程开课情况学生座谈会。

2. 学生的引导

以校本课程纲要、校本课程介绍等文字材料为引导，帮助学生有效地进行学习规划。

3. 课程建设电子支持平台

开发课程建设电子支持平台成为校本课程开设必不可少的手段，包括校本课程管理系统、校本课程评价系统、校本课程校内外的宣传与推广内容。

校本课程管理系统应该包括教师校本课程在线申报、课程管理部门在线审核课程、校本课程学生考勤记录、学生网上选课及选课结果查询及课程安排查询。

校本课程评价系统包括学生成绩管理及对学生学业成绩的查询，校本课程开课情况调查与统计，以及学校领导、家长、学生对开课教师的评价。

学校可以利用校园网开设校本课程栏目，该栏目可以包括优秀校本课程的课程实录、校本课程研讨会等活动的新闻报道、优秀教师介绍、学生作品展示等子栏目，进而做好校本课程的宣传与推广。

4. 学生网上选课系统的设计思路

在十四中校本课程开发与实施的过程中，根据课程进展与推进情况，开发学生网上选课系统成为校本课程顺利开展的必不可少的环节。

在校本课程发展的历程中，学生网上选课系统经历了三次变革。

第一次变革是在 2007 年，即北京市推行课程改革的第一年、十四中校本课程实施第一年。为了配合校本课程的实施，学校信息中心开发了校本课程选修管理系统，包括学生网上选课系统和学生作品上传与展示平台。学生网上选课系统的选课原则是根据班级规模，以学生报名时间为依据进行分班，也就是"先到先得"原则，这样能满足大多数学生的需求，同时可以实现学生选课后的统计功能。学生和教师可以很方便地查询课程班级情况、行政班级学生选课情况，还可以时时上传学生作品进行分享，帮助班主任和校本课程教师进行管理和对学生进行评价。

第二次变革是在 2013 年。这时学校信息中心对校本课程学生选课系统进行了微调。但是由于教师人数变化并不大，学生相对而言选上自己喜欢课的概率变小了。

在这种情况下，原来的选课系统已经不能体现校本课程的开发原则，不能满足大多数学生的需求。因此，在 2015 年，学校信息中心开发了新的选课系统。新的选课系统是以能够满足学生的选课需要原则开发和设计的，在以下几个方面进行了改进。

实现男女生自动区分，满足女子足球等课程需要区分性别的需要；

可以区分行政班级，满足物质的结构与性质、了解宏观经济学等课程需要区分文理生、需要考虑学习进度快的实验班的选课要求；课程规模设置上限和下限，当人数不够下限时该门课程不再开设；课程题目相同的课程代表课程内容完全相同，只是上课教师不同，上过该课程的学生在下次选课时不能再选择，即选课系统有记忆功能。

同时，根据学生实际情况，在第一、二学段选课时，每个学生提交8门自己喜欢的课程；第三学段选课时，学生提交6门自己喜欢的课程；第四学段选课时，学生提交5门自己喜欢的课程。学校根据学生提交的喜欢的课程情况，不断调整课程的录取概率，最终保证绝大多数学生被录取的课程为自己期望的课程。

此外，随着社会环境、学校环境的变化及课程改革的不断深化，分层走班、网络学习将成为课程改革的发展趋势。因此，课程建设电子支持平台的不断完善必不可少。例如，正在开发的课程网络学习交流系统可以帮助学生在校本课程网络学习的过程中，在观看教师录像课的同时随时提问，提问内容保存录像放映时间节点，这样教师可以很清楚地知道观看者在课程的什么环节、什么时间有什么问题，从而帮助教师及时调整教学策略、有针对性地为学生或者观众答疑解惑，减少网络学习弊端。

十四中2015—2016学年高二年级校本课程选课说明（第二学段）

高二年级第一学段的校本课程已经进入尾声，现将这两周的安排向同学们进行说明。

一、时间安排

第一学段时间安排：11月10日为最后一次课。

第二学段时间安排：11月16日（周一）开始第二学段的学习。

二、选课安排

全体同学在家进行网上选课，选课时间为2015年11月5日（周四）至11月8日（周日）。

三、特别说明

①请同学们选择自己喜欢的几门课程，系统将尽力选择你想学习的课程。

②本次选课需要同学们选择 8 门自己喜欢的课程，周一、周五和周二、周四各选择 4 门。

③每个同学网上显示的课程内容为你可以选择的课程。

四、课程目录及开设时间安排

时间	序号	选修科目	性别	选课班级学生	教师	选(√)
周一第四节和周五第五节	1	影视名作欣赏		1—8班	于晓鸥	
	2	数学史简介		3—8班	魏晓莉	
	3	经典赏析		1—8班	杨晓琳	
	4	时文品读		1—8班	孙玥	
	5	光学简史		3—8班	李晓风	
	6	食育中的化学		3—8班	吕怡	
	7	化学与技术		3—8班	张雅静	
	8	定向越野		1—8班	陈斌	
	9	世界历史上的人文地理		1—8班	秦达酉	
	10	气象观测与研究		1—8班	李桂冬	
	11	海洋地理		1—8班	赵冬松	
	12	男子足球	男生	1—8班	赵万刚	
	13	羽毛球		1—8班	谷宇	
	14	跆拳道		1—8班	刘巍	
	15	VB编写实用小程序		1—8班	曹振生	
	16	朗诵		1—8班	符玉顺	

续表

时间	序号	选修科目	性别	选课班级学生	教师	选(√)
周二第五节和周四第四节	1	影视名作欣赏		1—8班	张彩虹	
	2	影视名作欣赏		1—8班	崔彩红	
	3	数学史简介		3—8班	张敏	
	4	学点语法让你妙笔生花		1—8班	杨丰跃	
	5	学点语法让你妙笔生花		1—8班	许玉容	
	6	走进英伦物理课堂		1—8班	王伟	
	7	化学学科思维训练		7、8班	刘刚	
	8	食育中的化学		3—8班	于鹰	
	9	生物学实验技术		1—8班	张玲	
	10	高中生要了解的宏观经济学		1—8班	李存秀	
	11	三维设计与3D打印技术		1—8班	李煜	
	12	羽毛球		1—8班	樊洋	
	13	女子足球	女生	1—8班	龚真观	
	14	数码钢琴集体课		1—8班	宋妮	
	15	摄影基础		1—8班	于洽	
	16	和谐人际关系团体辅导课		1—8班	朱爱学	

五、选课步骤

第一步：登录选课网站。

第二步：输入用户名和密码。

第三步：点击修改密码或者继续。

第四步：修改密码。

　　第五步：在本学段周一、周五课程当中，请选择 4 门你喜欢的课程；在周二、周四课程当中，请选择 4 门你喜欢的课程。选择 8 门课程后，选择提交。

第六步：完成。

（三）校本课程的管理与评价

在课程改革过程中，校本课程开发是一个持续的、动态的、逐步完善的过程，它总是在开发、实施、评价、再开发、再实施、再评价的过程中不断完善、不断发展。

本部分主要从学生和课程两个维度介绍校本课程的管理与评价。

1. 校本课程开发的评价

校本课程是师生在教学过程中共同创生的、鲜活的、过程性的、发展着的形态，校本课程开发、校本课程实施与校本课程评价是三位一体的。校本课程开发的过程，是教师组织校本课程教学的过程，同时也是教师评价和改进课程的过程。课程开发、课程实施与课程评价是自然统一的。因此，校本课程开发中的课程评价就是对教师自身开发历程进行评价的过程，是对开发过程的一种质量监控过程。综上所述，校本课程开发中的课程评价贯穿课程开发实施的全过程，其评价对象就是不同阶段校本课程开发的工作内容。[①] 斯基尔贝克认为，校本课程开发一般经历 5 个阶段：情境分析、目标确定、方案编制、实施课程、改进完善。[②]（见图 4-4）因此，校本课程开发中的校本课程评价对象和内容主要包括对校本课程开发的情境与目标定位的评价、对校本课程开发方案的评价、对校本课程实施过程的评价、对校本课程实施效果的评价。

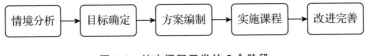

情境分析 → 目标确定 → 方案编制 → 实施课程 → 改进完善

图 4-4　校本课程开发的 5 个阶段

在具体实施评价的过程中，学校、教师可以根据实际情况和评价内容，采取制定量表、提出问题、访谈、自我反思等形式对校本课程的各个阶段进行评价，保证校本课程的质量，提高校本课程的内涵品质，满

---

①　参见李臣之．校本课程开发［M］．北京：北京师范大学出版社，2015：200.

②　参见崔允漷．校本课程开发：理论与实践［M］．北京：教育科学出版社，2000：72～73.

足学生的多样化发展需求。

本部分将以案例的形式介绍教师的自我反思性评价、问卷调查法评价和量化表评价。

(1)教师的自我反思性评价

自我反思性评价强调的是教师对自身已有的和假定的课程理念的质疑与批判。教师客观地正视自己在课程实施过程中的课程内容的组织与处理、对课堂教学的引导与调控以及课程与学生的关系。

下面是十四中语文教师罗勤芳的反思。

语文教师罗勤芳的反思

课程题目：名家词鉴赏。

课程规模：每学段招收1个教学班，每个教学班有20名学生，共4个学段，招收80名学生。

课时安排：每个学段10周，每周2课时，共20课时。

摘录原因：在这篇反思中，教师对自身已有的和假定的课程理念进行质疑与批判，对课程内容的选择、教学方法、课程的目标定位、课程与国家课程之间的关系、教师的观念转变都进行了反思。反思促进了教师的专业发展与课程的完善。

教师反思摘录：

(一)回到选课之初

在三级课程体系的要求之下，校本课程到底处于什么样的地位、要起什么样的作用，是我在开课之初已经开始思考但并未想清楚的一件事。最初申报校本课程的时候，我所考虑的首先是我能讲什么，追问的是我之所有。在语文学科范围之内，针对我个人的情况，我可以选的大约有这么几种：《红楼梦》初读、中外短篇小说欣赏、《论语》选读、名家词欣赏和辩论技巧。我之前开过辩论技巧这门选修课，讲授一些主要的辩论技巧，结合一些优秀的辩论赛组织学生进行辩论。这听起来是很热闹的一门课：有技巧，有视频，有活动。从当时的实际情况来看，也的确是这样的，我还记得课程中学生组织了两次辩论，争得热火朝天。

　　但是我个人对于辩论作为一门课程思考得并不多甚至没有，我不过是教了几次课，这些课本身并不能成为一门课程，课程本身应该自成体系，应该具有自身相对完整的意义和价值。而对于辩论，我涉及的其实很有限，把它作为课程还远远不够。因为有了课程意识，《红楼梦》也被我排除了。我个人偏爱《红楼梦》，本科毕业论文写的就是《红楼梦》。面对博大精深的《红楼梦》，我能有什么课程体系？这体系当中，我又能有什么自己的"体系"？我是"贩卖"各家思想还是有独到见解？我要引起学生的什么？这样一问，我又发现自己什么也不是，真是汗颜！于是，《论语》不敢试手了，中外短篇小说选读也暂时被放弃。

　　(二)回到课程本身

　　这样一个反思过程，真正让我体验到的，是教师自身的素质问题。我平常都是拿起现成的教材去"教"，尽量带领学生去挖掘已成体系的教材的内在意义，以期这些意义的激活能够在学生那里自成体系。只有这样，教材对于学生才算是有意义的，才可能对学生的成长起到一定的作用。那些支离破碎并且偶然的收获都达不到课程目标。在已定教材的课程教学之中，我是逐渐认识到这一点的，这给了我选定校本课程积极有益的启发，同时也加大了我选课的难度。这意味着我必须从更高的角度看待课程本身和学生的成长。

　　于是，我能成体系的，大约还是以词的欣赏为最了。我从小喜欢词，却在很长时间内说不清自己为什么喜欢它。从学生的学习经历来说，学生从小学开始接触词，教材已经基本涵盖了最有代表性的词家词作。那么，我讲什么？随便选几家几首？如果这样，这课是好上的，但是这只是课，绝对不算课程！我至少要把这课上的"走在通往课程的路上"吧。那么，我按照什么来串起这些课？作家作品？风格流派？时间顺序？我在反复思考这些问题。在申报过程中，我主要是按"风格流派"来梳理的。我当时虽然说了"本课程旨在在课内知识的基础上，系统地介绍词的发展脉络，从主要流派及主要词家来欣赏课内不曾涉及的名家词作，以期学生能从整体上、系统上对词的发展、词的主要风格有所了解，进而能独立地、具体地欣赏"这些话，但是我其实还是不确定"词之为词"的本来特征。所以我当时的设定如下：本课程主要涵盖一个导入、八个专题和一个总结，它们分别是词的发展及其主要流派、专题一"忆昔花间初识面——花间词"、专题二"长恨此身非我有——豪放词"、专题三"一蓑烟雨任平生——苏轼词"、专题四"众里寻他千百度——辛弃疾词"、专题五"玉楼明月长相忆——婉约词"、专题六"此情无计可消除——清照词"、专题七"多情自古伤离别——柳永词"、专题八"我是人间惆怅客——纳兰词"和总结"阅尽天涯离别苦——人间词"。此时我能很清晰地发现这看似很丰富，其实是很杂乱的，既有风格流派，又有词人专题，它们虽然不冲突，但并不能成为一条完全合逻辑的线。

　　正式开课前的那一个暑假，我的核心目标就是理出我的校本课程的线索，所以我读了大量关于词的书籍。这些书籍里并没有很多关于词的系统的讲解，多的是关于词的选读，如大家所熟悉的《唐宋词选》《宋词三百家》或者《李清照词选》，而我需要的不是这些。最终我回到了王力、夏承焘和叶嘉莹这里，尤其是叶嘉莹先生这里。我通读了叶嘉莹关于诗和词的绝大多数著作。我的思路逐渐明晰：我必须回到词的本身，以"词"自身作为课程的内在神韵，作为构建我的课程和开展我的教学的前提和基础，舍此别无其他。

　　(2)问卷调查法对学生学习成效的评价

　　学生是校本课程开发和实施最直接的感受者，学生对校本课程实施后所产生的看法也是评价和改进校本课程最具有参考价值的信息，所以学校可以通过问卷调查法的形式来收集信息。相关问卷已在前文介绍过。

　　(3)校本课程开发综合评价量化表评价

　　学校通过教师反思、学生调查、学生学习效果量化评价、教师专业成长量化评价、学校特色文化发展量化评价、访谈等，在对每门课程实施效果和校本课程各个环节、各个主体进行评价的基础上，对学校校本课程开发进行综合评价。参见表4-8。

表 4-8 十四中校本课程开发综合评价量化表

评价内容	评价维度	等级评定			总评	建议
		优	尚可	改进		
课程背景	是否符合学生发展需求 学校课程资源的把握 是否符合社区发展需求 ……					
课程内容	目标是否明确 纲要制定是否合理 教材内容是否清晰 ……					
实施过程	学生兴趣 实施方式 资源配置					
发展绩效	学生发展 教师发展 学校发展					
总体评价						

评价者：

日期：

2. 学生管理与学业评价机制

学生评价是在系统、科学、全面地搜集、整理和分析学生在校本课程开发过程中获得的发展信息的基础上，对学生发展和变化的价值做出判断的过程。

近年来，随着基础教育课程改革的逐步深入，很多教育工作者在理论上和实践中对学生评价的具体方法进行了有益的探索，出现了各种各样的新模式和新方法。

结合校本课程的开发性质及学生的年龄和认知特点，校本课程开发中的学生评价采取多元方式，注重学生学习过程性评价和终结性评价相结合。

以十四中校本课程学生评价为例，学生评价既考虑校本课程要求学生学习方法的不同，又要考虑到学生的个性差异，因此，学校在学生评价环节对每门课程设定统一的要求，又尊重课程、学生的多样性，让授课教师设定本课程的学生评价方式。

《十四中学生手册》中有一章节是介绍学校校本课程的，描述了学生如何获得校本课程选修学分。

学生如何获得校本课程选修学分

校本课程是十四中高二年级全体学生都要参与的选修课程。高二全年共分为 4 个学段，每个学段 10 周，每名学生在每个学段中要选修两门课程，每门课程 20 课时。每门课程达到合格水平记 1 学分。

一、评价体系

校本课程评价体系包括两部分：一是过程性评价，重点关注学生在选修过程中参与的态度与能力；二是终结性评价，重点关注学生在校本课程学习中获得的成果。

（一）过程性评价

1. 参与度的评价（是否积极主动参与）

评价内容包括发言的次数、回答问题的积极性、思考问题的积极性、完成作业是否认真、是否善于与他人合作交流自己的成果。

2. 是否有效参与

评价内容包括思考问题、完成作业、对问题的理解程度、是否能从不同的角度寻找问题、提出的问题是否有深度。

3. 合作交流的意识和能力

评价内容包括是否积极主动与同学合作交流，交流时表达是否清晰、条例是否分明、逻辑是否缜密。

4. 注重积累

评价内容包括是否随时将学习的活动记录下来、是否经常写观察日记和研究日记等。

（二）终结性评价

教师进行终结性评价，形式可以是汇报、小论文、调查报告、问卷检测，也可以是一场比赛等。

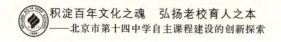
（三）学业评定

由于校本课程的特殊性，校本课程的学业评定以等级方式进行，分A、B、及格、不及格四档，及格以上给予1学分。

二、特殊情况处理

校本课程更加注重学生的学习过程与参与度，因此，校本课程不允许请假。如有特殊情况出现，学生需要同时向班主任和任课教师提出申请，两位教师均同意后，向教务处提出申请后方可请假。缺勤1课时，过程性评价分数等级为B，缺勤3课时则该门课程没有学分。

由于校本课程实行走班教学，10周为1周期，学生如果未拿到学分，不再重修或补考。

三、特别说明

为了校本课程的顺利开展，同时更为了展示学生的作品，学校为校本课程开发了校本课程的电子支持平台。

平台主要有学生网上选课与查询系统、教务日常管理系统、学生作品展示交流栏目、校本课程宣传与推广栏目，希望同学们能将日常的学习成果通过网络与大家分享。

第五章

综合实践活动课程的特色开发

——以研究性学习为例

综合实践活动课程是培养学生核心素养的课程，和学生的素质评价密切相关。研究性学习是综合实践活动课程的重要内容，在这方面，十四中已形成独有的特色：管理严谨科学、实施有序有效、成果丰富且高端。在研究性学习中，教师指导学生选择自己感兴趣的课题，引导学生重在体验研究的整个过程，使他们从中感受研究的艰辛，进而养成严谨科学的研究态度，提升学生的综合素养。

　　研究性学习的研究内容是来自生活且高于生活的，更重要的是带有兴趣的。学生之所以研究是因为热爱，研究性学习是一种带有情怀的研究与学习，它有助于学生成长，也充分体现出教育起到"唤醒"的作用。研究性学习是跨学科的，不仅需要文科内部的融合，也需要文理科的融合，体现学习的整体感与融合性。

　　十四中在综合实践活动课程中以学生为中心，尊重学生的个性，具有一定的特色，使学生在课堂之外的广阔天地里得以更好地发展。十四中也会继续探讨与努力，培养学生的核心素养。综合实践活动课程和学科课程两类课程相辅相成，共同促进学生更好地发展，让学生飞得更高更远！

一、综合实践活动课程的育人价值认识：综合实践活动课程的反思与展望

什么是综合实践活动课程？综合实践活动课程是从学生的真实生活和发展需要出发，将生活情境转化为探究主题，通过探究学习、动手操作、服务学习等活动，培养学生的核心素养的课程。核心素养是人们适应信息时代、知识社会和经济全球化的需要，是解决复杂问题和适应不可预测情境的能力和道德。将生活情境转化为问题情境，形成探究主题和探究型课程的课程为"生活探究课程"，即综合实践活动课程。综合实践活动课程产生于生活、由于生活并为了生活。综合实践活动课程以培养跨学科素养或生活素养为目标。

学校重视综合实践活动课程。综合实践活动课程是学校整体课程体系中的重要组成部分。以校长为首，以教学主任、教育主任为主要管理者的管理团队全力配合，积极策划，提供组织保障；全体教师、部分职员踊跃参与，贡献智慧，做好学生的直接指导者。全校上下同心力争将每年的综合实践活动课程实实在在做好，让课程内容真正与学生的实际发展需要紧密结合起来，让学生在实践中提升素养、陶冶情操、优化性格、发展爱好，同时也让教师在指导中不断提升能力，促进自身专业和特长的发展。

综合实践活动课程主要包括社区服务、社会实践和研究性学习。

社区服务主要是义工劳动，其内容可涉及多个领域、多个方面。学校通过建立学校的义工劳动基地，家长通过建立各班的学生义工劳动基地和职业见习单位，突出义工劳动和职业见习的实践性、社会性、服务性和体验性的特点。

高一的社会实践主要是军训活动，高二、高三主要是社会参观活动、社会考察活动、社会调查活动和社会公益活动等。

　　研究性学习是学生在教师的指导下，从自然生活和学习生活中选择和确定专题进行研究，并在研究过程中主动地获取知识、应用知识解决问题的学习活动。

　　社区服务和社会实践这两部分内容在第六章"学生参与体验的主题教育活动课程"进行了介绍，因此这一部分就不再赘述，而以研究性学习为代表进行介绍。

　　（一）研之有成

　　研究性学习的这种教学方式确实收到了很好的效果，对学生更快地成长有很大的作用。

　　1. 培养了学生自主探究的能力

　　研究性学习是指"学生在教师的指导下，从学习生活和社会生活中选择和确定研究专题，主动地获取知识、应用知识、解决问题的活动"，以问题和学生活动为中心。学生自己提出问题，而不是解决教师的问题，培养了对问题的敏感性；在提出问题后，学生要解决自己的问题，就会想各种办法，不管是与同学合作，还是向教师、专家请教，查阅资料，自己实验，因此自主探究能力得到了训练。

　　例如，在一次社团活动中，生物柴油工程师史国强做了一次关于地沟油的讲座。讲座谈及可以将地沟油转化成生物柴油。生物柴油是可再生的清洁能源，具有优良的环保特性、较好的低温发动机启动性、较好的润滑性能、较好的安全性能和良好的燃料性能，它可以用餐饮废油作为原料大量制备，是优质的石油柴油代用品，具有广阔的前景。这些使学生萌发了研究"地沟油转化成生物柴油"的想法。经过近一年的准备，此课题被纳入研究性学习课题。由于这个课题是学生关注并喜爱的，也是学生自己提出的，所以在整个研究过程中，学生一直处于主动研究的状态。从查阅资料、联系参观到动手实验，学生都表现得很积极。教师只是反应原理的辅导者、参观的组织者和参与者、实验的指导者、部分疑惑的解答者。

　　2. 提高了学生的综合能力

　　实地参观是理论与实践的最佳结合方式。实践出真知，研究性学习的特点之一就是实践性。正是在这样的过程中，学生的观察能力、动手能力、思考能力都得到了提升。

"地沟油转化成生物柴油的实践研究"课题小组为了研究性学习的顺利开展，参观了海油碧路（南通）生物能源蛋白饲料有限公司，此行共包括 5 个活动：①采访从业人员，了解生物柴油的产业现状、市场前景、产业规划和所遇到的问题；②通过询问专家深入了解生物柴油的生产流程、生产设备、反应原理、生产过程中遇到的问题及生产废料的处理等；③参观实验室，了解生物柴油成品标准及检测方法；④通过实验室的 500mL 酯化小试装置进行小规模实验；⑤在科学家的指导下，进行重要指标的测定。

参观海油碧路（南通）生物能源蛋白饲料有限公司，使学生开阔了眼界，得到了从网上查不到的细致的实验步骤；在与科学家一起做实验的 3 个多小时里，学生看到的是科学家做实验时规范的操作、细致的记录，这种严谨求实的科学态度和科学精神潜移默化地影响着学生，使学生终身受益，这是课堂教学不可替代的。学生在实验中接触到了一些课堂上接触不到的仪器，如分析天平、旋转蒸发仪等。通过反复实验，学生都能较熟练地使用各种仪器，动手操作能力得到了很大程度的提高，为今后进入大学打下了实验操作基础。

很多学生因为研究性学习获得了成就感。这种学习方式让学生各显其能、增强了自信，让每一名学生绽放出各自的光彩。

研究性学习的指导教师程猛分享了一个学生因为研究性学习而获得成就感的例子。在高一 7 班，有一个不太自信也不太敢说话和表达的女孩。在指导教师的坚持下，她代表他们组汇报开题，几经波折后她最终在全校高二年级 200 多名同学面前做自己组开题报告的阐述。虽然效果不是特别理想，但她还算成功地说完了。有了这一次当"主角"的经历，她很开心，也变得自信多了。她说研究性学习让她有了成就感。因此，研究性学习的意义对于学生而言可以也应该超越单纯的学术启蒙。对于教师而言，这次指导经历让教师也收获了一些唯有教育才能带给人的幸福感和成就感。这充分证明了研究性学习本身是很有价值的。

3. 教师与学生共同成长

"地沟油转化成生物柴油的实践研究"的指导教师刚听到这个课题时，也很茫然，虽然他对反应原理很清晰，但对具体实验一无所知。于是他组织学生一起参观海油碧路（南通）生物能源蛋白饲料有限公司，以上问题便迎刃而解了。看到中控室的生产流程图时，指导教师很兴奋——高三的工业流程题在实际生产中出现了，二者的吻合度还很高。学生对工程师的讲解有疑惑之处时，教师能很准确地进行补充讲解。这次亲身经历，提高了教师的专业化水平，提高了教师指导此类课题的信心。

（二）研之有爱

研究性学习也有需要注意的地方。

1. 因为热爱，所以研究

研究一定离不开兴趣。"兴趣是最好的老师。"一些学生能够在选定方向之后倾心投入，认真努力地去做"研究"，因为这是他们自己的兴趣爱好，他们能够克服困难，尽可能地去尝试。有名学生说起她的研究之路：九年级时她找到了自己的兴趣点——经济与发展。起源不过是她不经意间翻看了一本杂志，里面一位住建部官员说道："遏制房价过快增长的意思，不是降低速度，而是降低加速度。"于是她翻阅大量资料，弄清"加速度"的概念，并由此进一步提出一系列问题：是什么在影响房价的变动？我国调整房价会考虑什么因素？现在房价过高致使许多人买不起房为何国家还不降低房价？这一系列问题引领着她进入了经济领域的学习。一个孩子，就这样走上了她的研究之路。由此可见，兴趣在研究中是多么的重要。

高二 1 班的一名学生这样说："与第一次研究性学习时太过于盲目草率地选择了课题不同，这次我选择了喜欢的课题和喜欢的老师，所以每次上课都很积极主动，很认真。老师很耐心，总是给出很专业的意见，让人醍醐灌顶、恍然大悟。有时候老师给出的意见不仅在研究性学习项目中能起到作用，还让我们对人生有了思考。老师鼓励我们选择自己最喜欢的研究。一开始的时候，我担心自己选的题目难度太大不容易完成，就去问老师行不行。老师只说喜欢就行，不管用什么方法，总能完成的。于是通过自己的努力和老师的帮助，我看着自己的作品一点点地朝自己喜欢的方向进展，我很欣喜，自豪感油然而生。老师给我们提出了很多指导性的意见，但绝对不在过程中帮我们。他让我们尽自己最大的努力去完成，不断尝试，不断挑战自己，这样最后作品完成时我们才能真正骄傲地说这是自己完成的。"

2. 研究来自生活，高于生活

选题要关注生活，所以我们要从实际生活中选取课题，具体地说，就是可以从身边的人或事出发寻找研究课题。这是因为我们身边的人和事，实际上就是社会的一个元素或一个成分。对这些人或事进行研究，就是对社会生活进行研究，以此作为出发点选择课题，有很多实际的好处。一是与社会实际紧密结合，而且可以从社会实际出发搜集第一手资料，为实证性研究开辟道路。二是研究贴近实际，易于创新。创新是有难度的，但是从实际入手进行研究，只要方法对，至少可以获得新知识和新材料，这本身就包含了创新的元素。由于中学生看问题的角度不同，他们的研究会提出一些新的观念。从这个意义上来讲，中学生从身边的事或人进行出发研究，既有必要又能有所作为。身边的事千头万绪，可以作为研究课题的也无穷无尽。中学生本身就是值得研究的课题，比如中学生的价值观、思维特点、处世方法、与父母的关系等。中学生的家庭处于社区，每一个社区都有值得研究的课题，如城市社区的管理、业主与物业的关系、广场舞问题、垃圾分类等问题。一些中学生开始注意到这些问题，但还远远不够。大量的问题都有待研究。我国正处在一个社会转型的时期，有很多问题等待学生去研究。

（三）研之有融

这里的融合不仅需要文科内部知识的融合，也需要文理科的融合。

梁思成先生曾经呼吁要走出"半个人的时代"，认为文理绝对分开不利于人的成长。钱学森教授也指出科学与艺术是相通的。真正的大师，多为文理兼容、才华横溢。

　　很多人已经意识到推进人文教育和科学教育的融合，是实施素质教育、培养创新人才和取得原创性科研成果的关键性措施。科学文化与人文文化融合的途径，是中外教育家和有识之士关注的重大课题。文理兼容性课程中的科学文化与人文文化有一定的整合基础，可采用课内与课外双向整合措施。研究性学习则是有效实施融合的一种很好的途径。

　　在文理分科的情况下，研究性学习内容的选择可以让学生进行互补，有利于弥补分科带来的遗憾。

　　这种融合的目的就是提升学生的人文素养。很高的人文素养能让我们更幸福。就个人来说，具有很高的人文素养能让我们在获得财富的同时，活得更幸福。所以我们学习的目的是获得智慧。没有智慧的人生是灰暗的人生，没有洞察力和判断力的人生是没有方向的人生。因此，学习知识的最终目的是对我们周围的事物和我们所生活的社会做出自己富有智慧的判断。人文素养的提升有助于支撑起每一个人的美好人生。从社会来看，龙应台认为文化其实体现为一个人如何对待他人、如何对待自己、如何对待自己所处的自然环境。在一个文化厚实深沉的社会里，人懂得尊重自己——他不苟且，因为不苟且所以有品位；人懂得尊重别人——他不霸道，因为不霸道所以有道德；人懂得尊重自然——他不掠夺，因为不掠夺所以有永续的智能。只有提升个人的人文素养，才能形成这样厚实深沉的文化。这也是综合实践活动课程的重要内容之一。

二、综合实践活动课程的实施

（一）研之有效

1. 教师提高专业水平，指导到位

　　学校定期举行基础课研讨会，对教师进行全员培训、指导，使研究性学习更加专业，有整体指导性的培训，如刘玲老师的"研究性学习的

课程功能与实施要领"。有的教师根据研究性学习的实例，对研究性学习的实施进行了指导，比如孙文艳老师的"从橘皮中提取香精油的开发与利用"。有的教师给出了具体的实施建议，如叶文飞老师的"关于人文学科研究性学习的思考"。有的教师介绍了研究性学习的管理内容，如"研究性学习课程管理模式"。

除了集体培训，在学生的研究性学习过程中，教师也针对班级情况进行有针对性的指导。

从选题、中期总结到结题，教师对相关内容都进行了集体备课。为了达到更好的效果，教师集思广益、精益求精。教师为学生安排了很多相关的专业课程，具体有研究性学习综述、研究性学习课题的选定、了解研究方法、研究性学习的评价。以上专业课程安排在学生的研究过程中，由教师根据所带行政班学生的需求适时传授。

学校还积极组织教师申报各级各类课题和参加各级各类比赛，进而提升研究水平。

学校鼓励教师"走出去"参加各级各类课题研究及比赛。王长启老师负责北京市教育科学"十一五"规划重点课题"学生健康第一实践与研究——学生营养配餐研究"，该课题于 2012 年 5 月圆满结题。张玲老师负责北京市教育科学"十一五"规划青年专项课题"城市普通高中现代农业技术小本课题发展模式研究"，该课题与唐峰国老师负责指导的课题"我国古典益智玩具的玩法与发展研究"申报成为北京市教育科学"十二五"规划 2011 年度重点课题。张玲老师撰写的《探索与实践 PBS 可降解塑料的生物降解途径与方法》在 2011 年全国综合实践活动课程教学观摩研讨暨第五届学术年会论文与活动案例评比中被评为一等奖。

学校开展研究性学习的实践与探索也赢得了北京市教育学会综合实践活动研究会的认可。2011 年，十四中被评为北京市综合实践活动课程实施特色学校，并被全国教师教育学会综合实践活动学科委员会评为 2011 年度先进单位。总之，十四中充分借助各种教育资源，以丰富的教研活动形式为教师成长搭建了宽阔的平台，教师个体的成长最终也促进学校整体科研能力的提升。

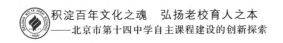

2. 实施过程细致有效，学生很有收获

(1)研究性学习过程有序

研究性学习的步骤明确详细。研究性学习的实施一般分为三个阶段。第一阶段：问题情境阶段，包括研究的准备、研究课题的确立和做开题报告。第二阶段：实践体验阶段，包括搜集和分析信息资料、调查研究和初步交流。第三阶段：总结表达阶段——将取得的成果归纳总结、整理提炼，形成研究报告，或通过指导教师主持答辩。研究性学习中课题研究的基本程序及步骤如下：寻找研究方向，确定研究课题；了解研究方法，制订研究方案；查阅文献资料，撰写开题报告；注重研究过程，积累研究资料；整理研究资料，得出研究结果；确定成果形式，撰写研究报告；交流研究成果，反思研究过程；进行客观评价，认定等级学分。

在几年的实践中，十四中教师潜心摸索课题研究的规律，制定了高中三年的研究性学习校历，校历中确定了时间、地点、负责人、课程目标，保证师生三年的研究性学习有序开展，并在此基础上汇编成《普通高中研究性学习活动手册》(简称《研究性学习活动手册》)。它由师生共同完成，记录了师生研究过程中的点点滴滴，也记录了对学生小组和个体的多角度评价。研究性学习校历和《研究性学习活动手册》保障了课题研究的有效实施。

(2)指导重点突出

在研究性学习的三个阶段，学校根据学生的具体情况进行针对性指导。

第一阶段：问题情境阶段，授之以渔，学术启蒙，注重引导。

这个阶段很重要，好的开始等于成功的一半。所以学校必须根据学生的情况，有针对性地指导学生确定课题。首先，教师指学生选择喜欢或感兴趣的问题作为准课题。兴趣是最好的老师，兴趣能保证研究的顺利进行，能保证学生遇到困难时有克服它的动力。同时，教师也要充分发挥学生的主动性，在小组讨论之后确定选题。

　　教师针对学生选题存在的问题进行指导。学生选题可能存在的问题如下：选择的题目过大，如"《红楼梦》研究"或"中国诗歌的发展与演变"；选题所涉及的研究内容过于抽象，如"关于某校高中生道德水平的调查""关于我校高中生对中国传统道德认同态度的调查"；提出的依据不足，如"学生为什么不喜欢吃早餐""我校学生早餐营养问题研究"；不考虑可行性，如"禁毒在中国""对《葵花宝典》的研究与实践"；对课题的重要问题不明确，如"毒品对青少年的毒害"。不是所有的问题都可以成为研究课题，学生必须遵循科学性、创新性和可行性等几个原则确定课题，使得课题明确具体、具有可操作性。所以这个阶段，教师需要帮助学生把问题具体化。有的教师采用苏格拉底式的"助产术"与学生进行对话，使得课题具体可行。高中生没有经过较为系统的学术训练，这是劣势，也是优势。天马行空、不受条条框框约束的奇思妙想恰好契合了学术研究本身暗含的对研究者好奇心和想象力的要求。学生原先想到的主题都可以研究，但过于宏大，不能直接作为题目。这个时候就需要教师去探索学生真正想要了解什么，帮助他们确立研究的核心问题，把选题变得明晰和具体化。

　　教师指导学生使课题具有可操作性。比如，高一 7 班的几名学生想研究教师的准入与退出机制，这个题目就太宏大。后来，教师追问学生发现，原来学生想表达的是学生认为的好教师与学校领导认为的好教师不一样。教师引导学生进一步思考：无论哪所学校，都有学生喜欢或不那么喜欢的教师，那么这里就有一个标准问题，即学生以什么标准评判教师的好坏？学校的领导，也就是教育管理者以什么标准评判教师的好坏？这两类人群对于好教师的评判标准是否存在差异呢？教师和学生不断交流，发现原来学生是想知道学生评判教师的标准和学校领导评判教师的标准有什么不同。但如果把主题确定为"两种眼光下的好教师"，可能会增加学生的负担。最终师生一致决定把题目确定为"学生眼中的好教师标准——以北京市第十四中学为例"。这种不断提问的方式就是苏格拉底式的"助产术"，即通过比喻、启发等手段，用发问与回答的形式，使问题的讨论从具体事例出发，逐步深入，层层驳倒错误意见，最后走向某种确定的知识。这既要求学生积极主动地学习，又要求教师在旁边对学生加以引导、鼓励和协助。这种启发式教学符合教学规律，体现了教学过程中教与学的辩证法，即既注重发挥教师的主导作用，又注重激发学生的主观能动性；正确处理了"渔和鱼"的辩证关系，侧重学生自学能力、创新能力、综合运用知识能力的培养。

第二阶段：实践体验阶段，行万里路，亲身体验，严谨科学。

在这一过程中，学生应如实记载调查中所获得的基本信息，形成记录实践过程的文字、音像等多种形式的作品，同时要学会从各种调研结果、实验、信息资料中归纳出解决问题的重要思路或观点，并反思是否获得了足以支持研究结论的证据、是否还存在其他可能。然后学生将调查研究得到的初步研究成果在小组内或个人之间充分交流，学会认识客观事物，认真对待他人的意见和建议，正确认识自我，并逐步丰富个人的研究成果，培养科学精神与科学态度。这个阶段的重点是指导学生进入研究过程。比如，课题"地沟油转化成生物柴油的实践研究"实施过程中，学生提出参观公司，其中的任务之一是对从业人员进行采访。学生提前拟好采访方案，确定了采访提纲，采访后对记录进行了整理。从2013年年底开始，学生研究的重点是尝试设计餐饮废油转化成生物柴油的小型化装置。这个装置的设计得到了家长、在校大学生、研究生及大学教授等多方人士的帮助。

发放调查问卷是学生常用的一种调查研究方式，这种方式是一种特别的体验，能调动学生的聪明才智。比如，学生在对周边的居民、餐厅工作人员进行调查时，锻炼了与陌生人交流的胆量。有些学生为了获得更多问卷，在寒风中进行调查，态度认真而严谨。有些学生想出了发动身边人的力量，以自己居住的小区居民、家长同事为调查对象，发放调查问卷。这是学生遇到问题、自己解决问题的过程。学生也注意到要及时搜集和整理调查问卷，形成了好习惯。

实地考察有助于发现问题，并推进课题的进度。"燕京八景的历史与变迁"和"胡同——老北京正在消失的风景线"小组都进行了实地考察。正是在考察中，学生发现了燕京八景遭到的破坏，才产生出保护文物的强烈责任心与使命感。"经过了将近一年的不懈努力，我们的学习也接近尾声。回顾一年所发生的事，我们刚开始时对保护文物的意义一无所知，后来逐渐明白了保护文物的重要意义。我们不再像一开始一样为了拿到学分而进行研究。"学生说。

采访也能深入学生对课题的认识，比如学生正是在采访中发现了胡同居住模式对建设和谐社会的作用，而这些内容在书本上是查阅不到的。

熟能生巧，学生正是在实验或实践中体验到了研究的严谨性。"开花培养基的调配"小组的何洪钰说道："操作手法越来越熟练之后，我们要自己配置培养基，这点是最困难的。在称量药品时，我们小心再小心，有好几次因为多了一点点而要将已经称好的药品重新称量，就这样我们足足称了一节课。但同时我们也感受到，科学是严谨的，容不得半点瑕疵，一定要有足够的细心和耐心。我们从一开始的急功近利到现在的安然处之，这其中经历的点点滴滴，都是不能忽视的。"

第三阶段：总结表达阶段，表达成败，收获成长。

在这一阶段，学生要将收获进行归纳整理、总结提炼，形成书面材料和口头报告材料。成果的表达方式要多样化。学生除了按一定要求撰写实验报告、调查报告以外，还可以采取开辩论会和研讨会、做展板、出墙报、编刊物（包括电子刊物）等方式，同时还可以以口头报告的方式展示成果，或通过指导教师主持的答辩。

这个阶段的重点是引导学生正确对待研究性学习的成与败。中学生的研究即使是失败的，也可以作为研究性学习的成果。研究未必都是成功的。如果研究是成功的当然更好。但如果研究是失败的，学生就需要对失败的原因加以分析。失败有两种：一种是取得了部分研究成果而其他的目标没有达成，另一种是没有取得任何与研究项目相关的成果。教师针对这两种情况引导学生分析，如时间安排是否合理，小组分工是否明确，每名学生的完成情况如何以及遇到了什么困难，等等。这些失败的原因与体会都可以作为研究性学习的成果。只要学生在研究性学习中获得了真正的研究体验，就不算彻底失败。因为研究的过程与体验比结论本身更重要。只要学生付出了很多，体验了自主学习与探究的过程，这种体验本身就是一种宝贵的财富。

很多学生在反思时考虑更多的是成长，而不仅仅是结果。一名组长懂得了合作的重要性："研究性学习是一项庞大的工程，单凭一人之力是无法完成的。这时候我们需要的是合作，是整个团队，是大家共同的努力。作为一名组长，我对此深有体会。在这次研究性学习中，我看到了热情帮助人的同学，也看到了合作的巨大力量。如果有的组员提前完成任务，他们会热心主动地帮助别的组员。大家共同合作，互相帮助，以集体的利益为主。研究性学习让我们得到了锻炼，我们的社会交往能力和自身的学习能力都得到了提高。"有的学生收获了严谨认真的科学态度。在一些生物实验中，从配制母液，配制培养基，到严格灭菌，再到实验操作时的仔细入微，无一不体现着严谨认真的科学实验态度。对学生而言，操作过程需要的不仅是称量的小心，也需要对科学实验的严谨和认真的态度。

（二）研之有序

三年研究性学习的合理安排是"一大一小一专"。研究性学习伴随全体高中生三年的学习。这三年的课程如何规划才科学合理，才能真正符合学生的研究实际，十四中教师对此认真思考，明确了学生三年要完成三个课题："一大"，即在指导教师的指导下，严格按程序完成一个大课题（高一完成）；"一小"，即在班主任的管理下，小组合作完成一个小课题（高二完成）；"一专"（人生规划、专业选择），即在班主任的督促下，小组合作在网上完成一个专题（高三完成）。

实施流程系统化：在几年的实践中，十四中教师潜心摸索课题研究的规律，制定了高中三年的研究性学习校历，确定了时间、地点、负责人，保证师生三年的研究性学习有序开展。见表5-1。

表 5-1 研究性学习校历

学年	实施阶段	教学周	集中活动次数	活动内容安排	集中活动地点	负责人/主讲人
高一年级第一学期	第一个课题第一阶段	问题情境阶段	1	讲座：研究性学习概述	篮球馆	教务处
			2	讲座：研究性学习的选定	篮球馆	教务处
			3	引导学生初步确立研究方向	各班教室	研究性学习教师
			4	教师引导学生提出自己的课题并展示介绍	各班教室	研究性学习教师
			5	学生确定课题、组建课题组	各班教室	研究性学习教师
			6	讲座：了解研究方法	篮球馆	教务处
			7	讲座：制订研究方案，撰写开题报告	篮球馆	教务处
			8	撰写开题报告	各班教室	研究性学习教师
			9	开题论证会	各班教室	研究性学习教师
			10	开题论证答辩展示（年级）	篮球馆	教务处/讲师团全体教师
寒假	第一个课题第二阶段	实践体验阶段	11	讲座：如何查阅、积累资料	篮球馆	教务处
			12～19	实施阶段	各班教室	研究性学习教师
			若干	实施阶段	小组自行活动	研究性学习教师
			1	实施阶段	各班教室	研究性学习教师
			2	中期总结	各班教室	研究性学习教师
			3	中期展示（年级）	篮球馆	教务处
			4～10	实施阶段	各班教室	研究性学习教师
高一年级第二学期	第一个课题第三阶段	总结表达阶段	1	讲座：如何确定成果形式、撰写研究报告	篮球馆	教务处
			12	撰写研究报告	各班教室	研究性学习教师
			13	课题成果展示，研究成果答辩	各班教室	研究性学习教师
			14	课题成果展示会	篮球馆	教务处
			15	讲座：研究性学习的评价	篮球馆	教务处
			16	学生撰写研究性学习小组反思和自我反思	各班教室	研究性学习教师
			17～19	评价、整理资料，并于7月1日前交研究报告修改稿、反思、成绩单、研究材料及所有其他材料	各班教室	研究性学习教师

续表

学年	实施阶段	教学周	集中活动次数	活动内容安排	集中活动地点	负责人/主讲人
高二年级第一学期	第二个课题第一阶段	问题情境阶段	1	教师引导学生初步确立研究方向	各班教室	研究性学习教师
			2	教师引导学生提出自己的课题并展示介绍	各班教室	研究性学习教师
			3	学生确定课题、组建课题组	各班教室	研究性学习教师
			4	撰写开题报告	各班教室	研究性学习教师
			5	开题论证会	各班教室	研究性学习教师
			6	开题论证答辩展示（年级）	篮球馆	教务处/讲师团全体教师
	第二个课题第二阶段	实践体验阶段	7～11	实施阶段	各班教室	研究性学习教师
			12	中期总结交流	各班教室	研究性学习教师
			13～19	实施阶段	各班教室	研究性学习教师
寒假			若干	实施阶段	小组自行活动	研究性学习教师
高二年级第二学期	第二个课题第三阶段	总结表达阶段	1～2	中期总结	各班教室	研究性学习教师
			3～9	实施阶段	各班教室	研究性学习教师
			10	撰写研究报告	各班教室	研究性学习教师
			11～12	班级小组结题报告会	各班教室	研究性学习教师
			13	结题成果报告会	篮球馆	教务处
			14～15	学生评价、整理资料	各班教室	研究性学习教师

三、综合实践活动课程的自主评价

（一）研之有据

1. 教师评价：专业性

在开题、中期总结和结题三个部分，教师都会进行专业性的评价与

指导，并选出优秀的小组进行展示，起到鼓励与示范的作用。参考表 5-2
和表 5-3。

表 5-2　开题答辩会评价表举例

班级	课题名称	评价项目及其权重	评价要点	综合评分	评价与建议
2班	海报中的历史——帝国的覆灭	研究课题的选择（40分）	1. 课题名称的文字表达简洁、准确、明了 2. 选题具有事实依据或理论依据，具有科学性 3. 选题具有现实性和可行性 4. 选题具有创新性	90分	1. 选题比较新颖 2. 历史知识与课本知识结合比较好
		课题方案的制订（40分）	5. 目的明确，目标具体 6. 研究内容的文字表达简练明了，重点突出 7. 课题各研究阶段的任务明确，安排周密，分工具体 8. 课题研究方法的选择恰当，切实可行，具有可操作性		
		方案的陈述与答辩（20分）	9. 陈述人对本课题熟悉，胸有成竹，语言表达清楚 10. 陈述人及小组成员能正确回答指导教师及同学的提问，有应变能力，能自圆其说		

表 5-3　结题答辩会评价表举例

班级	课题名称	评价项目及其权重	评价要点	综合评分	评价与建议
3班	校园植物的辨认与分离	选题（20分）	经过实践，选题方向是否明确、是否有研究价值和可操作性	90分	1. 内容充实，条理清晰 2. 成果具有现实意义，可完善后期植物的标签
		研究过程（50分）	研究过程规范，方法科学，研究资料比较全面		
		研究成果（30分）	课题研究成果展示形式合理，成果有价值		

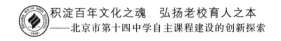

2. 学生评价：科学性

研究性学习是学生在教师的指导下，从自然生活和学习生活中选择和确定专题进行研究，并在研究过程中主动地获取知识、应用知识解决问题的学习活动。十四中在研究性学习过程中从两方面对学生进行评价，学生评价合格后才能获取学分。

评价体系包括两部分：一是个体评价，重点关注学生在研究过程中参与的态度与能力；二是小组评价，重点关注课题研究中团队的研究过程与成果。个体评价包括两部分：课堂表现，即教师每节课都要根据学生的课堂表现在该生的《研究性学习活动手册》上打分；结题评价，即结题时，指导教师、学生自身、组内其他成员对小组内的每位同学从多个角度进行评价，同时要参考研究过程中课堂表现的得分。小组评价指在班级组织的开题、结题研讨会上，指导教师、小组分别对每个课题小组从5个方面进行评价：开题报告、结题报告、活动记录、课题文献和实验资料、课题反思。

对于研究过程中的一些重要环节，十四中制订了不同的评价方案，具体量化标准如下。

学生成绩＝课题小组分数×个人学分等级系数＋附加小组分。其中，课题分数构成为：课题开题报告分数为20分，结题报告分数为50分，活动记录分数为10分，课题文献、实验资料为10分，课题反思为10分。开题报告和结题报告分数构成为：指导教师评价占40%，小组自评占30%，小组互评占30%，满分为100分。个人学分等级系数的得出：根据研究性学习过程中的工作态度和完成情况得出学生个人学习考核评定分数，再根据此分数得出个人学分等级系数，优秀为1.2，良为1，合格0.6。其中，优秀人数不超过小组人数的30%，良人数不超过60%，合格人数不超过10%，不合格人数不超过10%。附加分：小组在年级研究性学习展示交流会上进行展示，小组每位同学加5分；研究性学习成果在区级比赛中获奖，小组每位同学加10分；研究性学习成果在市级比赛中获奖，小组每位同学加20分。特别分：学生参与的课时量应充足，缺1课时扣权重的4%，缺5课时则该学生的研究性学习分数为 0 分。学分认定：研究性学习得分在 90 分以上为 A 等，75～89 分为 B 等，60～74 分为 C 等，60 分以下为 D 等。凡等级在 C 等以上者可获得学分，凡在考评中获得 D 等者该课题无学分。学生如对研究性学习教师或指导教师的考评持不同意见，可报学校教务处进行终审。

3. 学校评价：指导性

从开题、中期总结到结题，指导教师会集体评选出优秀的课题参加学校的展示，这在对学生进行鼓励的同时也起到很好的督促与指导作用。

2016 年 6 月 17 日下午，十四中组织了高二结题答辩会，优秀的课题组进行了展示与答辩，教师进行了指导。这次活动选出了不同学科的 3 个课题，分别是"不同浓度抗生素对扇贝中大肠杆菌的抑制作用""'折纸'研究非特殊角折法——以等分正七边形中心角为例"和"十四中学生公共空间的规则意识调查研究"。这次结题答辩分为学生陈述、教师质疑和专家指导 3 个环节。学生从中收获了很多。

例如，在"'折纸'研究非特殊角折法——以等分正七边形中心角为例"中，学生的收获是："一次次的摸索，有天马行空的时候，也有脚踏实地的时候，从开始的凑角，到用正切函数求近似解；一次次的探索，向精确值靠近，发现折纸与尺规作图的联系；一次次的思索，胆大心细构建方程，它或许不甚完美，但独一无二。"

指导教师张敏介绍了研究的过程与体会。"剪窗花是好玩的开始，但过程是艰辛的。这个课题背景源于古代数学的 3 个难题之一，这些难题经过 1000 多年才解决，是用代数中的方程方法解决的。研究过程非常烦琐，是不断变换研究方法的过程。而本课题是用几何方法解决这个问题，是很具有挑战性的。"张敏老师强调研究性学习需要挑战。

专家也进行了点评："数学这个学科有严密的逻辑。数学像高傲的美女，始终披着神秘的面纱。这个小组非常清晰地陈述了研究过程。但张老师解读时，没有多少同学听明白。数学一直是中国的传统学科，也是最纯净的学科之一，体现了严密的逻辑性。数学正在发挥更大的作用，我们鼓励更多具有数学思维的学生去研究。"专家还强调了前期的研

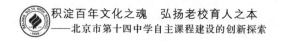

究综述的重要性，不仅要关注结论，也要关注研究的完整的过程。

因此，学生收获多多。在这门特色课程中，学生亲身体验研究的过程，从中提升了独立思考能力，在体验中丰富了人生。研究性学习结束了，但研究性学习的精神却像一粒种子一样种在学生心里，帮助他们在成功的路上走得更远。

4. 专家评价：高端性

在整个学年课题结束后，学校也会组织一次研究性学习报告会，请专家进行点评和指导，使得研究性学习能得到更高端的指导，并促进学生更好地学习。

2016 年 6 月 17 日下午，十四中举行了"自主创新，知行合一"教学研讨周活动。在高二年级研究性学习结题答辩会上，刘玲老师对每个课题进行了个别的指点，并进行了整体点评和指导。比如，刘玲老师对"十四中学生公共空间的规则意识调查研究"点评道："选择了 3 个有不同侧重点的课题，有现实意义且有成效。"

结合北京市中高考改革的趋势，刘玲老师又进行了研究性学习在当今北京市中高考改革的形式之下扮演什么角色的指导，包括以下几个方面。

第一，高考形势下的研究性学习更加重要。①针对学生的选择性，应将研究性学习统筹到高考方案中。北京市中高考改革释放信号：学生对课程具有选择性。其中，研究性学习会发挥更重要的作用，那么学校就应该重视并设计好研究性学习。高一注重方法培训；高二确定选什么学科的课题。课题的选择和未来高考科目的选择可以一致。因此，研究性学习可以统筹到学校整个应对中高考改革的方案之中。②综合实践活动和综合素质评价相结合。③研究性学习具有融合性，符合课程改革融合性的要求。

第二，面对这种形势，学校和教师可能的发展方向如下。对学校而言，学校应把研究性学习当作应对中高考改革的一个关键部分。研究性学习可以做单学科的研究，也可以做跨学科的横向研究。研究性学习可以把一个方法用到极致，比如深入使用实验法，也可以采用综合法，设计多样化的综合学习方式。研究性学习在实施时有纵向和横向思路，要寻找不同学科的交叉点，关注学科间的融合性。对教师而言，教师要做出全科教师的改变。教师要有机会向全科教师迈进，在研究性学习指导中向全科教师发展。

第三，刘玲老师建议学校能统筹各位教师学习和巩固研究性学习的各种方法。教师要对高一学生做方法培训，每一位教师至少掌握两种研究性学习方法，进而逐渐形成自己的课例。教师在夯实基础的前提下尝试综合思维，探索进行跨学科联合，方式可以灵活化。

这样的指导既有针对性又有高度，紧密联系当前的教育形势，使得指导非常有现实意义和很强的参考价值。

(二)研之有得

1. 丰富性与个性化

十四中教师积极申报综合实践活动的研究性课题。学生进行的课题研究主要有四种类型：第一种是科技实践类；第二种是人文艺术类；第三种是学科拓展类；第四种是社会调查类。

例如，在今年的科技实践类课题中，曾经在中央电视台讲解过健康知识的王长启老师指导的课题"远离疾病，健康成长"，通过研究几只小白兔的不同的饮食结构提出对人们健康有益处的建议，指导学生合理安排饮食结构，注意健康，做具有良好身体素质的高中生。此类研究既能吸引学生的兴趣，又能让学生在研究实践中收获知识、提升能力。

人文艺术类的课题中比较有特色的是语文学科博士崔彩红指导的"燕京八景的历史与变迁"。崔老师带领学生到燕京八景的具体景点去实地考察。遗憾的是，燕京八景中的"太液秋风"位于中南海内的水云榭，师生很难实地观看。于是同学们就写信给国家总理，希望有机会完成研究中的考察工作。同学们对于研究性学习充满了热情，他们更愿意把自己的所观所感告诉大家，让身边的人也能受到历史文化的熏陶。

学科拓展类，在大学主攻跆拳道专业的体育教师刘巍指导的课题"跆拳道技术的研究与应用"，不仅让学生学习跆拳道的基本技法、强身健体、提升气质涵养，更引导学生动脑研究跆拳道的动作细节，让学生从文化的角度体会跆拳道的精神实质，从而陶冶情操、优化性格。

社会调查类，在化学教师孟哲红指导的"食品添加剂的调查"中，同学们通过到快餐店取样调研，了解社会上受追捧的快餐食品的添加剂情况，为大家的健康生活提出建议。

2. 高端性与专业化

为了保证研究过程的科学性、专业性，切实指导学生规范地按照专业研究的流程开展研究，学校聘请高校科研院所的专家和学校长期从事研究性学习的教师一起研讨研究性学习专业课程的设置，汇编成《研究性学习基础课程教学设计手册》，从而确保研究的专业性。这些都为学生的成长提供了有力的保障。学校研究性学习的不同领域也形成了各自不同的特色，都体现出研究性学习的高端性与专业化。

（1）理科紧跟科技前沿，提升了学生的科学素养

学校的硬件设施都很高端，物理、化学和生物实验室都很先进，可以充分满足学生进行多种探究实验的需要，比如生物实验室是根据高校实验室配备的，在整个北京市的中学中是属于高端的。学校的一些课题走在科技前沿。有些课题与前沿科学研究直接联系，生成的研究课题比较专业、具有系统性，并且与解决社会发展中的某个具体问题相联系的课题体现了研究性学习的教育优势。比如，化学学科"地沟油转化成生物柴油的实践研究"就是紧跟社会热点而生成的一个课题。地沟油是近几年的社会热点问题。把地沟油变成生物柴油对中学生而言几乎是不可能做到的。化学教师刚听学生说起这个想法时也连连摇头。但学生对此并不气馁，他们拿来前期搜集的资料，几次找化学教师沟通。这个课题的研究历时近 2 年，化学教师与学生一起攻克了一个又一个难关。学生不仅从实验的角度实现了将地沟油转化成生物柴油，还设计出了将餐饮废油转化成生物柴油的小型化装置模型。学生据此撰写的论文获得中国少年科学院"小院士"课题研究成果一等奖、第 35 届北京青少年科技创新大赛优秀科技创新项目二等奖、西城区青少年科技创新大赛青少年科技创新成果竞赛一等奖。

又如，生物学科张玲老师指导的名为"探索与实践 PBS 可降解塑料

的生物降解途径与方法"的课题也走在科技前沿，具有鲜明的时代特色。这个课题是"雏鹰计划——塑料降解与可持续发展"中小学科技创新教育资源开发研究中的教学实践环节的一个分支。自学校参加科技创新教育资源开发研究以来，依托中科院理化所季军晖研究员研发成功的 PBS可降解塑料的科技成果，结合学校高二学生对该科技前沿研究成果的认知水平、兴趣以及普通高中生物学知识，张玲老师和学校部分"雏鹰计划"学生共同启动了"探索与实践 PBS 可降解塑料的生物降解途径与方法"的研究性学习课程，旨在引导"雏鹰计划"学生从不同的层次和角度，去认识、思考、体验科学家在攻克世界性社会问题的过程中所体现出的创新思维、创新精神和创新能力。张玲老师撰写的《探索与实践 PBS 可降解塑料的生物降解途径与方法》在 2011 年全国综合实践活动课程教学观摩研讨暨第五届学术年会论文与活动案例评比中被评为一等奖。

凭借在中学时的训练，这些学生进入大学后，其专业发展速度很快。他们在大学学习中的目标更明确，专业发展更为清晰，能更好地适应大学的专业课程以及课题研究，并且有更强的研究意识和研究思路。

（2）文科关注传统文化，培养学生的人文素养与情怀

传统文化能滋养人的灵魂。以传统文化为内容的研究性学习，在拓宽学生视野的同时，开阔学生的心胸、丰盈学生的灵魂，从而让他们可以拥有一片星空，懂得仰望星空是一种美丽的姿态。研究性学习承担起提升学生人文素养、传承民族优秀文化的教育使命。研究性学习引导学生注重传统文化的研究。比如，"关于《论语》的研究""先秦诸子百家研究""传统文化之茶艺研究"等选题，都体现了学生对传统的关注与思考。又如，"燕京八景的历史与变迁"小组成员在实地考察之后写道："燕京八景承载了老北京厚重的历史文化，对于北京的历史文化研究具有重要的意义。我们进行研究性学习的意义，不仅是保护燕京八景，也要唤起人们保护文化遗产的意识，这样中华民族才会真正实现伟大复兴。"再如，"胡同——老北京正在消失的风景线"研究性学习小组的同学也通过查阅书籍，进一步了解了胡同的历史。一名叫苏预镇的韩国学生因为喜欢中国的传统文化也加入了这个小组，可见中国传统文化的魅力。

总之，十四中综合实践活动课程以学生为中心，尊重学生的个性，开展得比较规范和顺利，并具有一定的特色，使学生在课堂之外的广阔天地里得以更好地发展。十四中会继续探讨并努力培养学生的核心素养。综合实践活动课程和学科课程两类课程相辅相成，共同促进学生更好地发展，让学生飞得更高更远！

四、综合实践活动课程的管理

为了进一步规范研究性学习课程管理，确保课程的有效实施，2010年，十四中成立了研究性学习教研组。组长由直接负责研究性学习工作的校领导担任，备课组长由长期从事研究性学习具体管理工作的教师担任，组员由行政班的研究性学习教师和课题指导教师担任。学校将研究性学习教研组在人事安排表上列出来，将其纳入学校整体管理体系，同时要求该组上交定时间、定主题、定主讲人的教研组和备课组活动计划。至此，研究性学习实现了严密的组织保障。

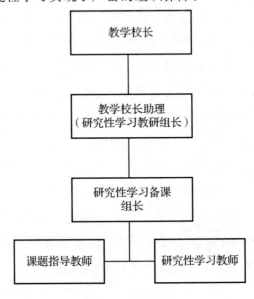

图 5-1　研究性学习的组织结构

研究性学习教师队伍强大且主要职责明晰。教研组长负责全年研究性学习工作的统筹规划。备课组长负责研究性学习工作开展过程中的具体组织、监督、落实。研究性学习教师负责讲授研究性学习基础课程，并与课题指导教师共同组织学生做好开题、中期总结、结题的展示交流、选拔、评价工作及日常管理。课题指导教师负责从确定选题开始，全程指导学生进行研究与实践，并与研究性学习教师共同组织学生做好开题、中期总结、结题的展示交流、选拔、评价工作。

课题指导教师的具体职责及要求有以下几个方面。

①在研究性学习实施过程中，承担对学生的教育、组织、管理和指导的职责，保证自己所指导的课题小组的研究工作能有序有效地进行。

②指导学生进行研究性学习是每位教师应尽的义务，教师要不断学习，勇于探索和实践，努力提高自身的研究能力和指导水平。

③要积极参加学校组织的各种研究性学习的培训、研讨、交流、展示等活动，熟悉研究性学习流程，探索这一课程的规律和特点，提高自己的科研能力，培养综合运用相关知识解决现实问题的意识和能力。

④全程参与学生的课题研究并定时定点指导学生，以"导"为主，充分发挥学生在研究过程中的主观能动性与主体作用，培养学生的创新精神和实践能力。

⑤在学生课题研究的每个环节，即确定选题、搜集资料、明确课题研究方向、制订研究方案、开展课题研究、做好结题展示和总结答辩等，给予学生具体、明确、全面的指导。指导学生的内容除了与本专业知识相关、属于学科前沿外，还包括研究方法、学习策略、与人交往、心理调适、团队协作、安全防范等方面的知识。

⑥课题研究阶段的具体职责：要对学生的研究课题做深入全面的了解，对研究活动的安排、活动形式的设计、研究中容易出现的问题等做好课前准备；在课题选择和确立阶段，指导学生掌握选题的基本原则和方法、判断课题的价值，从而确立学生有兴趣又有研究价值的课题；研究方案设计阶段，指导学生自主地收集课题资料，制订研究方案或计

划，确定研究方法、对策，以利于课题研究的顺利进行。方案实施阶段，帮助学生掌握研究性学习的基本方法，开阔思路，激发学生的学习和研究兴趣，认真检查学生《研究性学习活动手册》的记录情况，并对学生在活动中的表现做好即时、即地、即人评价。论文撰写阶段，就论文撰写的一般格式、基本要求、注意事项等给予指导，帮助学生对论文做进一步修改，并在课题论文完成后，指导学生写出研究体会。结题阶段，对学生的研究成果和论文进行分析和评价，同时组织课题交流和答辩，课题结题后应及时将学生在课题研究中的有关材料上交。

⑦了解学生课题的研究进展情况，与学生共同讨论如何解决他们所遇到的问题，要求课题组及时做好每次活动的记录，要求每名学生做好研究笔记，随时备查。

⑧指导课题组成员的互评和自评，和研究性学习教师一起负责学生课题组课程实施的评价、考核以及学分初步认定等工作。

⑨对每一位指导教师，学校根据有关规定给予相应的指导补助；被评为优秀课题指导教师的，学校将给予奖励。

研究性学习教师的职责也很明确，有如下几个方面。

①在研究性学习实施过程中，承担对学生的教育、组织、管理的职责，保证自己所管理的班级的研究工作能有序有效地进行。

②指导学生进行研究性学习是每位教师应尽的义务，每位教师应通过不断学习、勇于探索和实践，努力提高自身的研究能力和指导水平。

③积极参加学校组织的各种研究性学习的培训、研讨、交流、展示以及集体备课等活动，熟悉研究性学习流程，探索这一课程的规律和特点，提高自己的科研能力，培养综合运用相关知识解决现实问题的意识和能力。

④课题研究阶段职责：在课题选择和确立阶段，引导学生掌握选题的基本原则和方法、判断课题的价值，并组织学生成立课题研究小组。研究方案设计阶段，组织学生与课题指导教师一起进行课题资料收集，制订研究方案或计划，确定研究方法、对策，以利于课题研究的顺利进

行；开题答辩阶段，组织班级学生进行开题论证；方案实施阶段，确保所有学生在课题指导教师的指导下进行课题研究，及时与课题指导教师沟通，了解学生的活动情况；中期，在班级进行组织中期交流会；结题阶段，组织班级进行结题答辩，并及时将本班学生在课题研究中的有关材料上交。

下面以 2011 年为例，介绍十四中研究性学习的工作流程。

首先，2011 年暑假前，在教研组长会上，研究性学习负责人介绍 2011—2012 学年研究性学习工作的整体部署，要求各个教研组根据学校该学年研究性学习工作的需要推荐本组开设相关课程的教师，在开学第一周上报教师名单及其指导研究的方向，特别强调教师上报的是个人指导研究的方向，学生在网上选的也是研究方向，至于具体的课题，等师生完成选课环节后再具体商定。这样既能充分发挥教师的专业优势，保留学校很多传统课题，又能照顾学生的研究兴趣，满足其在相对开放的现实情境中主动探索研究、获得亲身体验、提高分析问题和解决问题的能力。

其次，开学第一周，教研组长、备课组长将上报的开设研究性学习课程的教师及其方向公布给研究性学习教师和学生，让学生根据自身兴趣选择研究方向，然后自愿结成 8~10 人小组。小组组建后，集体再另外选择 2~3 个备选方向，以防第一研究方向选不上。同时，每个小组选出组长，代表本组同学参加学校组织的网上选课。每位教师负责指导一个研究方向，一个研究方向下最多有两个小组，这样就保证了教师所指导的学生不超过 20 人，从而保证研究的质量。

最后，学生组长代表本小组在网上选课。学校提供的课题方向数量大于学生实际需求量，让学生真正做到自主选择。学校将选课结果公布，没有学生小组选择的课题教师自行退出。然后学校组织可以开课的课题指导教师集中开会，布置一年的工作。

以下是《研究性学习活动手册》的具体内容。

研究性学习活动手册

研究性学习课题——开题报告

课题名称			填报日期		
指导教师姓名		电话		E-mail	
主导课程		研究性学习		相关课程	

课题组成员及其分工	姓名	性别	职责（分工）		

课题提出的背景（课题是如何提出来的）

已有学科知识与课题研究的相关性分析

课题研究活动所需条件的计划
（需要的专家支持即计划访问的专家，需要的物质条件即图书资料、实验设备、交通工具、信息技术）

课题研究的目的与意义

研究的主要内容

课题研究活动计划(阶段时间划分、阶段研究内容)

研究经费预算

序号	经费支出内容	金额(元)
	总计:	

预期成果

预期成果 完成时间	预期成果名称	预期成果形式 (论文、调研报告、 设计方案、制作 模型、实验报告)	预期成果表达方式 (文字、图片、实物、 网页、音像资料)	承担人

开题报告评价表

(开题答辩会时使用,可复印)

课题名称		指导教师		
课题组长		课题方案陈述人		班级
其他组员				

评价项目及其权重	评价要点	指导教师评价	小组自评	小组互评
研究课题的选择	1. 课题名称的文字表达简洁、准确、明了　　10分			
	2. 选题具有事实依据或理论依据，符合科学原理和事物发展的规律　　10分			
	3. 选题符合自身及现实的主客观条件，具有现实性和可行性　　10分			
	4. 选题能反映对(学生)自己原有认识的突破，具有创新性　　10分			
课题方案的制订	5. 课题的研究目的明确、目标具体　　10分			
	6. 课题研究内容的文字表达简洁明了，重点突出　　10分			
	7. 课题各研究阶段的任务明确，安排周密，分工具体　　10分			
	8. 课题研究方法的选择恰当，切实可行，具有可操作性　　10分			
方案的陈述与答辩	9. 陈述人对本组课题方案熟悉，胸有成竹，语言表达清楚　　10分			
	10. 陈述人及小组成员能正确回答指导教师及同学们的提问，有应变能力，能自圆其说　　10分			
综合评定分数(以上10项之和)：				
开题报告最终分数：(指导教师评价×40％＋小组自评×30％＋小组互评×30％)				
指导教师评语				
其他小组的建议及该课题的优点				
小组反思与改进意见				

研究性学习课题——中期报告

研究报告撰写说明	题目	要求确切、醒目、简明扼要、突出研究内容
	课题概述	要求用最简明的语言概括说明课题由来、研究目的、研究步骤、研究方法、研究内容、预期主要发现和结论、目前的创新和发现等
	进展情况	要求按时间顺序或内容板块有条理地说明研究工作的开展情况；有详有略、有主有次地陈述研究过程中做了什么、怎么做的
	现阶段的主要研究成果	要求客观地阐明本课题组完成研究内容、达成研究目标的情况；简要说明已经形成的基本观点或理性思考
	下阶段工作计划	要求说明前段应做而没有完成的工作如何补救，课题组面临的疑难困惑如何解决，后段研究思路有何调整，后段主要研究活动怎么安排
	目前遇到的困难	要求具体提出研究过程中遇到的问题，实事求是地提出研究工作中面临的困难
本小组的中期报告		

中期报告评价表

（中期答辩会时使用，可复印）

序号	课题名称	评分 （参照评分要点） （100＝A＋B＋C）	评价 （请指出该课题的优点与不足，提出建议）
1			
2			
3			
4			
5			

班级：

签字：

日期：

评分要点：

A. 选题 20 分：经过实践，选题方向是否明确、是否有研究价值和可操作性。

B. 现状研究 50 分：研究过程是否规范，方法是否科学，前期研究资料的搜集是否全面。

C. 研究规划 30 分：后期计划安排是否合理。

研究性学习课题——结题报告

研究报告撰写说明	题目	要求确切、醒目、简明扼要、突出研究内容
	署名	要求将所在学校、自己的姓名和小组成员的姓名写在标题的中下方或下方偏右的位置
	摘要	要求用最简明的语言概括说明研究目的、步骤、方法、主要发现和结论，着重说明创新之处和成果
	关键词	要求写出文章中最关键、起决定性作用的词语，一般为3～5个，最多7个
	引言	要求阐述选题目的、研究课题的意义、研究方法、研究内容，对本研究的文献进行综合性的评述，并在此基础上提出进行该研究的依据、研究主要内容和预计目标；引起或统领全文，不宜过长，避免自我评价和过多引用文献，点明主题即可
	正文	要求展开论题，对论点进行分析论证，以表达自己的见解和研究成果的中心部分
	结论	要求归纳总论点，概括本文肯定的结果，明确创新点，说明待研究的问题；结论明确，叙述简洁、清楚，与论点紧密衔接，首尾呼应
	注释	
	参考文献	
	附件说明	包括照片、图片、实物标本、实验装置、模型或作品等
本小组的研究报告		

结题报告评价表

（结题答辩会时使用，可复印）

班级		组长			
课题名称					
评价内容			指导教师评价	课题组自评	小组间互评
1. 课题研究的可行性		10分			
2. 课题组解决问题的能力		10分			
3. 课题组内各成员的协作能力		10分			
4. 课题研究的方法是否科学、有效		10分			
5. 成果汇报时表达和交流的能力		10分			
6. 课题组学习材料的整理和积累		10分			
7. 利用现代信息技术进行研究的情况		10分			
8. 课题研究的创新价值		10分			
9. 课题研究成果的价值		10分			
10. 课题研究成果的形式(如网页、展板等)		10分			
综合评定分数(以上10项之和)：					
结题报告最终分数： (指导教师评价×40％＋课题组自评×30％＋小组间互评×30％)					
指导教师评语					
其他小组的建议					

小组反思

研究性学习学生个人学习考核评定表

（对小组每位同学的评价，可复印）

姓名		班级		小组中的主要工作	
自己完成任务情况描述					
小组内其他成员对该同学的寄语					
指导教师寄语					

评价内容		指导教师评价	自评	小组内成员互评
1. 学习态度和遵守纪律情况	20分			
2. 发现问题、解决问题的能力	10分			
3. 完成分工工作情况	10分			
4. 与他人协作工作情况	10分			
5. 创新能力	10分			
6. 运用科学的研究方法进行研究的能力	10分			
7. 活动中是否能积极表达和交流	10分			
8. 学习材料的整理和积累	10分			
9. 利用现代信息技术进行研究的能力	10分			
综合评定合计(以上9项之和)：				
个人评定分数	总分： (总分＝指导教师分数×40％＋自评分数×30％＋小组内成员互评分数×30％)			
获得的系数	将小组每位同学的分数进行排名，系数分配：A 等为 1.2，B 等为 1，C 等为 0.6			
最终分数	_____分(课题小组分数×个人学分等级系数＋附加分) 学分为_____分			

20　—20　学年研究性学习成绩单

研究方向：

课题名称：

姓名	课题小组分数						学生个人分数	学生个人学分等级系数	附加分	学生成绩汇总（F×H＋I）
	开题报告分数（满分100分）A	结题报告分数（满分100分）B	活动记录（满分100分）C	课题文献、实验资料分数（满分100分）D	课题反思分数（满分100分）E	课题小组分数（D＝A×20%＋B×50%＋C×10%＋D×10%＋E×10%）F	G	H	I	

指导教师签字：

研究性学习教师签字：

活动记录表

活动时间		活动地点	
出勤情况	全勤（是、否）	此次活动 缺勤名单	
指导教师 布置任务			
本次活动的 主要内容			
活动详细 内容记录			
主要收获			
下次活动计划			
指导教师给 每位同学的 评价分数	姓名：	姓名：	姓名：
	姓名：	姓名：	姓名：
	姓名：	姓名：	姓名：

填表人： 指导教师签字： 研究性学习教师签字：

第六章

学生参与体验的主题教育活动课程

新一轮高中课程改革对课程结构进行了重大调整，课程设置与以往课程结构有了很大不同，强调尊重学生在学习中的主体地位和学习方式的转变。十四中借助课程改革以及自主排课的契机，逐渐构建了国家、地方、校本三级课程体系。其中，主题教育活动课程作为学校校本课程的重要组成部分，在提升学生素养、陶冶学生情操、完善学生品行、优化学生性格等方面起到了良好的促进作用。十四中的校本课程包括四大部分：通修课程、专修课程、套餐课程、延伸课程。通修课程指学校的主题教育活动课程，是学生的必修活动课程。主题教育活动课程是以现代教育理念为指导，以促进学生向善、逐博、从雅为目标，以活动为主要教学手段，以多元化的教育资源为载体，以主题为组织形式，以学生的参与体验为主要表现形式的一种课程体系。主题教育活动课程围绕某一个主题展开，在教师预设的活动课程主题和活动课程目标的引领下，使学生通过参与活动、自主探索、感悟分享等完成自主参与和自发学习。

一、主题教育活动课程的目标

（一）善—博—雅

十四中主题教育活动课程包括常规课程和特色课程两大类。围绕办学育人目标"善、博、雅"，常规课程旨在引导学生博雅、睿智、善美，包含博雅课程、睿智课程、善美课程。在课程设计和学生培养方面，学校秉承着全面＋优长的培养模式。常规课程的目的是促进学生的全面发展，而特色课程则主要是为了尊重学生的个体差异，促进学生的优长发展。

1. 引导学生审美博雅

博是对求知提出的更高要求。学习不仅要学得专，也要学得博。要达到博学的目的，学生首先要具备求"真"的态度。具有真学问、真本领和追求"真"的精神和态度，才能达到博学。

雅：以美而雅，高雅修身，雅趣生活。"君子之修身，内正其心，外正其容。"雅是一种修养、一种魅力。

雅是内在与外在的和谐统一，是内在积淀与外在表现的集中体现。一个人的雅表现为内涵修养丰富、外在气质优雅。只有内外兼修，然后达人，才能做到外表优雅、内涵儒雅、谈吐文雅、举止典雅、气质高雅。

对学生进行博雅教育，就是要培养学生内在与外在的和谐统一，使学生成为知识丰富、身体健康、品德高尚、气质优雅的内涵与外在言行一致的高雅的人，使学生以美而雅，高雅修身，雅趣生活。

雅趣，雅言，雅行，雅境，都应该是博雅教育的应有内涵。学生享受着优质的教育，在典雅的环境中品得书香，闻得墨香，听得琴音，在高雅而丰富的兴趣活动中培育雅兴，熏陶雅行，让博雅在潜移默化中融入身心。博雅教育是多元整合的融通教育，它不是只停留在传统的文化教育上的，而是一种集传统、现代的中西结合的教育。十四中在教育中，树立博雅价值观、开发博雅课程，创建儒雅课堂，在典雅和谐的文化氛围中，将学生培养成德才兼备、文质彬彬的文雅之人。

博雅课程包括走进高雅艺术活动、学生艺术表演活动。通过博雅课程，学生接触各种艺术种类，了解高雅艺术，培养优雅气质，形成高雅的审美观，做文质彬彬的高雅之人。

2. 引导学生内涵睿智

睿智，出自《孔子家语·三恕》"聪明睿智，守之以愚"，意为聪慧、明智、聪明，指一个人极富智慧。

睿智主题教育活动课程，就是要引导学生通过亲自参与社会实践活动，使学生走出课堂，在广阔的社会天地中得到锻炼，一方面提升个人的思考和探究能力；另一方面拓宽视野，提升文化修养，丰富个人内涵，增加个人智慧。

睿智课程指社会实践活动。社会实践活动主要有参观历史文化古迹活动(参观泰山、孔庙)，参观园林活动(游园博园)，参观现代企业活动(参观燕京啤酒集团、污水处理厂)。通过社会实践活动，学生深入社会，了解祖国名胜古迹，了解祖国传统文化和企业文化，拓展个人知识面，丰富内涵，增加智慧，增强个人探究能力，同时锻炼吃苦耐劳的品质，增强团队合作意识和能力。

3. 引导学生品德善美

善：育人由德至善，因德而善。善是中华民族的传统美德，是做人应达到的道德境界。

美指能引起人们美感的客观事物的一种共同的本质属性。美分为内在美和外在美，这里主要是指内在的心灵美，亦称"精神美""内心美""灵魂美"。中国古代将心灵美称作"内秀""性善""仁""诚"等。孔子提出"里仁为美"，墨子认为"务善则美"，孟子认为"充实善信"是美德之人。只有善的、诚实的、有学问的人，心灵才是美的。

善美主题教育活动课程，就是要教会学生做人，使学生品德向善、心灵向美，做一个有自控力和有纪律性的人，做一个对他人友善的人，做一个道德品行高尚的人，做一个有社会责任感的人。

作为主题教育活动课程内容，善美课程包括志愿服务活动和公民教育活动。

学校通过志愿服务活动，引导学生践行"奉献、友爱、互助、进步"的志愿者精神，使学生在帮助别人的过程中，学习新知识，体验奉献的愉悦和人间亲情，进一步了解社会生活和社会环境，增长从事社会活动所需的知识，增强适应现代社会生活的能力，同时塑造学生乐于助人、关爱他人的道德品质，培育学生具备良好的社会责任感。

学校通过公民教育活动，努力达到以下课程目标：①通过八项评比活动，引导学生养成良好的日常行为规范，在纪律、卫生、日常礼仪等方面符合十四中学生的基本要求，形成优良的班风校风；②通过今天我上榜、风华骄子评选活动，引导学生向身边的榜样人物学习，在榜样人物影响下品德向善；③通过大手拉小手活动，引导学生养成同伴互助的优良传统，形成团结互助的优良品质；④通过校史参观活动，引导学生认可学校文化，传承学校百年历史，坚定做十四中人的信念；⑤通过军训活动，增强学生的国防意识，强健学生的体魄，增强学生的纪律性和自控意识。

(二)尊重个性，促进优长

十四中的特色课程包括高中生生涯规划与管理课程、心理活动课程、社团活动课程。凡事预则立不预则废，高中生生涯规划与管理课程旨在引导学生认识自我、探索环境、规划未来。心理活动课程则为学生的心理健康保驾护航。社团活动课程为有才华、有特长的学生提供了学习和展示的机会，促进学生的优长发展。

1. 高中生生涯规划与管理课程目标

知识与技能方面：学生理解并掌握基本的生涯规划知识，掌握自我探索、收集信息、进行决策和规划管理的生涯技能。

态度方面：学生认识到生涯规划的意义和重要性，产生生涯规划的意识和愿望，并对课程产生兴趣，对课程学习感到满意。

行动方面：学生运用所学的生涯知识和技能，进行生涯抉择、生涯规划和管理。

2. 心理活动课程目标

通过心理活动课程，学生了解自身身心发展的特点和规律，掌握认

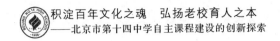

识自我、调节自我的基本心理知识和技能，解决青春期成长过程中面临的身心发展问题，树立健康、积极、向上的心态。

3. 社团活动课程目标

学校以社团活动为契机，通过社团活动挖掘和激发学生各方面的潜能，发展个人特长，展示个人才艺；通过社团活动发展学生的兴趣爱好，丰富学生的业余生活；通过社团活动发展学生的人际交往和合作能力，塑造学生的责任意识。

二、主题教育活动课程的结构

十四中主题教育活动课程中，常规课程包括博雅课程、睿智课程、善美课程，具体课程结构如图 6-1 至图 6-3 所示。

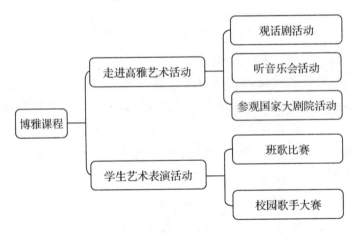

图 6-1　博雅课程结构图

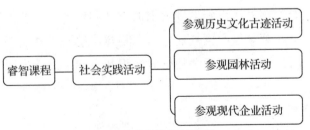

图 6-2　睿智课程结构图

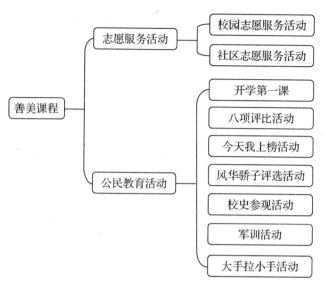

图 6-3 善美课程结构图

十四中主题教育活动课程中，特色课程包括高中生生涯规划与管理课程、心理活动课程、社团活动课程，具体课程结构如图 6-4 至图 6-6 所示。

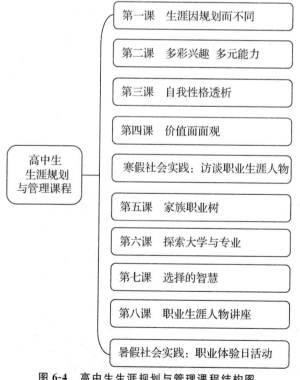

图 6-4 高中生生涯规划与管理课程结构图

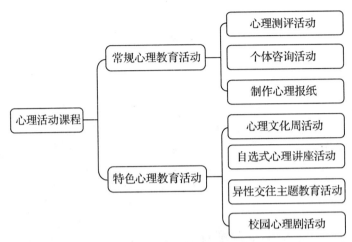

图 6-5 心理活动课程结构图

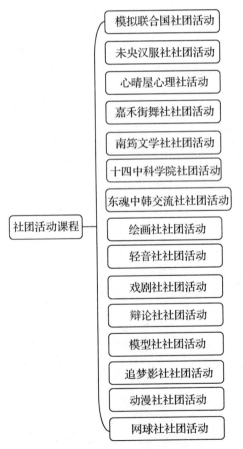

图 6-6 社团活动课程结构图

三、主题教育活动课程的特点

(一)注重参与与体验

1. 参与中提升自主探究能力

与传统的班级授课课程不同,主题教育活动课程在开发时就特别重视培养学生的自主探究能力。因此,该活动课程的设计和开发处处体现了学生的自主探究性,即围绕课程目标设计一系列的任务和问题,让学生带着任务和问题去自主探究、合作解决。

比如,在社会实践活动中,教师带领学生去参观园博园。在参观之前,学校教育处请生物、语文、历史等学科教师合作设计了一套园博园知识问答卷,下发给学生,让学生以小组为单位提前阅读该问答卷,并做好小组分工,带着问答卷中的问题有针对性地参观园博园。学生在参观园博园的过程中,一方面欣赏了园林美景,另一方面结合问题自主探究、合作解决疑难问题。这样的课程设计方式拓展了学生的知识面,增强了学生的探究能力和分析解决问题的能力,也提升了学生的合作意识和合作能力。

2. 参与中加深情感体验

一门好的课程绝不是靠说教和讲授传递知识的,而是需要通过学生的切身参与和体验来收获知识的。学生只有在实践经历中触动情感,才能陶冶情操,获得成长。平日里,学生的学习以书本为载体,通过教师讲授或小组活动等方式学习书本上的间接知识,体验机会较少。主题教育活动课程要想做到真实有效,就必须通过活动引发学生的互动,让学生在互动中产生情感体验,在情感体验中获得感悟和收获,然后在感悟与收获的基础上形成正确的认识,最终在正确认识的引导下形成良好的行为。十四中主题教育活动课程在开发时就抓住了"情感体验"这个关键词,每个活动的设计都以学生为中心,重在学生的参与和体验。比如,在高中生生涯规划与管理课上,教师为了让学生了解某岗位的工作要求、工作内容，让学生体验父母职业的艰辛和专业性，设计了职业体验日活动，让学生利用暑假时间跟随父母到工作单位进行一天的工作体验，并填写职业体验表格，书写职业体验感受。学生在工作岗位上的真实经历对他们触动很大，学生的个人收获与感悟也表达了他们的真情实感。下面是节选的学生参加职业体验日的真实感受。

薛蕾，2015 级学生，职业体验岗位：电力抢修

在体验了一天的工作之后，我对"电力抢修"这种职业有了新的认识。无论是寒冬还是炎热的夏天，电力抢修工作者都要穿着很厚的长袖工作服，所以他们常常汗流浃背。

这是一种需要团体合作的职业，包括与用户沟通、定期检查、记录数据等，每个项目都有专人负责。这种职业需要工作者有耐心，并且要谨慎认真，因为在抢修的过程中任何一点差错都有可能酿成大祸。

我认为从事每种职业的人都值得我们尊敬，或许他们从事的职业微不足道，或许他们毫不起眼。但这个社会需要他们，我们也需要他们，这样才能保证我们的日常生活不受影响，因此，我们应当平等对待所有的工作者。

这次体验让我对工作者有了新的认识，无论任何行业都值得尊敬，我从这次体验中受益良多。

通过薛蕾的分享，教师看到了她不但了解了电力抢修岗位的基本工作内容，更体验到了这份工作的责任和艰辛，最重要的是她从情感上感悟出"每种职业的人都值得我们尊敬"。相信带着这样的感悟，她会平等看待每一种职业，她在今后的生活中会更加尊重每一位她所接触到的职业人，她也会建立起职业平等的价值观。

(二)活动丰富多样

一门好的课程还应照顾全体学生，做到因材施教，从课程内容到课程实施都应做到多元多样，满足不同层次学生的需求。

十四中主题教育活动课程设计之初本着多元多样的原则。课程内容方面，既有重在道德品质塑造的善美课程，又有重在内涵提升的睿智课程，还有重在雅致情趣塑造的博雅课程。善美课程里，既有促进学生传播爱心、志愿奉献的社区服务活动，又有塑造日常行为规范的八项评比活动、风华骄子评选活动、今日我上榜活动等，还有同伴互助、团结协作的大手拉小手活动。睿智课程里，有丰富多彩的社会实践活动。博雅课程里，既有走进高雅艺术的体验式活动，又有学生亲自参与和表演的艺术活动。课程内容的丰富性，满足了有不同兴趣爱好学生的需求。

课程形式方面，有参观、体验式课堂、讲座、拓展、小组合作活动等，既需要个体主动探索学习，又有教师的指导和讲解。课程形式新颖多样，满足了有不同学习风格的学生的需求。

因此，课程的内容和形式都体现了课程的多样性特点。

（三）常规课程以德树人

1. 博雅课程

博雅课程的主要目标，就是通过高雅艺术的熏陶，培养学生内在与外在的和谐统一，使学生成为知识丰富、身体健康、品德高尚、气质优雅的内涵与外在言行都一致的高雅的人。十四中的博雅课程包括走进高雅艺术活动、学生艺术表演活动，如观话剧活动、听音乐会活动、参观国家大剧院活动、班歌比赛、校园歌手大赛。学生通过观摩、欣赏高雅艺术作品，自己参与创作艺术作品等，接受艺术熏陶，提升艺术修养，塑造高雅气质，做文质彬彬的高雅之人。

2. 睿智课程

睿智课程的主要目标，就是要通过社会实践活动，一方面提升学生的思考和探究能力；另一方面帮助学生拓展视野，提升文化修养，丰富个人内涵，增加个人智慧。十四中的睿智课程指社会实践活动，包括参观历史文化古迹活动、参观园林活动、参观现代企业活动，如参观孔府、孔庙，参观北京现代汽车有限公司，参观园博园，参观盘山等。学生在参观名山古迹、参观现代企业、参观特色园林的过程中，一方面可以了解名山古迹、特色园林和现代企业的历史文化，拓展个人知识面，丰富内涵，增加智慧；另一方面，在社会实践的过程中带着预设问题去参观学习、自主探究。在合作解决问题的过程中，学生的自主探究和问题解决能力得到了锻炼和提升，学生的合作意识也增强了，所以说社会

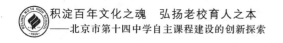

实践活动可以使学生变得更加睿智。

3. 善美课程

善美课程的主要目标就是要教会学生做人，使学生品德向善、心灵向美。十四中的善美课程包括志愿服务活动和公民教育活动。

志愿服务活动包括校园志愿服务活动和社区志愿服务活动。校园志愿服务活动的内容有：第一，每周对本班的服务区域进行一次打扫，每日进行维护并保证服务区域清洁；第二，值周活动。社区志愿服务活动的内容有利用寒暑假到社区参加志愿服务活动，如慰问孤寡老人、探望照顾福利院儿童、清洁公交站等。

公民教育活动包括开学第一课、八项评比活动、今天我上榜活动、风华骄子评选活动、校史参观活动、军训活动、大手拉小手活动等。

志愿服务活动具有志愿性、无偿性、公益性、组织性四大特征。社会上的每个人都有参与社会事务和促进社会进步的权利和义务，参与志愿工作是表达这种权利及义务的积极和有效的形式。学生作为社会公民，有参与社会事务的权利和义务，学生在参与志愿服务活动的过程中，在服务他人、服务社会的同时，一方面自身得到提高和发展，另一方面弘扬了"奉献、友爱、互助、进步"的志愿者精神，自身的责任意识和主人翁精神得到增强，道德修养得到提升，精神和心灵得到满足。因此，参与志愿工作既"助人"，也"自助"；既"乐人"，同时也"乐己"。参与志愿工作，既是在帮助他人、服务社会，同时也是在传递爱心和传播文明。志愿服务个人化、人性化的特征，可以有效地拉近人与人之间的心灵距离，减少疏远感，对缓解社会矛盾、促进社会稳定有一定的积极作用。

从公民教育活动的课程内容来看，课程实施的内容都是与学生自身的道德素养养成、文明礼仪养成、纪律与自控意识养成、日常行为规范养成相关的，而这些习惯的养成会成就学生良好的道德修养，使学生品德向善、心灵与行为向美。

(四)关注职业发展、生命成长和优长发展

十四中的特色课程是高中生生涯规划与管理课程、心理活动课程和社团活动课程，体现了德育活动课程的前瞻性和人文性。

1. 关注职业发展

关注学生职业发展的高中生生涯规划与管理课程是十四中的突出特色。

生涯是生活里各种事态的连续演进方向，统合了人一生中依序发展的各种职业和生活的角色，由于个人对工作的投入而流露出独特的自我发展形式，是人生自青春期以致退休之后，一连串有酬或无酬职位的综合，除了职业之外，还包括任何和工作有关的角色，如学生、受雇者、退休人员，甚至也包含休闲者、家庭成员、公民的角色。生涯教育的概念发源于美国，最早由海尔（Herr）在 1969 年提出，海尔把生涯发展理论运用于教育，并把他所主张的围绕生涯发展而进行的所有正规的教育统称为生涯教育。开展生涯教育以来，一些发达国家逐渐将生涯教育纳入中小学教育，并以课程为主导采取多样化的教育手段来指导学生进行生涯规划与管理。

目前，我国的生涯教育还处于探索阶段。1994 年 9 月，国家教委基础教育司颁布了《普通中学职业指导纲要（试行）》，要求在普通中学实施职业指导。1996 年 9 月 1 日开始施行的《中华人民共和国职业教育法》又明确规定，职业学校要开展职业指导。国家出台的这些政策显然对职业生涯教育的发展起到了一定的推动作用。一些大中小学开始了生涯教育的尝试，其形式主要有开设生涯教育课程、开展生涯团体辅导、举办生涯教育讲座、进行生涯个别咨询、组织相关测验等。每种方法的适用人群、对应内容、应用深度不同，所达到的效果也各不相同。

一直以来，十四中就有利用每周一节的班校会时间对学生开展系统的主题教育活动的传统，如果能围绕高中生涯教育的主题，结合学生的实际生涯需求设计出适合本校学生的高中生生涯教育的内容体系，并将之固化下来，纳入学校德育教育的常规工作中，将具有很好的理论价值和实践意义。它的理论价值在于可以丰富高中生生涯规划教育的体系，形成一套可以重复使用的高中生生涯教育大纲；实践价值在于，目前多数高中还没有能力或课时开展系统的高中生生涯教育课程，但每所高中每周都有班校会，通过班校会时间开展系统的高中生生涯教育，形成符合校本特色的高中生生涯教育内容体系具有借鉴性和可复制性。于是，在梁秀丽副校长的倡议和指导下，十四中针对学生具体的生涯发展需求，在高一起始年级开设了高中生生涯规划与管理课程。

具体课程方案如下所示。

高中生生涯规划与管理课程的具体方案

一、课程内容

课程包括四大主题，即生涯规划意义认知、自我探索、生涯环境探索、生涯抉择。具体课程内容和教学目标如下表所示。

高一年级生涯规划与管理课程教学内容安排

课程主题	具体课题	教学目标
生涯规划意义认知	第一课：生涯因规划而不同	学生能说出生涯和生涯规划的含义，了解生涯规划的基本步骤，知道生涯规划对于个体发展的重要性，知道要完成未来生涯规划在高中阶段要做哪些准备，能主动尝试梳理自我生涯发展，激发生涯规划意识
自我探索	第二课：多彩兴趣　多元能力 第三课：自我性格透析 第四课：价值面面观	学生全面梳理并了解自己的兴趣、能力、性格、价值观，知道个人特质是未来生涯发展和职业选择的重要依据，愿意结合个人特质思考和规划未来人生
生涯环境探索	第五课：家族职业树 第六课：探索大学与专业 第八课：职业生涯人物讲座 寒假社会实践：访谈职业生涯人物 暑假社会实践：职业体验日活动	学生了解家庭、大学专业、社会等外部生涯发展环境，知道自己感兴趣的大学专业、职业对个体的要求，亲身体验职业岗位的内容并逐步发现自己真正的职业兴趣
生涯抉择	第七课：选择的智慧	学生在结合个人特质和外部生涯环境特点的基础上，能熟练使用决策平衡单进行文理科选择，并主动使用该技术进行人生规划和安排，学会使用生涯规划书规划高中三年的生活和学习

课堂教学共 8 课时，每月利用班校会时间上课一次，每次 1 小时。另外，寒暑假期间进行 2 次社会实践活动课程，全学年共计 10 课时。

二、教师队伍

德育校长、德育主任、高一年级组长、高一年级部分班主任、心理教师共同组成上课教师队伍。主抓德育的梁秀丽副校长多次开展生涯教育的课程研究，在相关课程的设计实施方面有良好的理论基础。这些教师基本都考取了生涯规划师相关证书，心理教师是国家二级心理咨询师，曾经在高二年级开设过生涯课程。此外，有些教师也多次上过生涯课程，有较好的授课经验。

三、课时安排

本课程总计 10 课时，每月 1 课时，总计 1 学年完成。具体安排如下表所示。

高一年级生涯规划与管理课程课时安排表

高一上学期	高一下学期
第一课：生涯因规划而不同	第五课：家族职业树
第二课：多彩兴趣　多元能力	第六课：探索大学与专业
第三课：自我性格透析	第七课：选择的智慧
第四课：价值面面观	第八课：职业生涯人物讲座
寒假社会实践：访谈职业生涯人物	暑假社会实践：职业体验日活动

四、教学方法

教学以学生为中心，重视学生的亲身体验与参与、思考与分享。因此，教师采用多样化的教学方法，如活动法、游戏法、讨论法、社会实践法、案例分析法等，旨在引发学生对生涯和生涯规划进行思考，在体验与感悟中收获生涯知识，激发生涯意识，加强生涯行动。

比如在第四课"价值面面观"中，由于价值观是一个抽象的名词，为了让学生了解并澄清自我价值观，教师设计了价值拍卖活动，共有 20 种拍卖物品供学生竞拍购买。这 20 种物品是爱情、友情、健康、美貌、亲情、名望、自由、爱心、权利、名牌大学录取通知书、金钱、欢乐、豪宅名车、美食、良心、孝心、诚信、智慧、运气、冒险精神，涵盖人生的重要价值内容。学生在参与拍卖的过程中，通过竞价去追逐自己最看重的物品，借助有形的活动来不断明确自己的价值取向。这种活泼有趣的活动形式受到了学生的欢迎，课堂气氛热烈，学生参与的积极性高。

五、课程实施过程

第一，组织相关人员做校本课程的开发，制订好课程方案。

第二，选定实施对象，即高一年级全体学生，并由学校主管领导对高一年级学生进行动员，介绍生涯规划与管理课程在高一学段开设的重要性和必要性，阐述课程理念、课程目标、课程内容等课程相关安排。

第三，选定授课教师并对教师进行生涯规划与管理课程实施工作培训，同时启动家长访谈并培训家长，让家长了解该课程的课程目的、意义等，求得家长的理解与认同，使家长协助学校一起做好生涯引导工作。

第四，将课程列入学生校本必修课程范畴，并做好课程实施的具体时间安排。

第五，按计划在开课前做学生生涯发展问卷调查和访谈，也做相关家长和教师访谈，为开课做铺垫。

第六，每课时授课前2周进行每周1次的集体备课2次，然后各位授课教师再修改教学设计。

第七，教师按规定时间进入班级授课，并在下课后第一时间围绕教学目标做学生课后访谈，同时进行教学反思；每次上课重复上述备课、授课及课后访谈和反思环节，直至课程实施结束。

第八，全部课程实施结束后做相关的课程评价（包括学生自己的评价，家长、教师、学校对学生生涯规划态度和行为变化的评价）。

高中生生涯规划与管理课程取得了较好的实施效果。

在高中生生涯规划与管理课堂上，教师普遍观察到，学生参与课堂教学活动十分积极，活动结束后能主动发表个人见解。教师为了了解课堂教学的实效性，在每节课后都进行学习效果访谈。当问到对课堂教学的满意度时，学生给的分数均在90分以上（满分为100分）。通过学生对课堂教学的打分，教师能看出学生对该课程的喜欢和认可。比如在"多彩兴趣　多元能力"这节课后，教师询问学生"你知道自己的兴趣类型了吗""你了解自己的优势能力和弱势能力了吗"，从学生回答的结果来看，95％以上的学生都明确表示了解。这说明教学还是十分有效的，绝大多数学生能达到教学目标的要求。

图 6-7　学生积极参与课堂活动

2. 关注生命成长

关注心理成长的心理活动课程也是十四中的突出特色之一。

青春期是个体从不成熟走向成熟的过渡时期，处于这个时期的个体，在生理不断发展的同时，其心理发展特别是智力发展、情感和意志表现、个性及语言表现，都有其独特的发展特征。

面对激烈的竞争，中学生不仅要具有较高的驾驭科学文化知识的能力，而且应具备良好的心理素质，适应瞬息万变的形势和环境。中学生处于青春发育期，其生理、认知、情感、意志、自我意识在迅速发展，这一阶段也是学生最容易出问题的阶段。教师不仅应该充当好管理者的角色，还应了解学生生理心理发展的特点，帮助学生形成优良的品质和健全的人格。

活动课程是学校实施心理健康教育的重要载体，十四中心理活动课程一直以来被学校各级领导重视。在教育处领导和心理老师的共同努力之下，十四中针对学生的需求和班主任老师的渴望，结合学校德育工作的实际，在不打乱学校正常教育教学活动的前提下，以"关怀生命，陪伴成长"为主题，开展了许多有助于学生心理健康发展的常规心理教育

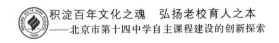

活动和特色心理教育活动。

心理活动课程的具体方案

一、常规心理教育活动

（一）利用学生心理测评系统对心理问题进行预防与干预

2008 年，宣武区教委给我们配置了学生心理测评软件。拿到这个软件后，心理老师认真学习和研究，在信息中心的帮助下及时安装调适。为了发挥它的最大效用，每年新生入学时，我们会让学生参与心理健康测评，发现心理问题及时干预。同时，在个体咨询中，针对有必要参与心理测评的学生，我们会选择适合的量表，对学生施测，从而辅助诊断心理问题或心理疾病。此外，针对学生文理分科时的迷茫，我们利用该软件中的职业倾向测评，帮助学生测查他们的职业兴趣和职业倾向，从而使学生更加了解自己的兴趣等，为他们的文理科选择提供科学指导。

（二）开放心理咨询室，对学生进行个体咨询

学校个体咨询是心理健康教育的重要组成部分，如何把个体咨询室推广到学生中，让学生消除神秘感和猜忌，是我们一开始十分头疼的问题。为了获得学生的信任，我们利用宣传栏宣传心理咨询工作守则，利用心理文化周进行心理健康知识宣讲。我们还与班主任经常沟通，对于班主任观察到的有心理问题的学生，鼓励班主任让学生来咨询室；对于心理老师发现的有心理问题的学生，我们主动预约，对学生的心理问题进行案例记录并保密。同时，我们将开放时间设在了午间 12:30—13:15，这样学生就会有时间来咨询。为了提高心理咨询工作的专业性，我们购置了心理咨询图书，供专兼职心理老师阅读。专兼职心理老师还经常交流案例，就典型案例进行小组会诊，及时记录案例并撰写反思，同时专职心理老师还经常参加北京市教育学院宣武分院和青春健康中心组织的各种心理培训。

（三）开放心理活动室，供学生放松

2010 年 10 月，学校心理活动室正式投入使用。在该活动室设计之初，为使其效能最大化，我们将整间教室分为团体活动区、音乐放松

区、情绪宣泄区。整间教室造型新颖流畅、颜色明快，给人一种律动、青春的直观感受。目前，我们利用中午时间向学生开放，并提供相关心理书籍、放松音乐，让学生在这里阅读书籍、放松身心。此外，我们定期利用班校会时间、班主任会时间，在心理活动室开展面向学生的团体辅导活动或面向老师的心理沙龙，既解除了学生的心理困惑，也向班主任传授了心理知识。

（四）编辑制作《心桥月刊》，普及心理知识

一个主题，一种理念，一版报纸，字里行间传达的不仅是心理知识，更是一种心理文化，我们希望通过这种普及面广的以报纸为载体的方式将心理健康的种子植入学生和老师的心田。2000年前后，在李树玲老师的创意下，心理小报《心桥简讯》诞生了，每期报纸由心理老师撰文或搜集资料，选择学生关注的和急需的心理知识为主题，以黑白纸质的方式编辑并印发。之后，崔美丽老师接过了编制《心桥简讯》的任务，她加入了自己的创意，将报纸版面进行了美化。随着时间的推移，我们不断对报纸进行版面调整和内容创新。目前，朱爱学老师和学生共同将报纸进行了革新，将黑白纸质版面改为彩色，使心理小报在形式和色彩方面更加吸引人，此外还增加了报纸的篇幅和内容。每期报纸选题都加入学生的创意，使报纸更贴近学生的实际，版面更符合学生的审美观念。同时随着内容的增加，心理小报也更名为《心桥月刊》。

二、特色心理教育活动

在创建特色学校的大教育背景下，如何将心理健康教育构建出校本特色，是值得我们思考和研究的课题。在结合学校教育教学实际的基础上，我们也进行了探索，主要有以下尝试。

（一）举办心理文化周

学校每学期都会举办心理文化周，至今已经举办了16届心理文化周。整个文化周遵循如下流程：策划活动──进行宣传──组织实施──总结反馈。

每届心理文化周，心理老师都会调查学生需求和建议，并选定一个主题，如第一届主题是"以人为本，构建和谐校园"，第二届主题是"走

出青春期情感问题沼泽地"，第三届主题是"学会心理调适，预防心理感冒"，等等。心理文化周期间，我们通过团体辅导、户外拓展、心理讲座、播放心理电影、心理知识竞赛、制作心理海报、现场心理咨询、与毕业生面对面咨询等方式让学生参与活动、在活动中体验与感悟、释放压力、净化心灵、身心获得成长。

（二）针对学生需求，开展自选式心理讲座

在与学生接触中，主管德育工作的梁校长发现，针对全体学生开展同一主题的心理讲座往往难以照顾个体差异，不能满足学生的多层次需求。因此，她建议开展自选式心理讲座，在同一时段开设多场次不同主题的心理讲座。为此，心理老师通过调查问卷对学生的需求展开了调研，同时访谈了班主任。在此基础上，我们大胆创新，开展了自助式心理讲座，由心理老师设计不同的"自助菜单"，在同一时间段内，学生可自主选择听哪一场讲座，这种走班制心理讲座方式，受到了老师和学生的欢迎。

我们还邀请了张玉梅、温方、邓军三位老师进校园普及性知识，分设男生课堂和女生课堂。在讲座之前，我们向学生介绍了专家的具体情况和咨询领域，让学生自主选择需要了解的讲座内容，然后将学生的意见和建议反馈给专家。专家根据学生实际需求拟订讲座和咨询的主题，学生自愿按需选择场次。这样的咨询和讲座针对性强，符合学生的个性需求，效果很好。

2010年3月29日下午，利用班校会时间由青春期教育专家和心理老师开展的四场讲座，即"学习策略指导""青春期女生课堂""青春期男生课堂""人际沟通的艺术"火爆校园。讲座结束后，通过让学生填写满意度问卷，我们发现学生的满意度在90%以上，有些场次的满意度达到了98%。

（三）针对班主任需求，开展心理沙龙

班主任是学校教育教学的顶梁柱，班主任的教育水平直接决定着班级管理的水平，影响着学生的身心健康。学校十分重视班主任的工作艺术，也很重视班主任的心理健康。于是，在梁校长的倡导下，学校利用班主任会的时间，以心理沙龙的形式，让班主任围坐一圈，邀请有经验的专家、教育教学校长对班主任进行培训。同时，心理老师也融入班主任沙龙活动中来，将心理咨询中的谈话技巧、如何调适心理压力等心理知识与班主任进行交流。在这种逢会即学、轻松愉快的氛围中，班主任既收获了心理知识，又缓解了工作压力和负性情绪。

(四)编排校园心理剧

编排校园心理剧是学校进行心理健康教育的一种新的尝试。在整个活动中，我们充分发挥学生的主动性和创造性，编剧、导演、演员皆来自学生；心理老师和班主任共同对剧本进行把关，对演员进行演技指导，并协助做好道具、拍摄等相关事宜。学生十分喜欢这种富有新意和挑战性的心理活动，他们将发生在自己周围的青春期故事写成剧本，然后张贴海报、招募演员、组织排练，最后在心理老师和信息中心摄像老师的带领下拍摄校园心理剧。学生在自编、自导、自演的过程中，既清除了青春期的人生困惑，又找到了处理心理冲突的方法，同时还锻炼了组织能力和沟通表达能力。校园心理剧《天天天蓝》获得宣武区中学青春健康心理剧评比一等奖，《爱的幻影》获得西城区中学青春校园心理剧评比一等奖，《校外法庭》等3部心理剧获得区级三等奖。

(五)以课题为依托开展异性交往教育

学校十分重视教育科研，在科研兴校的氛围影响下，异性交往教育不再单纯注重实践，而是将异性交往教育的实践与科研相结合，在研究中提升教育水平。梁校长十分重视异性交往教育的理论和实践研究，主张用先进的异性交往教育理念指导教育行为。多年来，梁校长带领德育骨干老师多次申请高中生异性交往研究的市级课题，自2012年至今，已经进行了3轮课题研究。课题组多次被评为优秀课题组，多名研究人员获得先进个人称号，多名教师在说课比赛中获奖。课题研究和实践的具体内容如下所示。

1. 前测了解学生异性交往中常见的问题

按照课题组的总体部署，我们在课题实施之前向2010届抽样班级学生下发了"青少年异性交往心理问题问卷"，从交往失调、退缩性人格、过度防卫、偏执 4 个维度了解学生的异性交往问题，然后根据学生常见的心理问题设计主题教育活动。

2. 开展关于爱情教育的主题班会

围绕"爱的认知、爱与责任"主题，高一、高二各班召开了主题班会。各班的主题班会围绕学生常见的异性交往问题和困惑展开，重点带领学生分析了青春期恋情的特点，异性交往的原则，爱情与友情、喜欢的区别，如何面对性行为等问题。班会题目有"当爱情来敲门""让奶茶凉一会儿　让爱情飞一会儿""喜欢是爱情的海市蜃楼""藏在书包里的玫瑰花"等。

3. 开展关于爱情教育的读书活动

语文组与德育主任合作，选择了适合青春期学生的爱情读物，让学生阅读并撰写读后感，主题涉及爱的内涵、爱与责任、爱与事业，书籍有《草样年华》《边城》《山楂树之恋》《傲慢与偏见》《爱情经典书》等。

4. 开展关于该不该见异性网友的辩论会

鉴于学生喜欢会见异性网友的实际情况，刘秀芬主任组织学生进行了该不该见异性网友的辩论会。辩论双方搜集资料、阐述观点，既锻炼了口才，也澄清了利弊，增强了学生与陌生异性网友交往的安全意识，提高了自我保护能力。

5. 利用班校会时间，通过心理课进行性教育

心理老师朱爱学利用班校会时间对学生进行青春期情感教育，学习"认识我们的初恋"一课，让学生感受到了初恋的美好与苦涩，让学生学会面对青春期懵懂的情感、避免冲动行为的发生，鼓励学生延迟满足。

6. 利用心理文化周，对学生进行性教育

学校教育处理组织策划了"规划·爱·成长"为主题的心理文化周，开展的活动内容有"爱的认知与爱的行为表达"主题板报制作与评选、把握情感适度交往的主题讲座，"规划·爱·成长"的面对面咨询活动等。

7. 利用学科教学，对学生渗透性教育

音乐老师、语文老师、体育老师从不同的角度结合所教学科对学生进行性知识渗透。例如，语文课沈鲲老师的"致橡树"带领学生分析不同

的爱情观，鼓励独立平等的爱情；音乐课罗筱琳老师的"爱情歌曲鉴赏"带领学生领略爱情的苦涩与甜美；体育课"青春健美操"让女生感受形体美。

8. 邀请专家开设性教育讲座

学校邀请了张玉梅、温方、张超、邓军等多位专家到学校开展性教育活动，活动形式多样，如现场咨询活动、男生课堂讲座、女生课堂讲座。张玉梅老师开展的异性交往咨询活动现场火爆，她采用互动式的沟通交流方式，让学生写纸条提问，然后解答学生的交往困惑。学生的问题五花八门，涉及该不该恋爱、该不该见异性网友、同性恋问题、该不该发生性行为、暗恋怎么办等话题。

9. 利用社会实践活动，让男女生合作开展拓展活动

学校教育处每学期都组织社会实践活动。2011 年 11 月，学校组织学生到石林峡开展社会实践，各班抓住契机让男女生合作完成拓展任务。在爬山、参观的过程中，男女生相互帮助，合作完成小组作业，达到了相互了解、相互学习、破除神秘感的教育作用。

10. 心理老师带领学生编制爱情主题的《心桥月刊》

围绕着爱的认知、爱与责任、爱的表达主题，心理老师与学生一起编制《心桥月刊》报纸，通过在宣传栏张贴、发放阅读等方式，向学生和班主任宣传异性交往知识，引导学生树立正确的爱情观，同时让班主任了解尊重学生爱的权利的教育理念。

3. 关注优长发展

十四中多年以来十分重视社团建设，有序推进社团各项工作，坚持"全面＋优长"的学生培养方针，充分利用学生的课余时间，以社团为平台，以各项活动为契机，为学生的才艺展示和兴趣爱好的发展搭建平台。丰富多彩的社团活动使学生的才艺得到发挥，使学生的各项潜能得以激发，同时培养了学生的集体意识和合作意识，提高了学生的综合素养。

学生社团作为学校校园文化的重要组成部分，作为学生课余文化的重要载体，是学生发展兴趣、展示特长、拓展素质的重要舞台，对有效

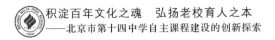
提升学生综合素质、涵养学生心灵、促进学生多元化成长具有重要的现实意义。

正是基于对学生社团重要性的认识，十四中多年以来坚持在学生中开展社团活动。在学生中午和放学后的课余时间，学校积极开展各种社团活动。以学生的兴趣为导向，在社团老师的带领下，各种丰富多彩的社团活动有序展开。到目前为止，学校在教育处的管理下共成立了 15 个学生社团，分别是模拟联合国社团、未央汉服社、心晴屋心理社、嘉禾街舞社、南筠文学社、十四中科学院、东魂中韩交流社、绘画社、轻音社、戏剧社、辩论社、模型社、追梦影社、动漫社、网球社。

模拟联合国社团

模拟联合国社团创立于 2009 年 4 月 12 日，作为十四中创建时间最早、规模最大、最具影响力的社团之一，希望给十四中学子一个与外界进行交流的机会，希望给十四中学子一个改变世界的梦想。我社成员每年至少参加 3 场市级及以上的模拟联合国会议，至少参加两场校际模拟联合国会议。我社每周在校内都举行例会，在例会上进行学术讨论，政治、经济、军事、历史、哲学都是我们讨论的内容。我社历届成员获得了不少荣誉。

未央汉服社

2008 年的初夏，几个志同道合的少男少女创建了未央汉服社。从此，十四中这片梦想的天空中，又亮出一点明丽烂逸的星芒。

我们因汉服结缘，为复兴汉文化而奋斗。我们信奉"章服之美谓之华，有礼仪之大故称夏，是为华夏"。我们自豪，我们担忧，因为本民族的文化如此博大精深，若大河大江，在历史大地上流淌千年不曾中断，屹立世界。

修身齐家治国平天下，正是这民族的传统精神让我们无法袖手旁观。我们决心尽微薄之力，坚信积水成渊。我们不怕艰难险阻，不说大话，挽起衣袖，俯身捡拾，在各色舆论中默默前行。我们精心整理先人之财富，认真创造后人之辉煌。

这就是未央汉服社的成员们。

未央，延绵未尽之意，亦如我们的期冀：华夏复兴，衣冠先行，始于衣冠，博于达远！

以汉服为起点，我们充分利用每一个中华传统节日，向人们宣传黄沙掩埋下仍不灭光华的传统文化、礼仪技艺。从琴棋书画到金石篆刻，它们都可成为我们的活动内容；从四书五经到奇谈怪志，它们都可以是我们的话题。每年春日，我们为学校的高三学子举办成人笄礼、冠礼，向人们传达祖先的祝福与教诲。时逢清明、端午，我们更会登台祭祀，不忘祖辈，以祈先人的智慧延绵未尽。

胸前的交领右衽，敛住咄咄逼人的锋芒；背后中缝笔直，挺起中华的脊梁。穿针引线，衣襟相连间，绣出一个绚丽世界。

岂曰无衣，与子同袍！

心晴屋心理社

十四中心晴屋心理社，成立于 2012 年 9 月。自成立以来，我们积极开展各项心理活动，以"每日一笑，天天心晴"为活动宗旨。加入心晴屋心理社的同学们，或是对心理学感兴趣，想要了解心理知识；或是想要在心晴屋放松身心，缓解压力；或是想要将心理知识向同学们推广普及，
帮助他人。因此，我们致力于把心晴屋心理社打造成为同学们紧张学习生活中的休息站，为同学们的心理健康保驾护航。

自成立以来，心晴屋心理社每年都会举办多次社团活动，并协助学校组织策划心理文化周。特色活动有定期编辑印制《心桥月刊》、新生见面会、沙盘游戏体验活动、感恩卡片活动、南瓜派对活动、心理电影赏析活动、户外拓展活动等。

心晴屋心理社目前共编制了 7 期《心桥月刊》，参与策划和实施了 7 届校园心理文化周。部分社员参与演出的心理剧获得区级和校级奖项。各项社团活动在学校获得了热烈反响，同学们的参与度和热情都非常

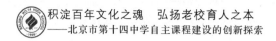
高。这正是心晴屋心理社的魅力所在，也是责任所在。

每日一笑，天天心晴！欢迎同学们加入心晴屋心理社！

嘉禾街舞社

嘉禾街舞社成立于 2013 年，由热爱街舞的同学自发组建。社员基于兴趣自主研究并练习当代街舞，推举了在校外嘉禾街舞工作室学习的同学担任社长和副社长，由他们为社团成员教授舞蹈动作。自此，热爱街舞的同学有了一个展现自我、追寻所爱的平台，大家为了共同的兴趣爱好相识相知，这就是我们社团成立的意义。

嘉禾街舞社自成立以来已经排练了多种成品舞，多次在学校的各种大型文艺活动中登台演出。

今后，我们将会组织同学们参加一些比赛，不为获奖，而是希望能够通过比赛的形式，让同学们开阔视野，汲取别人的优长来优化自己。在街舞社，我们希望能够通过大家集体的努力，呈现出更加精彩的舞蹈节目！

南筠文学社

南筠文学社原名"十四中文学社"，成立于 2007 年。它是以激发同学们的文学兴趣、提高同学们的语文成绩为目的的学生社团。同时，南筠文学社还是一个文学爱好者社交与沟通的平台。自成立以来，我们举办过多次文学交流活动，同学们在我们的活动中不仅欣赏了文学，感受到了不同文学风格的思想冲击与碰撞，同时也体会到了南筠文学社的活力。

《一页青春》和《南筠文刊》是我们的发行物，同学们将自己在校园生活、社会实践活动中留心观察和感悟到的东西记入其中，使杂志的读者们开阔了视野和思路。在前期多任社长和文学指导老师的带领下，《一页青春》杂志共出版 4 期，《南筠文刊》共出版 2 期。

南筠文学社最常见的社团活动就是读书交流。每周五放学后，南筠文学社的社员带着自己喜爱的读物，在社团中交流自己对作品的思考。

同时，南筠文学社的社员们还可以带着自己的语文作业来参加社团活动。有时社团会邀请语文组老师出席，老师们会耐心地解答同学们在语文学习方面的疑惑。

南筠文学社的活动永远都不会是死板的，加入社团，你就会感受到十四中文学人的魅力。

十四中科学院

十四中科学院成立于 2012 年，是由一群爱好科学的学生组建的学生社团。与学校其他社团相比，十四中科学院是一个相对年轻的学生团体，没有很长久的历史积淀，但越是新生的学生社团，它的发展空间和发展前景就越大。

第一任社长刘通宇带领社团部分成员研究的课题"餐饮废油转化生物柴油的小型化装置设计探究"，获第十届中国少年科学院"小院士"课题研究成果一等奖、北京市青少年科技创新大赛青少年科技创新成果竞赛二等奖等。

十四中科学院的活动主要以我校理化生实验室为依托，社员们可以开展多姿多彩的实验，在实验中感受实验的魅力、感叹科技的进步、感悟科学发现的艰辛。最可贵的是，社员们在实验操作中锻炼了自己的动手能力，增强了团队协作意识，提高了科学素养。

东魂中韩交流社

同学们大家好！안녕하세요！为促进我校国际部的韩国留学生与我校中国学生之间的交流，东魂中韩交流社于 2012 年 10 月成立了。我社鼓励韩国学生学习中文，同时也鼓励中国学生了解韩国。我们求同存异，相互学习，为促进中韩两国人的友好交往而努力着。

本社的活动主要分为学生间自主交流、韩国老师授课、分组合作游戏三个方面。中国学生可以学习到课本之外的语言，增强自己的语言沟通能力。在游戏中，我们让每位成员都获得快乐、勇于交流合作、结识越来越多的朋友。在跳蚤市场中，韩国学生积极拉拢客源，中国学生热心照看摊位，使得我社获得了全校社团中最多的利润并上交团委，取得

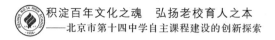

了较好的成绩。

在这个充满温暖的大家庭里，我们期待每个人都能获得快乐、感受幸福！

绘画社

十四中绘画社是以社员们在课余时间互相切磋或者交流画技、画风等为目的而成立的社团。本社成立于 2014 年 9 月，虽然在一众历史悠久的社团中显得格外稚嫩，但也是麻雀虽小，五脏俱全。

本社团目前主要以日常活动为主。在同学们的闲暇时间里，社团也会考虑组织外出写生、参加漫画展等。在共同的交流切磋中，社员们获得绘画的灵感，突破自己的画技。

此外，我社社员纷纷参与各班的板报设计以及学校的宣传栏设计，同时与动漫社、未央汉服社等社团共同组织了一场动漫展演活动。

今后，我们会一如既往地坚定目标，丰富同学们的课余生活，增添同学们生活中的乐趣，激发同学们的闪光点。

轻音社

轻音社创建于 2015 年，初始社员有 25 人。社团在每次纳新后，根据社团的人数，将整个社团分为几支乐队，每支乐队 5~7 人，由乐手 2~3 人、主唱 1~2 人、词曲改编及素材收集 1 人组成。乐队由该乐队的队长直接管理，这样的分组

活动有利于活动的有序开展，保证了较高的活动质量。分组活动拉近了同学们之间的距离，对于参与活动的社员，尤其是高一的新同学们进行新环境中的人际交往是非常有益的。

在一年一度的"卡拉 OK 大赛"中，轻音社的各位社员都取得了较好的成绩。社长宋书祁在 2014—2015 年度的比赛中取得了第一名的成绩。各乐队的队长均由高二年级获得"卡拉 OK 大赛"前八名的同学担任，这样的规定能保证每支乐队都有在比赛中取得良好成绩的机会。

除乐队之外，轻音社还组建了同学互学小组，社团内已有几名同学学习过吉他等乐器，他们可以帮助一些有意愿自学乐器的同学更快地学会自己想学的乐器。

加入轻音社，收获的不仅是音乐方面的知识，还能结识到许多志同道合的朋友。现有的成员将不断优化自己，在学校的活动和诸多比赛中为同学们带来更加精彩的表演。

戏剧社

戏剧社成立于 2015 年，为热爱表演、喜爱戏剧的同学们提供了交流和展示的平台。社团活动的主要内容是排练社团撰写的剧本和一些经典剧目。戏剧社的宗旨并不是为了表演，也不是为了获奖，而是为了告诉每一个人我们如何把最好的姿态展现在众人面前，如何以最好听的声音与他人交流。社团成立之初就受到了国家话剧院一级演员王卫国老师的指导，无论是朗诵台词还是舞台经验，都让我们受益匪浅。我们排练并出演过自编剧目《半步泥潭》，还利用课余时间到北京中学生戏剧节进行学习观摩，代表学校参加一些比赛，获益颇多。欢迎有表演兴趣的同学加入戏剧社！

辩论社

十四中辩论社成立于 2015 年 11 月。社团成立的目的是让同学们更加了解辩论，并通过参与辩论培养思辨能力和表达能力。

在辩论社，我们以口会友，以才交友，以德服友，不为输赢，只为历练。辩论是一种沟通渠道，透过它，我们可以更好地诠释同学们的风采，可以更好地诠释团队协作的意义。

Beijing No.14 Middle School

社团主要活动有聆听专家讲座、一对一或一对多辩论实战演练、参加北京市十校联合辩论赛、参加西城区高中生辩论赛、定主题讨论交流。社团取得过西城区高中生辩论赛冠军的好成绩！

模型社

模型社创建于 2012 年，是汇聚了许多模型精英和桌游爱好者的乐土。在历届社长的带领下，模型社获得了很多荣誉。

模型社为了满足社员们动手动脑的欲望，利用课余时间组织了多次社团活动。在活动中，社员们表现自己的智慧，在活动中发挥卓越的动手能力，得到非凡的成果。

在大家的共同努力下，模型社一定会越来越受大家的认可，为那些喜爱动手动脑的同学们开拓一片属于自己的天地。

追梦影社

追梦影社成立于 2014 年 9 月，是一个以微电影拍摄为主题活动的社团。社团成立的初衷，就是让更多的同学了解微电影，享受拍摄微电影的乐趣，展示自己的才华。社团主要活动有自编剧本、拍摄剪辑以及影片公映。社团制作的微电影《龙纹木刃》公映之后，受到同学们的一致好评。今后，社团还将奉上更多制作精良的微电影作品。敬请期待！

动漫社

动漫社成立于 2015 年 3 月 4 日。动漫社的成立丰富了同学们的在校生活，培养了团队精神，提高了同学们的审美修养，挖掘并培养了同学们的艺术才华，深受同学们的喜爱。我们社团平时开展的社团活动有动漫人物 COSPLAY（角色扮演）、学习如何化动漫人物妆容、学习日语、动漫配音等。自成立以来，我们社团积极参与协办学校的社团展演活动。在社团展演活动中，动漫社的动漫配音和动漫舞蹈节目受到了老师和同学们的好评！

网球社

网球社成立于 2011 年，其宗旨在于发掘校内网球人才，组建十四中网球的最强力量，提升同学们对网球的认知水平，丰富同学们的课余生活。网球社的主要活动内容有网球教学、技术交流切磋、网球比赛等。社团成立以来，激发了社员们练习网球的热情。社员们多次参加校际友谊赛以及北京市中学生网球赛，在与北京市第十五中学的友谊赛中取胜。

四、主题教育活动课程的实施

（一）常规化

学校将主题教育活动课程纳入学生必修课程中，利用班校会时间、课余时间等落实实施。该课程已经固化为一种模式，作为学校常规化活动课程，渗透到了学生的学习生活中。

以高中生生涯规划与管理课程为例，该课程面向高一年级学生利用班校会时间开设。课程设置的目的是帮助学生了解自我从而规划好高中学习生活。该课程结合学生的实际需求设计了丰富多彩的教学内容，既能帮助学生探索自我和外部世界，又能指导学生思考人生、规划未来、度过刚入学的迷茫期。该课程由梁秀丽副校长整体策划设计，由梁校长、德育主任、年级组长、班主任、心理老师组成的教师队伍集体备课和上课。目前，该课程已经作为常规化活动课程纳入学校德育活动。

以善美课程中的志愿服务活动为例，该课程有明确的活动方案和评价标准，要求学生在日常生活中践行志愿服务精神。校团委给每个班级甚至每名同学划分了志愿服务区域，要求每周对本班的服务区域进行一次打扫，每日进行维护并保证服务区域清洁；寒暑假时，要求学生到社区进行志愿服务活动，例如慰问孤寡老人、探望照顾福利院儿童、清洁车站等。学校将志愿服务的任务作为常规化活动内容，纳入学生的日常生活，增强了学生的奉献意识和责任感。

（二）条理化

例如参观孔府、孔庙及游览泰山活动等，从准备到返回，各个环节都很条理化。

参观孔府、孔庙及游览泰山活动方案

一、活动目的

本次活动能够加深学生与生活的联系、学校与社会的联系，帮助学生获得亲身参与实践的积极体验；提高学生对自然、社会和自我及内在联系的整体认识，发展学生的创新精神、实践能力、社会责任感。通过参观孔府、孔庙，学生能够了解中华历史文化的悠久传统及现实意义；通过游览泰山，学生能够了解地理风貌、人文景观，培养高远的视野、良好的心理素质以及积极的价值观。

二、活动流程

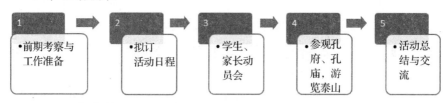

1 · 前期考察与工作准备 → 2 · 拟订活动日程 → 3 · 学生、家长动员会 → 4 · 参观孔府、孔庙，游览泰山 → 5 · 活动总结与交流

三、日程安排

5月8日：参观孔府、孔庙

下午	出发时间：13:30	结束时间：17:00	地点：孔府、孔庙
	学科：历史	学习主题：学习儒家文化，弘扬传统美德	
	活动准备：以班级为单位，8～10人为一个小组，明确组长		
	学习目标：通过实地考察，体会山东历史悠久和儒家文化在中国历史上的重要地位		
	学习方法：参观孔府、孔庙 以小组为单位完成对孔庙的探究，思考孔庙建筑在哪些方面体现了儒家思想在中国历史上的地位		
晚上	入住泰安三星级酒店		

5月9日：游览泰山

上午	出发时间：8:00	结束时间：17:00	地点：泰山景区
	学科：地理	学习主题：中国山脉的知识、登山知识	
	活动准备：以班级为单位，8～10人为一个小组，明确组长		
	学习目标： 了解中国山脉的基本概况 了解泰山的特点 学习登山的基本知识，熔炼班集体 培养不怕困难、勇攀高峰的优秀品质		

	学习方法： 参观 1)以班级小组为单位，安全攀登泰山，并讨论登山的方法 2)小组讨论有关泰山的诗词、文章、电影等 探究 1)探究我国开展登山运动的优势 2)归纳总结有关泰山的文学艺术作品		
中午	午餐地点：自行安排	午餐标准：自备	
下午	返回时间：14:00	到红门停车场时间：17:00	

十四中教育处

2013 年 10 月

(三)严格化

在主题教育活动课程的实施过程中，学校进行细致量化，数据翔实有说服力，且具有操作性。

十四中班级八项评比活动方案(草稿)

一、评比目的

十四中办学育人以"严、爱、成"为原则，以"善、博、雅"为目标，以"对每一位学生负责、帮助每一位学生成功"为理念，建校至今百余年来注重以严治校、以爱助生，优良校风得到社会的广泛认可。为贯彻落实学校的全面育人、全方位育人、全员育人的思想，加强学生的日常行为规范养成教育，加强班风学风建设，学校依据集体教育原则，特制订本量化评比方案。

二、评比细则

(一)眼保健操

由 3 个分数按比例合成，共计 100 分。

①医务室大夫 40%(每周每班录入一次分数)。

②年级组长 40%(每周每班录入两次分数)。

③学生 20%(每周每班录入两次分数)。

(注：要去掉学生、老师评出的最高分和最低分，取平均分。)

(二)课间操

由两个分数按比例合成，共计 100 分。

①高一年级体育老师 60%（每周每班录入两次分数）。

②学生 40%（每周每班录入两次分数）。

（注：要去掉学生、老师评出的最高分和最低分，取平均分。）

（三）升旗与班校会

由两个分数按比例合成，共计 100 分。

①年级组长 50%（每周每班录入两次分数）。

②年级辅导员 50%（每周每班录入两次分数）。

（注：要去掉年级组长、年级辅导员评出的最高分和最低分，取平均分。）

（四）纪律

由 3 个分数按比例合成，共计 100 分。

①年级主任 20%（每周每班录入两次分数）。

②年级组长 40%（每周每班录入两次分数）。

③年级辅导员 40%（每周每班录入两次分数）。

（注：要去掉年级主任、年级组长、年级辅导员评出的最高分和最低分，取平均分。）

（五）课堂评价

每位任课教师每周至少给任课班级一个课堂评价成绩，每月最少给出 4 个分数，去掉最高分和最低分，取平均分，共计 100 分。

评价内容：

①课前 2 分钟预备情况：10 分。

②课堂纪律情况（是否随便说话、看课外书、写其他学科作业、玩手机、睡觉、干扰其他学生学习等）：60 分。

③作业上交情况（是否自己完成）：30 分。

（注：将本班级所有任课教师的成绩汇总取平均分最后形成本班级的本月课堂评价成绩。）

（六）仪容仪表

由 3 个分数按比例合成，共计 100 分。

①年级主任 20%（每周每班录入两次分数）。

②年级组长 40%（每周每班录入两次分数）。

③年级辅导员 40%（每周每班录入两次分数）。

（注：要去掉年级主任、年级组长、年级辅导员评出的最高分和最低分，取平均分。）

（七）卫生

由一个分数合成，共计 100 分。

医务室大夫每周录入一次。

（八）财保、电教

财保：由一个分数合成，共计 100 分。

总务处老师每月录入一次。

电教：由一个分数合成，共计 100 分。

信息中心每月录入 1 次。

（财保和电教合为一个大项，加和取平均分）

三、说明

（一）涉及八项评比的人员

教育主任；

年级组长；

各班任课教师；

年级辅导员；

医务室大夫；

总务处老师；

信息中心；

查眼保健操的每班 1 名学生；

查课间操的每班 1 名学生。

（二）参与人员的工作量

教育主任：负责纪律、仪表仪容，共计 7 个班级，每周每班每项录入两次成绩，每周录入 28 个分数，每月录入 112 个分数。

年级组长：负责眼保健操、升旗与班校会、纪律、仪容仪表，共计 7 个班级，每周每班每项录入两次成绩，每周录入 56 个分数，每月录入 224

个分数。

年级任课教师(高一年级全体任课教师)：负责课堂评价，共计 2～5 个班级，每周至少给出 1 个课堂评价分数，每月每班至少录入 4 次，每周每班录入 1 次。

年级辅导员：负责升旗与班校会、纪律、仪容仪表，共计 7 个班级，每周每班每项录入两次成绩，每周录入 42 个分数，每月录入 168 个分数。

医务室大夫：负责眼保健操、卫生，共计 7 个班级，眼保健操每周每班录入两次成绩，卫生每周每班录入一次成绩，每周录入 21 个分数，每月录入 84 个分数。

总务处老师：负责财保，共计 7 个班级，每月每班录入一次成绩，每月录入 7 个分数。

信息中心老师：负责电教，共计 7 个班级，每月每班录入一次成绩，每月录入 7 个分数。

查眼保健操的学生：负责眼保健操，共计 7 个班级，每周每班录入两次成绩，每周录入 14 个分数，每月录入 56 个分数。

查课间操的学生：负责课间操，共计 7 个班级，每周每班录入两次成绩，每周录入 14 个分数，每月录入 56 个分数。

(三)特别说明

①参与人员权限：只能看到自己给出的分数，看不到其他分数。

②老师、学生打出的分数，均去掉最高分和最低分之后再进行计算；一经打出，不再更改。

③每周出一次周量化评比成绩；每月月底计算出总成绩，作为该月的八项评比成绩。

十四中教育处

2015 年 12 月 12 日

(四)系统化

学校围绕"向善、逐博、从雅"的课程目标，整体设计课程，将主题教育活动课程分为常规课程和特色课程两类，又从课程类型、课程主题、课程细目等方面将两类课程逐级层层细化，使整个课程结构互相支撑，体现了系统化设计和实施的特点。见表 6-1。

表 6-1 主题教育活动课程的系统化结构

课程分类	课程类型	课程主题	课程细目	时长/每学年	学段	学分/每学年	备注
常规课程	博雅课程	走进高雅艺术活动	观话剧活动	2课时	高一高二高三	无	
			听音乐会活动	2课时			
			参观国家大剧院活动	2课时			
		学生艺术表演活动	班歌比赛	2课时			
			校园歌手大赛	2课时			
	睿智课程	社会实践活动	参观历史文化古迹活动	不少于7天	高一高二高三	2	
			参观园林活动				
			参观现代企业活动				
	善美课程	志愿服务活动	校园志愿服务活动	不少于10小时	高一高二	1	
			社区志愿服务活动	不少于30小时			
		公民教育活动	开学第一课	2课时	高一高二高三	无	邀请专家进行开学第一课讲座
			八项评比活动	2课时	高一高二高三	无	入学教育时开设八项评比活动讲座，之后，学校每天按照八项评比表进行检查，每月总结
			今天我上榜活动	1课时	高一高二高三	无	开设1课时活动说明讲座，然后各班每学期选出上榜学生
			风华骄子评选活动	1课时	高一高二	无	开设1课时活动说明讲座，然后年级进行评选和宣传
			校史参观活动	2课时	高一	无	听校史讲座，参观校史馆

续表1

课程分类	课程类型	课程主题	课程细目	时长/每学年	学段	学分/每学年	备注
特色课程	善美课程	公民教育活动	军训活动	10天	高一	2	
			大手拉小手活动	2课时	高一高二高三	无	学长进到班级，与学弟学妹交流学习和生活
		高中生生涯规划与管理课程	生涯因规划而不同	共计10课时		无	
			多彩兴趣　多元能力				
			自我性格透析				
			价值面面观				
			访谈职业生涯人物				
			家族职业树				
			探索大学与专业				
			选择的智慧				
			职业生涯人物讲座				
			职业体验日活动				
	心理活动课程	常规心理教育活动	心理测评活动	2课时	高一高二	无	
			个体咨询活动	96课时	高一高二高三		
			制作心理报纸	5课时	高一高二		
		特色心理教育活动	心理文化周活动	14课时	高一高二高三		
			自选式心理讲座活动	2课时			
			异性交往主题教育活动	2课时	高一高二		
			校园心理剧活动	15课时	高一		

续表2

课程分类	课程类型	课程主题	课程细目	时长/每学年	学段	学分/每学年	备注
		社团活动课程	模拟联合国社团活动	每个社团每周活动至少1课时	高一—高二	无	
			未央汉服社社团活动				
			心晴屋心理社社团活动				
			嘉禾街舞社社团活动				
			南筠文学社社团活动				
			十四中科学院社团活动				
			东魂中韩交流社社团活动				
			绘画社社团活动				
			轻音社社团活动				
			戏剧社社团活动				
			辩论社社团活动				
			模型社社团活动				
			追梦影社社团活动				
			动漫社社团活动				
			网球社社团活动				

(五)专业化

主题教育活动课程体现出师资的专业化。

1. 社会人士

每次组织学生进行社会实践活动时，无论是名胜古迹的讲解员还是企业的工作人员，他们都为学生进行了景点或企业的深入讲解，使学生增长了知识，开阔了眼界。

2. 学校德育队伍

学校的德育干部、团委书记、年级组长、班主任、辅导员老师、校医、心理老师作为德育队伍的重要组成人员，在实施课程的过程中，是师资队伍的中坚力量。比如，在风华娇子评选过程中，德育主任要对学生进行宣讲，然后在辅导员老师、年级组长和班主任的组织下，各班再进行评选；在开展高中生生涯规划与管理课程的过程中，德育校长、德

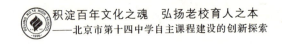
育主任、年级组长、班主任、心理老师集体备课，共同上课。

3. 学科教师

学校还邀请部分学科教师加入主题教育活动课程的队伍。比如，在游览园博园之前，学校邀请地理老师为学生设计一份园博园知识答卷，让学生带着问题去参观，然后完成答卷；在参观汽车企业时，学校邀请技术老师为学生讲解发动机知识和汽车品牌知识，帮助学生在了解汽车行业的基本知识的基础上有针对性地参观学习。

五、主题教育活动课程的评价

（一）评价方式多元

十四中的课程评价由两部分构成：一是过程性评价，通过收集课程实施过程中学生完成的课程作业、个人收获与感悟等点点滴滴，来评价课程的实施效果；二是终结性评价，根据学生最终的学习结果或活动表现来评价课程的实施效果。二者共同构成了十四中多元化的课程评价模式。

1. 过程性评价

例如，为了测查学生的社会实践活动完成情况和完成质量，学校让学生填写《十四中活动手册》，要求学生详细填写活动主题、活动形式、活动内容、活动准备、学习方式和活动收获。《十四中活动手册》详细记录了学生参与社会实践活动过程中的点滴感悟。学校根据学生《十四中活动手册》的填写情况，进行评价和学分认定。

又如，在高中生生涯规划与管理课程中，为了使每名学生的学习过程有详细的记录，学校为每名学生都准备了生涯档案袋，放入档案袋中的有学生的课堂练习、课上心理测试结果、课堂作业、课后作业等。课程结束后，学校会对生涯档案袋中学生的所有课程资料进行整理和评价，根据学生完成情况给予不同等级的学习效果评价。

再如，在志愿服务活动中，为了了解学生的亲身参与情况，学校团委组织团委成员成立了监督监察队，定期进行突击检查，查看各班志愿服务活动的参与人数、参与情况、完成质量，并询问学生的志愿服务感受和建议。团委根据各班志愿服务的参与完成情况给予效果和学分认定。

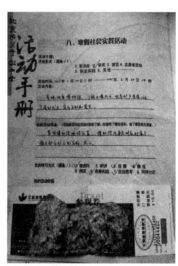

图 6-8 《十四中活动手册》

2. 终结性评价

例如，学校的志愿服务活动要求学生做到以下几点。

①每学期在校需完成最少 5 小时。

②每个假期在社区(或单位)需完成最少 15 小时。

③每次完成在校志愿服务后需写清日期、服务内容、时长并请监督老师签字。

④假期进行志愿服务时，要写清日期、服务内容、时长并请社区(或单位)负责人签字，在最后一次服务完成后盖章。

⑤假期志愿服务的日期、服务内容、时长、签字、盖章，这 5 项缺一不可，否则视为无效。

⑥时长必须落实到小时，否则视为无效。

⑦不得擅自随意修改《志愿者服务手册》上的记录内容，否则视为无效。

学校要求学生根据自己的校内志愿服务和社区志愿服务情况填写《志愿者服务手册》。学校根据学生志愿服务完成情况给予学分认证。

服务情况记录

日期	服务内容	时长	签字

图 6-9 《志愿者服务手册》

例如，学校的高中生生涯规划与管理课程，除了用生涯档案袋的方式来对学生的学习过程进行评价之外，还采用访谈法和前后测问卷法来了解学生的学习效果，以此来评价课程实施效果。每节课后，教师都会访谈学生，访谈内容包括四大方面：一是学生在本节课中印象最深刻的地方；二是学生对本节课知识点的掌握情况；三是学生对本节课的满意度；四是学生对本节课的教学建议。此外，学校还采用台湾学者苏玉婷修订的《高中生生涯发展问卷》调查学生的生涯发展情况，利用前后测比较课程实施后学生是否存在显著性变化。该问卷适用于初一到高三的学生，包括生涯态度、生涯行动两个层面和生涯感受、生涯信念、生涯探索、生涯计划四个分量表。

又如，军训活动中，学校根据学生在国防教育、条令教育、作风纪律、队列训练、整理内务、拓展训练过程中的表现给予学分认定，分别有学生自我评价、教官评价、班主任评价。评价表格如表 6-2 所示。

表 6-2　十四中军训学生评价表

姓名		性别		政治面貌		出生日期	
军训单位	武警警种学院			军训班级		高一（ ）班	
军训时间	201　年　月　日— 　月　日						
军训科目	国防教育	条令教育	作风纪律	队列训练	整理内务	拓展训练	总分评定
学分评定	0.5学分	0.5学分	0.5学分	0.5学分	0.5学分	0.5学分	3学分
自我评价							
教官评价						教官签字：	
班主任评价						班主任签字：	
奖励与处分							
备注	军训科目6项，每项0.5学分，各项全部合格，评定为3学分。						

(二)效果突出

1. 增强了责任感

以志愿服务活动为例，在教育处、年级组长、班主任的大力支持下，校团委带领各班团支部积极组织并引导同学们投身校园志愿服务活动。学校创新志愿服务模式，通过校园志愿服务网格化管理，明确志愿服务的空间与标准；通过《社会实践学分管理办法》和《志愿者服务手册》的应用，进一步增强了每一名同学志愿服务的责任感；通过志愿北京网络进行实名志愿者注册，学校注册300余人，进一步规范了志愿服务行为，保证了志愿服务质量，丰富了志愿服务的内容，激发了同学们投身志愿服务的热情。2013－2014学年，学校共有480人参与校园志愿服务，累计服务时长为14879小时，平均每人服务31小时，超过学分认定方案规定时长11小时，与去年同期相比超过2小时。同时，在党总支和教育处的支持下，学校志愿者还走出校门，开展了"奉献绿色，志愿北京"的植树活动和"奉献爱心，志愿社区"等活动。通过这些系列活动的开展，同学们懂得了应该感恩祖国，回报社会，因此自觉加入志愿者的行列，参与志愿者活动，立足校园，面向社会，传承志愿者理念，弘扬志愿者精神。

图 6-10　学生志愿者校外参加植树造林活动

　　总体来看，通过校园志愿服务活动，校园环境明显改善。操场上、草坪上的垃圾逐渐减少甚至消失了；教学楼和行政楼内的地面与墙壁整洁如新；校园活动秩序井然。这些都是校园志愿者辛勤奉献的结果和努力付出的回报。在参与志愿服务活动的过程中，学生的奉献意识和责任意识也不断增强。图 6-11 是优秀团员李甜甜同学写的个人总结，她在个人总结中提到志愿服务活动时说："我总在心中告诉自己，如果每个人都能奉献一点点，那么社会将会进步许多。"学生朴实的话语中透露着志愿者甘于奉献的精神。

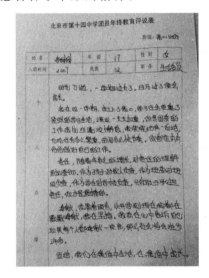

图 6-11　优秀团员代表个人总结

　　2015 年 5 月，十四中高二学生在社会实践活动中参观了平西抗日战争纪念馆，同时也游览了孤山寨景区。通过参观、同伴讨论以及聆听讲解，学生受到了爱国主义教育，懂得了珍惜当前的美好生活，同时感受到了大自然的美景。学生在爬山过程中相互帮助，培养了互帮互助的品德。

　　十四中学生刘耘杉在社会实践活动结束后，书写了如下感受：

　　在世界反法西斯战争胜利 70 周年之际，我们参观了平西抗日战争纪念馆，通过文字、图片和实物，了解了战争的残酷。战争提醒我们勿忘国耻，努力学习，报效祖国。游览孤山寨景区过程中，同学们互相帮

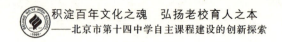

助，培养了帮助他人的品格。

十四中学生贾婧怡在社会实践活动结束后写道：

在参观平西抗日战争纪念馆时，我看到了先辈们英勇抗敌、顽强拼搏的事迹，深刻感受到了先辈们的伟大与付出。一个个困难时期温馨的小故事让我感受到先辈们舍己救人、不放弃任何一个队友的精神。法西斯暴行令我们触目惊心，让我们更加珍惜来之不易的生活。随后的孤山寨游览让我感受到了大自然的鬼斧神工，亲近大自然也让我浮躁的心平静了下来。

2. 提升了艺术修养

学生在观看话剧《长夜》之后，不仅了解了话剧文化，而且被话剧这种艺术形式所打动，懂得了做一个观众应有的艺术修养和品质。下面是学生书写的观剧收获。

学生刘梦欣：我观看了话剧，体会到了话剧的魅力，感受到了演员精湛的演技。话剧给我一种身临其境的感觉。我的情感也随着剧情的发展而跌宕起伏。话剧的舞台效果非常好，灯光切换自然，给人以美的感受。我了解了话剧文化，希望以后有更多机会观看话剧。另外，在观看话剧时，我觉得应该做一名合格的观众，安静观赏，适度鼓掌。

学生杨圣非：我第一次观看话剧，被其丰富的内容、紧凑的情节深深震撼。我也学到了做一名观众应有的品质。总之，这是一次非常有意义的活动。

学生刘耘杉：通过这次观看话剧活动，我认识了什么是话剧，体会到了其独特的艺术魅力。通过演员们的投入表演，我懂得了何为承担，人懂得承担后就会为他人着想，就会认真做事，就会勇于认错。学会承担是我们必须具备的品格之一。

2016届社团成员代表在社团活动中的收获和体会如下。

南筠文学社成员：南筠文学社陪伴我走过一年光阴，我对这个社团有着很深的感情。它不仅让我对文学有了更深的了解，还让我找到了许多志同道合的朋友。社团里的活动都很精彩，尤其是编辑校刊充实了我的校园生活，并且让我体会到了深深的责任感。南筠文学社的活动不会是死板的，加入其中，你会感受到十四中文学人的魅力。

嘉禾街舞社成员：大家精心排练的节目上台表演时，总会赢得一些掌声。那时，我们会想到，我们的努力并不是没有结果的。在一次次的练习中，我们流过汗，但也曾欢笑过。舞蹈让我们强身健体，也让我们的关系更加亲昵。嘉禾街舞社排演的舞蹈经常出现在学校大型活动的舞台上，受到师生的欢迎和好评。我们最大的收获就是，舞蹈动作把我们的感情表达抒发出来，既增强了身体的柔韧性、强健了体魄，又加深了我们之间的感情，使我们建立了良好的人际关系。

轻音社成员：音乐在不知不觉中改变了我。引领我认识音乐的，正是轻音社。这个社团帮我从开始没有任何舞台经验、不敢唱到一步步找到了现在的自己，这个社团为我的生活增添了音乐这种动人的色彩。用科学的方法训练，从艺术的角度学习音乐、享受音乐，轻音社让我更有收获。

未央汉服社成员：一年以前，我还是个刚刚踏入高中校园的新生。在9月的社团纳新中，我选择了未央汉服社。自此以后，未央汉服社的每一次活动都有我的身影。每一次的心理活动周、冠礼，都能带给我不一样的感受。当我小心翼翼地穿上汉服、描上黛眉、点上绛唇、梳上发髻时，庄严圣洁的感受涌上我的心头。汉服，这种带有历史意义的传统服饰就是这样的神奇。穿上它，你会不由自主地注意自己的言行举止，不由自主地想去了解它背后的含义。

3. 促进了身心健康

学校开展的多样化的心理活动课程深受学生欢迎。为了了解心理活动课程的实效性，学校经常通过课后调查的形式了解课程实施效果。

例如，在开展心理剧活动之后，学校随机抽取64名主创人员进行调查。结果表示，72%的学生认为心理剧活动对异性交往有指导作用。学生表示心理剧活动有助于异性友好相处、了解异性交往尺度、平衡学业与爱情、懂得学习才能获得幸福和掌握正确的交往方式。

又如，在开展异性交往的课题研究之后，学校对学生进行了后测。后测结果显示，学生在二阶因子"过分关注、内部动机不当、规范失调、冷漠、过分害羞、抑郁、退缩、多疑、攻击、嫉妒、敌意、功能失调"维度上的得分均有所下降，且效果显著。

主题教育活动课程节选

十四中学生社区服务活动及学分认定方案

一、活动目的

弘扬"奉献、友爱、互助、进步"的志愿者精神，培养学生的公民意识、参与意识、社会责任意识和主人翁精神，提高学生沟通交流的能力，增强团结协作意识，使学生在社区服务过程中学习新知识、体验奉献的愉悦和人间亲情，进一步了解社会生活和社会环境，增长从事社会活动所需的知识，增强适应现代社会生活的能力。

二、学分要求

学生每学年都必须参加校园志愿服务活动和社区服务活动。

校园志愿服务活动和社区服务活动合计2学分。

学校鼓励学生自觉参与校园志愿服务活动和自主安排社区服务活动。

三、学分认定

(一)遵循的原则

①对学分的管理力求科学化、规范化、制度化。

②对学分的认定要公正、公平、公开。

③确保学分认定的权威性和真实性。

(二)认定机构

学校教育处和团委。

成员：教育处正副主任、团委书记、年级组长、团委委员。

(三)认定依据

《志愿者服务手册》。

寒暑假青少年回社区报到卡。

(四)认定方法

①学校根据学生《志愿者服务手册》中的记录，计算在校期间的志愿服务时长和寒暑假青少年回社区报到参加的志愿社区活动的时长。两者

的总时长大于等于 80 小时给予 2 学分，不足则按每小时 0.025 学分给予。

②每个学生每学年在校期间自觉参与志愿服务活动，记录在中学生志愿服务手册上，时长不少于 10 小时；每个寒假和暑假都要进行社区志愿服务活动，填写到《志愿者服务手册》上，时长分别不少于 2 个工作日（10 小时）。

③参与区级以上重大活动，经教育处和团委认可后，可以抵消 10～20 小时的社区服务时长，例如 2009 年国庆表演训练等。

④每学期开学两周之内，团支书负责收《志愿者服务手册》，统计本班同学社区服务相关数据，上报校团委；每学期期末，团支书负责收《志愿者服务手册》，统计服务时长等相关数据，在放假前上报校团委。

四、活动要求

①师生高度重视，积极参与。学生在实践中学习社会知识，锻炼综合能力，增强服务意识，全面发展。

②各团支部可以组建活动小组，制订活动方案并组织集体参与志愿服务活动。

③活动小组和个人应积极撰写一些有关活动的经历、收获、感受或体会等内容的文章，并拍摄活动照片。

④活动中表现突出的班级和个人在学校的各项评优工作中优先推荐。

⑤对于未参加活动而伪造、编造活动记录者，一经查实，将通报批评，并视情节严重程度给予相应的行政处分和团内处分。

⑥妥善保管《志愿者服务手册》，无意中损毁或丢失者，须上交一份书面申请说明情况，由家长、班主任、团支部书记签字后，予以补发。

十四中教育处、团委

2011 年 3 月 1 日

十四中第七届风华骄子评选方案

为了使同学们养成讲文明、懂礼仪的好习惯，继承和发扬十四中百年老校的优良校风，共同创设和谐的学习环境，继续打造十四中响亮的品牌，我校在高一、高二年级组织开展第七届风华骄子评选活动。

一、组织机构

十四中教育处。

二、评选标准

(一)仪容仪表符合中学生身份

仪容仪表符合《中小学生守则》《中学生日常行为规范》和我校的有关规定,整洁大方,朴素得体,符合中学生身份,能体现中学生健康、阳光的形象特点。

(二)言行文明,能体现中学生良好的文明素养

①孝敬父母,诚恳接受长辈的教育和指导。和家人有不同意见时,要心平气和地进行沟通,如外出不能按时回家,应该及时给家人打电话说明原因,以免家人着急。

②尊敬老师,见到老师主动问好,进办公室应喊报告或敲门,经允许再进入,与老师交谈用"请"字开头。

③遇到领导、来宾,热情大方,主动问候和礼让,微笑致意,语言亲切,起立迎送。

④与同学相处时,坦诚谦和,平等宽容,发生矛盾多做自我批评。

⑤带头使用礼貌用语,如请、您、您好、谢谢、对不起、没关系、再见等。带头使用好体态语言,如微笑、鞠躬、握手、招手、鼓掌、右行礼让,递送接受物品时起立并用双手。

⑥参加集会时,列队迅速、整齐、肃静,遵守会场纪律,进出会场秩序井然。

⑦遵守《中华人民共和国国旗法》,每周升旗仪式时庄严肃穆,唱响国歌、校歌。每天升降旗时,自觉主动停步、肃穆、行注目礼。

(三)节约资源,爱护环境

①积极主动参加学校开展的各项志愿者活动,有责任感,有爱心,团结同学,乐于助人。

②自觉遵守校规校纪,自觉维护公共环境卫生,不随地吐痰,不乱扔废弃物。

③勤俭节约,珍惜每一滴水、每一度电、每一粒粮食。

三、评选程序及时间安排

（一）3月9日（周一）升旗时间：评选活动启动

班会时间进行班级评选。以班级为单位，在充分宣讲评选条件的基础上，班主任和本班同学进行民主投票选举。每张选票最多可选3人，在票数统计时，班主任投出的1票相当于5票。最后，班级得票最多的前4名同学被授予"文明礼仪标兵"称号，他们将代表班级参加年级评选。评选结果于16日前在本班的"今天我上榜"展出。

（二）3月10日至13日，进行年级评选

本班各学科任课教师对班级产生的"文明礼仪标兵"进行再次投票，每张选票最多可选两人。最后得票最多的前两名同学被授予年级的"文明礼仪之星"称号，并参加校级评选。16日前"文明礼仪之星"在本年级楼道展出，要求有照片和一句座右铭。

（三）3月16日（周一）校会时间：进行校级评选

高一年级在地下篮球馆，高二年级在小剧场。年级评选产生的16名"文明礼仪之星"，每人有3分钟现场展示时间，师生现场投票，各年级选票最多的前6名同学，被授予十四中"风华骄子"称号，在全校进行宣传表彰。

愿每一位同学都是一颗文明的种子！

十四中教育处

2015年3月

十四中高二年级学生参观现代企业活动方案

一、活动目的

为了让高二年级学生在紧张的学习生活中放松身心，使学生的学习张弛有度，同时对学生进行职业规划指导，我校于11月14日，组织高二年级全体学生和教师前往北京现代汽车有限公司和燕京啤酒集团进行一天的社会实践活动。

二、活动时间

2012年11月14日7:30—15:30。

三、活动地点

北京现代汽车有限公司、燕京啤酒集团。

四、活动内容

参观北京现代汽车有限公司。

参观燕京啤酒集团生产流程。

五、活动人数

学生：300人左右。

教师：20人左右。

六、活动安排

11月12日中午12：40教师在备用教室开会。

11月13日下午13：00学生在地下篮球馆开会。

11月14日全天活动时间安排：

7：30 到达上车地点；

10：00—11：30 参观北京现代汽车有限公司；

11：30—13：00 学生午餐；

13：00—14：30 前往燕京啤酒集团参观；

14：30 集合上车返回学校；

15：30 到达官营。

七、活动工作人员

总负责人：谷宇、孙文艳。

组员：所有高二年级班主任、相关学科任课老师及年级辅导员。

八、活动要求

①年级组制订本次活动的安全预案，并考察活动方案的可行性。

②在活动中，相关工作人员的手机保持开机状态，保证信息畅通。

③学生在活动中要遵守公共秩序和社会公德，爱护场馆和企业的设施，注意保护环境。

④在实践活动中，学生要带着问题去学习，完成相关学科老师预设的问题。

⑤所有人员增强安全意识，在活动中注意乘车、参观、游览安全，遇到突发事件及时汇报。

十四中教育处高二年级组

2012 年 11 月 7 日

十四中参观国家大剧院活动方案

一、活动目的

为了丰富学生的课外生活，增长学生的知识，开阔学生的视野，我校于 6 月 6 日组织高一、高二学生到国家大剧院进行社会实践活动。

二、活动安排

时间：6 月 6 日(星期日)中午 12:10，师生从学校出发，下午 4:00 结束参观，就地解散，直接回家。

内容：参观国家大剧院内外建筑。

参加对象：高一学生约 300 人，高二学生 310 人，教师约 15 人(租用客车 8 辆)。

三、活动的安全防范及救护措施

(一)活动总负责人

梁秀丽、刘秀芬、樊洋。

(二)安全领导

组长：梁秀丽。

组员：许玉蓉、王雅荣、韩颖、沈春利、教育处老师和各位班主任。

(三)安全员职责要求

①班主任是安全责任第一人，要高度重视、认真组织、严格管理，一旦发生突发情况要立即采取措施，妥善处理，并及时上报。

②参观期间，每位带队组长、组员的手机都要保持开机状态，保证信息畅通，要时刻保持高度警惕，严防任何安全事故的发生。

(四)安全防范的主要措施

①相关人员对学生进行专题活动安全教育，增强学生的安全防范意识和自我保护能力。学生不乱动场馆设施，遵守公共秩序，注意保护环

境；若身体不适，立即报告班主任；乘车时，头、手不伸出车外，注意安全；不允许带贵重财物，以防丢失。

②加强管理和监控。各班班主任负责管理学生，对学生的安全负责，尤其是车上学生的安全；层层落实各个环节的安全防范措施，做到责任到人。

③组织有关人员到活动现场进行认真勘查，并对活动中可能发生的情况做好充分估计和应变准备。

④参观前集合整队时对学生再次进行安全教育及介绍活动的具体时间安排，组织各班按编排的车号上车。

⑤校医携带小药箱全程参加，各班可携带急救用品。

⑥学生以班为单位进行参观，不许擅自串班；上厕所需请假，并至少两人同行。

⑦租用的车辆必须有正规的营运执照。

⑧活动结束后，师生按规定地点集中；负责人清点人数上报后，学生方可回家。

十四中教育处
2010 年 5 月 31 日

十四中 2015 年"追梦青春"班歌比赛方案

一、活动背景

值中国共产党第十八届五中全会胜利闭幕之际，为了激发学生的爱国爱党、爱校爱班的热情，充分发挥艺术教育的功能，为学生创设良好、和谐、健康、向上的艺术氛围，进一步推进校园文化建设，我校决定在 2015 年 12 月 31 日举行"追梦青春"班歌比赛。

二、活动时间

12 月 31 日上午 10:00。

三、彩排时间

12 月 28 日中午 12:20，高二 1 班、2 班、3 班、4 班彩排；

12 月 29 日中午 12:20，高二 5 班、6 班、7 班、8 班彩排。

四、活动地点

艺术楼小剧场。

五、活动对象

高二年级。

六、活动要求

①演唱曲目：原创班歌。

②参赛人数为全班总人数（任课教师参与，评委酌情加分）。

③各班成立负责小组，安排时间，创作词曲并上交组委会，组织排练。

④各班参演歌曲时要求服装统一；参赛歌曲均由本班同学进行指挥、领唱、伴奏和编排等。

⑤演唱过程中要以集体合唱为基础，可按各班需要适当变换演唱形式。

⑥比赛过程中，各班争做文明观众，互相鼓励，热情鼓掌。

⑦各班及时完成报名表填写，并将报名表、班歌解说词电子稿（100字以内）以及歌词、歌曲电子版，于12月14日前发到团委邮箱，将话筒数量等场务要求电子稿于12月23日前发到团委邮箱。若某班没有按时交齐，将被扣除部分比赛分数。

⑧各班解说词要体现班歌的创作精神，且必须与社会主义核心价值观的内容相关。

⑨各班推荐一名公正的有一定音乐水平的学生作为学生评委代表。

七、评分标准

采用100分制，具体如下：

①服装整齐、统一，表演形式新颖，上下场整齐、快速、安静（20分）。

②指挥动作准确、到位（10分）。

③伴奏（10分）。

④合唱声音整齐、洪亮，吐字清晰，节奏准确，无跑调现象（50分）。

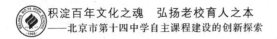
⑤参赛人数为全班总人数，每缺 1 人扣 1 分。任课教师参加酌情加分。

八、奖励办法

①团体奖：一等奖 2 名；二等奖 3 名；三等奖 3 名。

②个人奖：优秀组织奖 4 名；优秀指挥奖 4 名。

③优秀伴奏奖 4 名；优秀领唱奖 4 名。

十四中教育处、音美组、校团委

2015 年 11 月

第七章

教师队伍建设

叶澜教授在《教师角色与教师发展新探》一书中谈道：没有教师生命质量的提高，就很难有高的教育质量；没有教师的主动发展，就很难有学生的主动发展；没有教师的教育创造，就很难有学生的创造精神。学校只有拥有一支充满生机和活力的教师队伍，才能培育出一批有创造精神和实践能力的高素质的学生。

教育内涵发展的核心是人的发展，人的发展是学校教育充满生机与活力的源泉。教师作为课程改革的直接实施者，他们素质的高低不仅直接影响着学校教育教学的质量，还影响着学生的发展。在课程改革中，十四中首先关注的就是教师师德的培养、教学能力的提升、专业思想的牢固、专业智能的自信，以达到学校自主排课实验方案中校本课程目标的落实和固化积淀学校的校本课程体系的目的，真正实现学校的育人目标。

一、教师队伍建设的基本目标

(一)队伍概况

十四中在发展的历史长河中始终有一支数量充足、结构合理、师德高尚、学识渊博、业务精良的教师团队。他们无怨无悔地辛勤耕耘在教育教学的三尺讲台上，教书育人，为人师表，赢得了同行的赞誉和历届学生的爱戴。十四中是优秀教师的摇篮，近40年来，大学毕业就来到十四中、从十四中这块沃土上成长发展起来的特级教师就有7人，有北京市学科带头人、骨干教师10人，有区名师讲师团成员6人，有区拔尖人才、学科带头人、骨干教师、希望之星76人，有北京市"紫禁杯"优秀班主任20人。学校还有全国优秀教师、北京市十佳班主任和北京市劳动模范，还有多位教师在全国中青年教师评优课中获得特等奖和一等奖。这支优秀的教师团队始终引领着学校的课程改革，引领着学校教师的专业发展，营造了良好的学术氛围，创造了感人的育人经验，使学校蓬勃发展，让课堂焕发出生命的活力。

(二)现状分析

总体而言，十四中教师队伍整体素质较高，各类人才的结构比例更趋合理，教师发展空间较为宽广。但面对新的教育发展形势和新的课程改革，学校教师专业发展现状仍存在着一些较为突出的问题，表现如下。

第一，随着学校的老教师、名教师相继退休，学校的年轻教师开始占教师总数的大多数。虽然年轻教师学历层次高、知识新，但缺乏足够的教学经验和专业指导。年轻教师专业技能普遍不强，专业水平及素养亟待提高。

第二，学校面临的发展机遇及教师专业发展的现状，迫切需要学校探索并形成适应社会发展需要、教育实际及学校发展现状的更为先进的管理理念和管理机制，使学校突破自身发展所遇到的瓶颈，进而获得质的发展与飞跃。

第三，随着学校名教师的相继退休，青年教师中具有较高教学水平、有一定影响力并能带领本学科教师在专业上获得发展的优秀教师还比较少。学科带头人、骨干教师、特级教师、教育教学名师等数量不足，且学科分布不均衡，与北京市普通高中示范校的要求有一定差距。

第四，部分教师缺乏专业发展的意识和主动性，缺乏职业紧迫感和工作责任心。随着社会对教育需求的普遍增长和对教育要求的普遍提高，以及教师队伍日益年轻化，学校面临着大力促进教师专业化发展、提高教师专业发展水平的重要而艰巨的任务。学校必须把教师专业发展放在学校发展的首位，通过多种途径培养青年教师，给他们提要求、做指导，为他们提供各种有利条件，要在学校形成一种每一位教师都积极主动地发展自己的专业技能的氛围，形成专业化教师群体。

（三）建设目标

十四中教师队伍的建设目标是建设四个"一支"。

1. 建设一支勇于创新、拥有真诚教育情怀的教师队伍

在课程改革中，十四中人面临的问题是走前人的老路，还是在荆棘丛中踏平坎坷、在求索教育真理的路上勇敢地闯出一条新路？

学校如何在课程改革的挑战面前凝聚人心闯出新路？关键取决于教师队伍！而建设教师队伍的重中之重是让教师勇于创新且拥有真诚的教育情怀。

勇于创新、拥有真诚的教育情怀，意味着教师对于教育事业是由衷的热爱，这份感情深厚、真挚、纯净。教师对他施教的学生、对他从事的教育事业有着高度的责任感，这责任感是他毕生的追求。他将以学生的终身发展为己任，以教育改革的实践探索为职业生涯的光荣使命！随着时代的发展、教育的发展，他勇于不断提升自我，适应新形势的新要求，勇于突破自我，追求教育生命的日臻完善，因此不怕付出、不怕失败、不怕改变，只怕平庸、只怕误人！有了这样的教育情怀的教师队伍一定能够在挑战面前不辱使命！

十四中作为百年老校，之所以在漫长的岁月中始终立于不败之地，始终焕发生机，是因为在每一个历史发展的关口，十四中人都能适应教育发展的新形势，勇于改革、勇于创新，不辜负肩上承载的教育使命。无论是早期的燕冀中学还是新中国成立后的十四中，之所以在教育界有名气，与学校不断涌现出的一代代勇于创新、拥有着真诚教育情怀的优秀教师有着密切的关系。燕冀中学时期，刘春霖等人就是当时社会的有识之士，他们希望通过兴办教育，为国家民族的发展尽己之力。因此，当时他们提出在"固本"的同时借鉴先进文化、先进思想为我所用，这是多么可贵的创新精神、多么真挚的教育情怀！新中国成立后的全国优秀化学教师陆禾先生，其后出现的北京市优秀教师陶乃阁先生、物理教师梁增玉先生、数学教师刘连续先生，以及随着课程改革的开展在北京市教育界有着较高声誉的北京市数学特级教师安彩凰、化学特级教师李佳、生物特级教师王伟光等，他们的身上都很好地体现出了十四中人迎接时代挑战、勇于创新的精神和高尚的教师风范。他们有着坚定的献身教育的职业追求，他们热爱教育事业、以教为荣、以教为乐；他们治学严谨、勤奋钻研、勇于创新、兢兢业业，形成了各自独特的教学风格，在各自的专业领域引领一方。他们是十四中的宝贵财富，他们勇于创新的精神和真诚的教育情怀感召着十四中人！一代代十四中优秀教师为今天的十四中留下了一笔宝贵的精神财富。

教师们深知走老路容易走新路难！但是有一点是肯定的：教师群体是一个特殊的群体。每一个走上教师岗位的人，在他的内心深处都有一份无私奉献、不求回报的纯粹的情怀。教师们一次次重温十四中在每一次改革面前都能迎接挑战的故事，看到教育前辈对教育事业的执着不悔的追求，看到身边优秀教师率先垂范，他们意识到在课程改革的新形势下，他们又多了份十四中新发展赋予的沉甸甸的责任。教师们认识到社会的发展对教育提出了新要求，即教师就是要培养时代发展需要的人才，这才是教师职业生涯的意义！只有教师为培养优秀人才负起责任，将来学生才能为国家发展负起责任；教师主动走上改革之路远胜于他日不得不变！有了对于教育事业的高度认识及强烈的责任感和关于课程改革的深入解读，他们逐渐乐于倾听思考，他们积极参与课程改革的整体规划，他们为课程实施的具体安排献计献策。教师们真正成为课程改革的主人，他们在课程改革的路上，艰难却执着前行！

陶行知曾说："真教育是心心相印的活动。教育需要激情，需要全身心的投入与无私的奉献；教育需要诗意，需要洋溢着浪漫主义的情怀；教育需要活力，需要以年轻的心跳昂奋地工作；教育需要恒心，需要毫不懈怠地追求与探索。"十四中将坚定地致力于建设一支勇于创新、拥有真诚教育情怀的教师队伍！

2. 建设一支专业过硬、具有良好专业素养的教师队伍

在教师队伍专业化建设过程中，教研组、备课组建设是教师自身专业成长的有效保障。学校在教研组和备课组建设上提出了明确的要求。

教研组长岗位职责

教研组长的任务是在主管校长、教学主任的领导下，认真贯彻落实学校的教学计划和教学常规要求，做好本组教师的思想和业务水平的提高工作，搞好本组的建设，开展教研活动，推动本学科的课程改革工作，保证本学科的教学质量，并组织组内教师积极参加学校的各项活动。

①组织本教研组教师学习党的教育方针和教育理念，结合工作实际不断提高教师对教育方针的认识和教育理论水平，引导教师按照教育规律进行教育教学工作。

②带领全组教师认真学习课程标准，明确本学科和各年级的教学进度和质量要求；根据区教学要求和学校制订的教学计划，结合本教研组的特点，制订本组学期工作计划，并检查落实情况，每学期末写出本教

研组的工作总结。

③以教科研为龙头，加强专业知识、理论学习，结合学校教改方案，提出本组教研课题，组织全组教师积极参与、共同研究；组织教师积极参加教育教学论文评选活动，积极承担区级以上教研活动，并结合教研内容及时总结、交流心得体会，从而指导教学实践。

④注重青年教师的培养，每学期制订出对本组青年教师的培养计划，确定指导教师，定期检查落实情况和效果。

⑤精心选配备课组长，并对备课组长工作进行督促和指导，每学期至少要召开两次备课组长会，随时了解集体备课情况，了解各年级和每位教师的教学情况。

⑥结合本学科的特点，在教务处的指导下，安排好本学科选修课、活动课和研究性学习的教学，以培养学生的学科意识和学习兴趣，鼓励学生参加学科竞赛。

⑦每学期听课不少于20节，深入课堂，了解本组教师的教学工作，坚持隔周组织一次教师教研活动，组织组内教师相互听课评课，帮助教学上有困难的教师提高教学水平。

⑧认真审阅本学科教师期中、期末考试题目，确保试题的科学性、严密性、量力性，把好出卷关、审核关、校对关、评卷关；考试后，组织教师对试卷进行质量分析。

⑨加强对实验教学的研究和现代化教育技术应用的研究，协助学校加强和改善对实验室、教学资源的管理和建设；本学科使用的图片、模型、幻灯片、工具书、器材等各种教具、学具和教学资料要认真整理、安排专人负责，并充分发挥它们的作用。

⑩协助教务处主任安排好日常临时调课、代课工作，协助主管校长做好录用新教师、选聘任课教师的工作。

⑪要关心组内教师的思想生活和身体健康，以身作则搞好本组教师团结，搞好与外组之间的团结协作。

⑫按时参加学校召开的教研组长会议，根据要求认真准备汇报发言，积极提出对学校教学工作的意见和建议。

⑬要加强自身业务学习，在思想品德、理论学习、业务能力、工作态度等方面都能起到表率作用，有较强的解决实际工作问题的能力。

⑭教研组长实行聘任制，聘期为三年，工作突出、有业绩者可连任。

备课组长岗位职责

备课组长在教研组长的领导下，负责备课组的活动，以努力提高本年级学科的教学质量。

①根据学校制订的教学计划、学科教材内容及教学进度，要在每学期开学一周内，组织同年级、同学科的教师认真研究本学期工作要点，制订出学科教学计划并组织实施。

②组织本小组任课教师认真学习课程标准，明确本学科的教学目的、教学任务，确定备课组的活动时间、活动地点、活动内容及主讲教师；写出备课组活动计划(一式三份)，交教研组长、教务处各一份。

③组织任课教师认真钻研教材，理解教材，明确教材内容、要求、重点、难点，推出切实可行的具体措施，认真搞好课堂教学；结合学校实际情况、学生特点，确定有针对性的教学方法，为提高教学质量安排合理的教学进度。

④组织本小组任课教师全面了解学生、掌握学生的认知规律、有的放矢地进行教学；深入课堂了解教学情况，及时解决教学中的问题，每学期听课不少于15节。

⑤组织安排本年级的学科选修课、活动课、研究性学习，内容包括以上类型课的课题、上课时间、上课地点及教学计划；积极组织学生参加市、区学科竞赛，有计划地进行特长生的培养。

⑥组织本小组任课教师做好学困生的帮学工作，找出学困生的问题症结，有针对性地进行辅导。

⑦坚持每周组织集体备课一次，做到三定，即定时间、定内容、定主讲教师；每学期在教研组内组织一次备课展示活动。

⑧负责期中或期末命题的组织工作，严把质量关，保证试卷无误，保证试卷内容不泄露，保证试卷按时上交。

⑨负责组织任课教师做好考试后的成绩统计及试卷分析，根据各班考试情况，分析原因找出教学中的问题，并改进教学工作。

⑩在教学、教科研工作中要以身作则，团结组内教师，协助教研组长做好教师的思想工作，提高教师业务水平，为教研组的建设积极献计献策。

3. 建设一支骨干领衔、青年教师积极进取的教师队伍

十四中在百余年办学中形成了优良的传统，这些传统如下：从严治学，从严施教；教学严谨，精益求精；热爱学生，热爱教育事业；甘于奉献，以成就学生的美好人生作为教师的毕生追求；注重"做人"的教育，等等。这些优良传统在一代代教育工作者间逐渐积累并形成，它是学校一笔不可估量的财富，是学校的灵魂。继承这些优良传统，并在社会的发展变化中不断赋予它新的内涵，才能使学校不断开拓创新，才能谋求学校的全面发展。因此，学校特别重视优良传统的传承，重视优秀教师的"传帮带"作用的发挥。在每个学年初，学校会专门召开"师徒挂钩会"，明确并落实师徒结合章程，为年轻、经验不足的教师找到教育教学的师傅，并提出明确的要求。在师徒合作中，年轻教师学到了知识与经验，老教师或骨干教师也在与青年教师的切磋中成长。

十四中青年教师拜师工作考核评价方案（试行稿）

为加强我校教师队伍建设，促进青年教师专业成长，特制定本考核办法。参加人员为每年刚入我校的大学毕业生和第一年到高三年级教学的教师，以及学校为他们专门派遣的师傅教师。

一、教学师徒分别要完成的工作

（一）对教学师傅的要求

①每学期听徒弟不少于1/3的课（每周听一节），听课后及时评讲，指导徒弟反思、改进，学期末将听课记录上交教务处备查，用作档案规整。

②每学期要帮助徒弟准备至少一节"考评课"（年轻教师的展示课），接受学校教学领导和教研组、专家组的考核。

③每学期在广泛征求意见的基础上，写出徒弟的学期教学工作鉴定

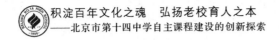

（书面诊断与评价），计入徒弟教学档案。

④加强自身学习，获取教学信息，每学期期末师徒共同完成教学论文或师徒经验总结一篇。

（二）对教学徒弟的要求

①每学期要全程认真听师傅的课，听课后及时交流，提出问题，完成自己的教学设计，经师傅确认签字后再上课，学期末将听课记录上交教务处备查。

②每学期在教学师傅的指导下准备至少一节"考评课"，接受学校教学领导和教研组、专家组的考核。

③第一年工作的教师要手写教案。

④每学期期末师徒共同完成教学论文或师徒经验总结一篇。

二、教育管理方面师徒要完成的任务

（一）对班主任师傅的要求

①师徒活动要简要记录，每学期至少9次，期末交教育处。

②每学期帮助青年班主任至少设计组织一次主题班会，并对青年教师的班会设计给予检查指导。

③每学年在广泛听取意见的基础上，由指导教师和年级组长共同做出青年班主任实习工作的鉴定，最后由教育处记入徒弟教育工作档案。

④加强自身学习，获取教育信息，支持并帮助总结青年班主任的新思路、新办法；每学期期末师徒共同完成教育论文或师徒经验总结一篇。

（二）对班主任徒弟的要求

①年级组长和教育处教师及时听取意见，每月检查一次青年班主任完成教育工作的情况并进行记录。

②每学期教育处、年级组长组织召开一次学生座谈会，听取意见。

③每学期教育处组织一次青年班主任主题教育活动或主题班会的考评。

④每学期期末，师徒共同完成教育论文或师徒经验总结一篇。

十四中

2015 年 9 月 7 日

师徒情况简表

指导教师姓名	性别	职称	任教学科及职务
青年教师姓名	性别	职称	任教学科及职务
指导方向			

《师徒结对情况记录本》摘要

《师徒结对情况记录本》记录说明：

①师徒结对仪式后一周之内，指导教师应制订好本年度的培养计划。

②记录本每学期一本，由指导教师在每次指导活动后及时记录。

③指导方向为教学指导、教育指导。

④指导项目与内容包括教学常规检查指导、教学设计审核、教学实践汇报课指导、互相听课交流指导、教育教学总结与反思撰写指导、班级管理和班队活动组织与设计技能指导、不定期的交流研讨等。

⑤指导形式指示范教学、检查反馈、主题研讨、案例点评、教学诊断等。

⑥指导过程与意见可记录要点，示范教学的教学设计与听课记录不必填在记录册上，另附在备课本和听课笔记上。

⑦每学期期末考试期间对记录本进行检查，学年末交教务处归档。

师徒结对活动记录(师)

培养对象		指导教师		活动时间	
活动方式		活动地点		序号	
活动内容					
培养计划					

师徒结对活动总结(第一学期期末)

培养对象		指导教师		活动时间	

师徒结对活动总结(第二学期期末)

培养对象		指导教师		活动时间	
师徒结对工作完成情况:					
自我评价:					
主管部门意见:					

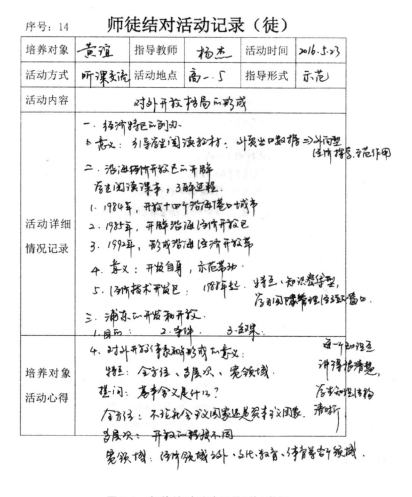

图 7-1　师徒结对活动记录(徒)举例

4. 建设一支一专多能、具备良好综合素养的教师队伍

十四中在教师队伍建设中既注重培养教师的专业能力,同时也注重提升教师的综合素养。随着时代的发展,教育对教师提出了更高的要求。专业能力的提升是教师能够走上讲台的首要要求,但是教师的成长是综合性的成长,不仅有专业的积淀,还有多方面能力的提高,例如心理学知识的积累、信息技术的学习、教育法的了解等。十四中希望教师能够成长为一专多能的适应时代发展要求的教师。

二、教师队伍建设的主要措施

教师队伍建设是一个学校教学工作有序发展的重中之重。十四中的教师管理主要有两条主线：教学方面，以教研组管理为主；德育方面，以年级组管理为主。两条主线都是在学校整体管理下展开工作的。同时学校还有针对教师综合素养提升的多种组织形式，例如教师发展专业委员会帮助教师更快更好成长，专业发展规则引领教师发展。

(一)教师发展专业委员会促进专业发展

教师专业是指教师以合理的知识结构为基础，具有专门的教育教学实践能力，并能有效地、创造性地解决教育教学领域中的问题。教师的专业成长过程就是教师素质的提高过程。

教师是从事教育教学工作的首要校本资源，学校要充分利用这一重要教育资源，通过教师自我反思、同伴互助，达到共同提升的目的，使教师群体朴素的教学实践、教学研究成为促进教师专业持续发展、能力不断提升的有效途径。因此，十四中成立了教师发展专业委员会，简称专委会。

1. 专委会的性质

专委会是在校长办公会的直接领导下，对学校教学工作进行督导的机构。专委会的工作坚持督教与督学并重、监督与指导并重，督导与服务并重，承担学校教师专业发展（侧重教学）的引领、评估、检查、监督。

2. 专委会的职权范围

①研究学校教育教学问题，对学校教学工作提出建议。

②配合学校领导指导学校教育教学工作，对学校课堂教学进行检查评估。

③促进教师专业化发展，对教师课堂教学中存在的问题提出改进意见。

④及时组织教师交流教学信息，对学校有特色的课堂教学进行推广。

⑤对有发展潜力的青年教师，请名师或专家对其进行一对一指导。

3. 专委会的基本原则

①专业引领与自主发展相结合。

②理论研究与实践探索相结合。

③计划指导与灵活开放相结合。

4. 专委会的工作目标

通过对教师的专业引领、评估、检查、监督，促进教师专业化发展，进而促进学生学习方式的转变，提高课堂教学质量，促进学校学风建设，提高学生学习成绩，探索教师专业发展的经验与规律，为十四中培养一批骨干教师，促进学校教育教学均衡发展。

5. 专委会的工作途径

为配合学校教学工作提出的"成长、成熟、成功"的教师成长三步骤，专委确规定的工作途径如下：

①对课堂教学的实效性进行研究。

②对学生综合能力的培养进行研究。

③分析专家听课情况、教师课后反思情况、教研组会总结情况和教师队伍状况。

④研究说课、上课、评课和改课情况。

⑤成立学科专家指导小组，对中青年骨干教师，进行有针对性的、多种途径的帮助。

⑥对某些课程和教师进行随时指导和定期指导。

6. 专委会的具体工作

①每学年组织市级或区级专家到校听课，对教师的课堂教学情况进行评估；专委会全程跟踪，将情况汇总后上报学校，作为教师考核的重要依据。

②综合市区教研员和学科专家听课评比分数，对教师的专业水平、教学技能、教师素养、教学理念进行评价指导。

③将专家评估进行分类整理，对学校课堂教学情况做出实事求是的

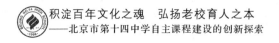
分析；组织各教研组认真进行交流讨论，并在全体教师会上进行汇报。

④每学年组织有特色的课堂教学的推广展示，并结合学校实际组织专家进行指导。

⑤对课堂教学存在较大问题的教师进行个别谈话、指导和帮助，并对改进结果进行跟踪。

⑥针对各教研组的教研专题及教研方式，进行定期追踪指导和随机指导，并与学校教研室配合，将成熟的课题融入市、区课题研究。

⑦对各教研组的师资水平和教师业务能力进行全面分析，为优秀教师搭桥引路，使他们能多参加市、区的教科研活动，在此基础上为学校培养更多的学科带头人、骨干教师和希望之星。

（二）专业发展规划时时导航

规划是对未来整体性、长期性、基本性问题的思考和为未来设计的整套行动方案。规划也是一种计划，是比较全面的长远的发展计划。学校的各处、室、组、教职员工要围绕学校的整体发展规划制订具体的规划，也就是做好落实规划的计划。依据上述思想，学校指导每个教研组和每一位教师客观分析目前组内或自身专业发展的优势和薄弱之处，然后在自我发展和学校发展的共同要求下，在客观分析自身专业发展可能性的基础上，认真进行专业发展目标的规划。规划是三年一个周期，具体从理论学习、课堂教学、课题研究、论文撰写、现代教育技术应用、业务竞赛和拟争当何类骨干教师等方面做具体阐述，并明确完成目标的具体措施。

第一，教研组是每位教师专业成长的大环境，所以要有科学严谨的规划。学校每个教研组都撰写了工作计划。下面是十四中的语文组发展规划。

语文组发展规划

一、本组教师现状与分析

（一）基本情况

1. 教师组成

高中语文教师总数是14人，其中1人是男教师，其余13人均为女教师。

2.年龄结构

50 岁以上的老教师有 1 位；30～40 岁的中青年教师有 12 位，占全组教师总数的 85% 以上；30 岁以下的青年教师有 1 位。

3.学历学位结构

博士有 1 位，硕士有 3 位，其他教师均是大学本科毕业生。

4.教龄结构

有 20 年及以上教龄的教师有 3 位，占全组教师总数的 21%；有 10～19 年教龄的教师有 6 位，占全组教师总数的 43%；有 10 年以下教龄的教师有 5 位，占全组教师人数的 36%。

5.市区骨干、优秀教师情况

无市级骨干教师；宣武区骨干教师有 3 位，宣武区希望之星有 2 位，占全组教师总数的 36%。

6.教师工作状况及教研组氛围

教育教学秩序谨然。2007—2008 学年，语文组被宣武区教委评为优秀教研组；2008—2009 学年，学校教研室对各教研组年度教科研情况进行统计，语文组人均教科研成果数量名列全校第一；担任班主任的教师工作成绩卓越，受到区级、校级等各级表彰表彰；教学成绩整体情况位列宣武区第三名；高一、高二年级教学成绩正常。

全体语文组教师爱岗敬业、乐于奉献，在工作上都做出了一定的成绩，组内氛围和谐。

(二)现状分析

1.各种结构状况分析

30～40 岁的中青年教师人数占全组教师人数的绝大多数，他们有一定的教育教学经验，有的已经形成了自己特有的教育教学风格，是语文组乃至学校教育教学工作的中流砥柱。50 岁以上的老教师只有一位。老教师的引领、示范作用很难发挥，许多中青年教师缺乏老教师手把手的培养。30 岁以下的青年教师只有一位，且已经有 4 年教龄。语文组缺乏刚毕业的年富力强的青年教师。以上情况对组里各项工作的开展和对语文组长远的发展，有一定的影响和制约作用。

男女教师比例严重失调，男教师严重缺乏，直接影响组里各项工作的开展，也影响组内和谐氛围的营造。

教龄在20年以上的教师，在一定程度上对全组教育教学工作起着指导作用，但缺乏专家和市级骨干教师的引领。教龄在10～19年的教师占全语文组教师人数的近一半，他们是教育教学的中坚力量。

教师的学历水平整齐。

2. 整体教育教学现状分析

语文组是一个优秀的集体，有着光荣的传统，取得了辉煌的成绩。教师教科研的意识很强，教科研水平较高，在教科研方面取得了较好的成绩。教师参与教育教学的积极性很高，且认真踏实地干好自己的本职工作，获得了学生家长的信赖和肯定。在教学成绩方面，理科生高考情况一直比较稳定，文科生情况也在逐渐好转并稳定。

3. 优势

教师专业技能过硬，具有很强的参与意识和实践精神，教育教学均取得了一定成绩；教师教科研的意识很强，教科研水平较高，在教科研方面取得了较好的成绩；教研组整体趋于和谐。

中青年教师较多，他们成为教育教学的中流砥柱和中坚力量。

教师的整体学历水平整齐。

教研组在宣武区有一定的影响力。

在新课程改革的两年时间里，语文组积累了很多教育教学经验，形成了一定符合新课程理念的教育教学风格，有一批中青年教师在其中经受锻炼，逐渐成熟。在新课程改革的必修、选修课程安排上，以及在对学生进行综合评价方面等，语文组经过两年的摸索，积累了很多经验和模式，逐步走向成熟。

4. 需求

在当前的新形势下，语文组面临着不少困难。

老教师严重不足，30岁以下的青年教师严重不足，男教师严重不足。语文组迫切需要老教师、名教师的引领；迫切需要30岁以下青年教师的新鲜血液的注入；迫切需要男教师的加入；迫切需求名师引领，进一步提高科研能力、教育教学能力，在高起点上快速成长。这样，整个语文组才能自然、健康、和谐地发展。

在新课程改革过程中，教师还需要进一步研究课程标准、更新观念，用自己的实际行动全面推动课程改革的顺利进行。

语文组还需要将必修课程系统化、阶段化，还需要进一步探索课程整合，应继续扩大选修课程开课数量，提高学生的学习质量。

二、语文组六年发展目标

语文组将紧密结合学校发展规划和本组实际，全面落实学校办学育人总目标，树立科学发展观，坚持学校办学育人核心理念，秉承学校办学宗旨，以提高教育教学质量为宗旨，促进教师业务水平提高，内强精神，外树形象，不断增强教研组的综合实力和凝聚力，为十四中的发展做出应有的贡献。

语文组将在继承和发扬优良传统的基础之上更新观念，提高本组教师的专业发展水平，通过教学改革的实践努力把十四中语文组建设成区级优秀教研组和在北京市有一定影响力和知名度的教研组。

(一)前三年(2009 −2011 年)发展目标

1. 总体目标

在继承和发扬十四中语文组优良传统的基础之上更新观念，提高组内教师的专业发展水平，通过教学改革的实践努力把十四中语文组建设成教育教学成绩优秀稳定、教科研成绩突出、人员配置比例合理、组内氛围和谐的区级优秀教研组。

2. 具体目标

争取有 2 人能被评为高级教师，有 1~2 人能被评为一级教师，争取有 1 人能被评为北京市骨干教师，有 2~3 人能被评为区级骨干教师，有 2~3 人能被评为区级希望之星。招入 1 位男教师，招入 1 位 30 岁以下的优秀青年教师，争取招入 1 位在北京市有一定影响力的市级骨干教师。组内大多数中青年教师都有自己教育教学方面的师傅，大多数中青年教师基本形成自己的教育教学风格。争取有 3 人次能获得区级乃至市级公开课、评优课奖项；全组参与课题研究，每学年人均论文获得国家级、市级奖励2篇以上；每个备课组都在区级教研活动中进行过公开展示。

全面提高学生的综合语文素质和能力，力争使学生在各级各类竞赛中获奖。在高三教学成绩中，文理科稳定取得区第3名的成绩，提高基础年级的期中期末考试高分率和有效达标分。

高中各年级全面实施新课程改革，必修课程实施过程中确定明确的教学进程，明确课程整合方案，明确相应语文知识能力的落实。每位教师都要对新课程标准进行深入的学习和理解，要把新课程标准的要求和理念用于日常的教育教学，初步形成符合新课程标准、新理念的教育教学模式和风格。在选修课程方面，明确开齐中国古代诗歌散文欣赏、中国现代诗歌散文欣赏、文章写作与修改、中国古代经典研读和语言文字应用五个模块。

将"课外语文阅读教学研究与实验""语文教育资源的开发和运用"两个课题研究相结合，贯彻学校提出的"阅读第一"的学习原则，促进学生扩大课外阅读量，鼓励学生"我手写我心"，促进学生精神境界的提升，为创办"文化生态友好的幸福学苑"做出自己的努力。

建设和谐、团结、协作、共同进步的团体。

(二)后三年(2012—2014年)发展目标

1. 总体目标

在继承和发扬十四中语文组优良传统的基础之上更新观念，提高组内教师的专业发展水平，通过教学改革的实践努力把十四中语文组建设成区级优秀教研组和在北京市教学圈有一定影响力、知名度的教研组。

2. 具体目标

争取有2~3人能被评为高级教师，有2~3人能被评为一级教师；在条件许可的情况下，将男教师和市级骨干教师的名额继续增加；组内每位中青年教师都有自己教育教学方面的师傅，中青年教师全部都形成自己的教育教学风格。争取有2人能被评为北京市骨干教师，有4~5人能被评为区级骨干教师，有4人能被评为区级希望之星。争取有5人次获得区级乃至市级公开课、评优课奖项，全组参与课题研究，人均论文获得国家级、市级奖励 3 篇以上，每个备课组都在区级教研活动中进行过公开展示并且反响较大。

全面提高学生的综合语文素质和能力，力争使学生在各级各类竞赛中获奖。

在高三教学成绩中，文理科稳定取得区第 3 名的成绩，力争取得宣武区第 2 名的好成绩；提高基础年级的期中期末考试高分率和有效达标分。

高中各年级全面实施新课程改革；实现选修课程与必修课程的有效整合；在选修课程方面，在明确开齐中国古代诗歌散文欣赏、中国现代诗歌散文欣赏、文章写作与修改、中国古代经典研读和语言文字应用五个模块的基础之上，部分教师能够根据自己的研究特长开设 1~2 门其他选修课程；开展校本课程研究。

继续进一步贯彻学校提出的"阅读第一"的学习原则，根据学生的实际水平和情况，每个年级要有各自的侧重点；整个语文组在"阅读教学"方面形成特色，完成相应课题的研究。

进一步巩固和谐、团结、协作、共同进步的团体。

（三）实现目标的措施与途径

1. 通过加强学习，促进教师自身素质的提高

加强政治学习，增强事业心。人民教师的任务是教书育人。育人者要有高尚的情操才能感染人。为了进一步提高教师的思想水平及职业道德素质，语文组将结合学校的工作安排，在语文组活动中，通过定期有计划、有目的地组织教师进行思想政治学习来引导教师树立正确的人生观，使教师爱岗敬业、热爱学生、忠诚于国家的教育事业。

加强业务学习，提高教育教学水平。教师要有精深的业务水平才能保障教学质量。语文组要组织教师学习讨论教材，使全体教师尽快熟悉教材编排体系和知识结构；要组织教师学习新课程标准，使教师深刻领会新课程理念、积极转变教学观念；要组织学习、探讨、研究教学方法，使全体教师能根据教学内容采用多样化的教学方式。每位教师每学

年至少要阅读一本有关提升自己业务的书籍，认真记笔记，认真写心得，并将这些知识运用到平时的教育教学中。

加强理论学习，提高科研能力。教师还应该学习教育学、教学法等方面的知识，掌握正确的教育观点，了解教育工作的基本规律和基本方法，防止"瓶颈"出现。语文组还应鼓励教师不断总结自己的教学，多写论文，多参与各种资料的编写工作和各级课题的研究工作。

配合市、校有关部门，落实好教师的继续教育和新课程改革培训工作；充分利用各种教学资源和校际交流活动，尤其要多为中青年教师提供更多参加学习和培训的机会，使教师了解最新的教学动态，不断更新教师的教学观念。

2. 通过组内教研活动促进协作，实现共同提高

语文组作为一个整体，必须共同协作，才能发挥团体优势，实现共同进步。共同的教研任务是把教师联系在一起的纽带。

师徒结对，培养后备力量。争取学校的多方帮助，鼓励中青年教师在校内、校外与老教师、名师进行结对，形成师徒关系。定期检查徒弟向师傅学习的情况，定期总结，力争让30岁左右的青年教师快速成长。

集体备课，发挥群体智慧。集体备课是教师共同提高的有效途径，它不仅有利于教师知识水平的提高，而且有利于教师教学经验的积累、教学方法的改良，使集体智慧得到充分发挥。

进一步明确集体备课的要求和规范，使得集体备课的效能最大化，统一教学进度，统一检查考核，随时交流、探讨在备课和教学实践中遇到的问题。备课时，大家能做到资源共享，在讨论中摩擦出思想的火花，这样有利于提高集体备课的实效性，也有利于减轻教师的负担。

互相听课评课，加强集体研讨。严格按照学校的要求进行每学期的校内教师之间的互相听课、评课活动，定期检查互听课情况，定期检查互听课评课后的教案、反思情况。

充分利用校外专家听评课的机会，促进教师自身教学素养、能力的提升。定期互相学习听课教案、反思，并将其收集起来作为组内的共享资源，供大家学习使用。

上公开课是教师共同提高的又一种形式。每学期，语文组都要安排校内外的公开课，课前教师集体备课；在公开课方面，教师要群策群力，共同参与备课和试讲，对教案细致分析研究，对课堂结构仔细推敲，对板书精心设计，对教学方法和技能认真探讨，力求做到讲解透彻、重点突出、板书清晰、操作准确，尽量使公开课获得成功。课后的评价研讨也是促进教师提高的重要环节。力争在人人参与、互研互学的交流与探讨过程中，教师的认识层层深入、达成共识，教师的专业水平在取长补短中不断提高。

进行资料系统化建设。配合学校设定专人管理历年历届教师自命题资料的电子版，形成资料库。在新一轮的教学过程中，语文组还要有计划地进行课件、视频等资料的积累。安排专人收集专家听评课教师的教案及反思和公开课教师的教案及反思，帮助大家互相学习、共同提高。

3. 牢抓教学质量

要想切实有效地实施新课程改革，改善语文课堂教学是重要环节。在语文课堂教学中，教师要更加重视发挥学生学习语文的积极性和主动性，更重视语文学习的过程和方法，更重视教与学的多样化。教师要针对学生实际，根据教学目标，科学安排、精心设计教学过程。根据课程标准，教学目标应包含知识与技能、过程与方法、情感态度与价值观三个维度的内容，教学目标的制定要根据班级学生的基础，注意分层教学的要求，一切从学生出发。

教学内容和教学过程的设计要注意注重双基，突出重点，分散难点。教学是教师指导下的学习过程，学生是学习的主体。教师要更重视教学过程中的师生互动、生生互动，实现共同发展，实现教与学的和谐统一。教学容量要适当合理，教学密度要适量，要给学生理解、思考、讨论的时间，要根据不同课型的不同特点组织教学，在继承与发展好的传统教学方法的过程中努力实现新课程改革的目标。

重视毕业年级的教学质量，派能力强的教师教授毕业年级的语文课，同时又要鼓励每一位教师都要胜任毕业班的教学工作；在政策上给予毕业年级更多优惠，在精神上给予毕业年级教师更多关心。毕业年级教学质量的关键在于课堂实效性，每学年要组织教师对如何提高课堂实效性进行讨论研究，请上一学年毕业班的教师做经验总结。

非毕业年级的教学质量直接关系着毕业年级的成绩好坏。因此，抓课堂、抓集体备课、抓期中期末出卷考试、抓平时的反思提高，是抓非毕业年级教学质量的几条有效途径。

组织好新教师的实践课和骨干教师的示范课，认真抓好常规课；做细做实说课、听课、评课等工作；努力为中青年教师搭建平台，有计划地推出中青年教师主讲区级、市级研究课和参加各级优质课竞赛。

4. 重视德育渗透，育人与教书并行

在教学过程中重视德育渗透，善于挖掘教材中的民族精神、集体主义、爱国主义的精华，珍爱生命，寓政治思想教育于语文教学之中。每位教师特别是班主任要对这个问题有深入的思考，并且有自己独到的方法，每学年可以利用教研组会进行交流学习。

监督每一位教师落实好导师制。

5. 积极参加教科研工作，以科研促教学，以科研提效率

2008—2009 学年，学校教研室对各教研组年度教科研情况进行统计，语文组人均教科研成果数量名列全校第一。我们要利用这一优势，乘胜追击，再接再厉，以科研促教学，以科研提效率，以科研振兴语文组。

树立科研意识，加强校本课题研究，促进个人专业发展，并在此基础上着力做好如下三项工作。

第一，认真组织、扎实进行两项国家级课题的研究；调整充实研究人员，争取人人有课题，人人搞科研；承担组织和协调工作，确保新一轮项目取得成效、顺利通过结题验收，同时力争再申报一项研究课题。

第三，全组教师个体、集体相结合，进行校本课题的研究，并积极参加学校教研室布置的各项工作，将教科研与教育教学相结合，力争在教育教学方面收到满意的效果。

第三，围绕教育教学具体实践，认真反思个人教育教学的得与失，不断总结经验教训。每学期每位教师都必须完成学年个人情况总结。中

青年教师每学年至少要有 1～2 篇论文发表或获奖。

十四中语文组

2009 年

　　第二，教师个体的良好发展是教师队伍建设的基本要素。每位教师都根据自身情况撰写了个人发展规划。下面是数学教师张敏的个人发展规划，见表 7-1。

表 7-1　个人发展规划

姓名：张敏	年龄：33 岁	学科（部门）：高中数学组
远景愿望描述	在未来的五年半中，努力磨炼自己教育教学的基本功，继续提升自己对数学和数学教育的理解水平。 我希望通过自己的努力，借助于学校搭建的平台，争取在教育教学成绩上不断提高，做一位研究型教师。	
分项目标描述	在教学目标上，进一步提高课堂教学质量，已经获得宣武区青年骨干教师称号，要继续努力成为市级骨干教师。同时，在教育管理上，力争成为校区级以上优秀班主任。在专业学习上，坚持阅读本专业的报纸杂志，更好地改善自己的资源利用水平；作为备课组长，我会认真组织好备课，使老师们在不断的学习与交流中共同进步。	
专业发展的条件分析	外部条件： 1. 北京市现在正处于新课程的实施阶段，新的理念、新的内容给了我更多的机遇。市、区经常进行新内容的研讨，这些都是发展锻炼的机会（如我把对"几何体三视图"的思考呈现出来，不仅让更多的老师认识了我，而且得到了他们的欣赏与肯定）。 2. 新校舍的落成和使用给我校发展提供了契机，新的领导思想和办学理念给教师提供了更大的发展空间和展示才华的平台。我可以争取更多的机会与全市的老师一起交流与分享教育教学经验。 内部条件： 在 10 年的教学生涯中，我积累了很多的实际工作经验，同时也更加热爱这项事业，逐渐有意识探索自己教育教学的风格，各方面都处于上升期。	
阶段性目标分解	1. 前三年，潜心钻研新课程教材，教完整的一轮高中新课程，注意经常总结与反思。 2. 在后三年，加强教学理论的学习和业务能力的再提高，撰写教学论文，争取更高层次的学习深造机会。	

控制措施	1. 提高自身素质和能力的具体方法设想： (1)认真阅读本专业的报纸杂志； (2)充分利用网络资源，从同行心得中得到启发，获得灵感； (3)积极参加各类各级培训，从专家身上获得业务能力的滋养； 2. 专业发展的途径：研修、团队合作、校内外听课、同组老师交流沟通，坚持写教学反思等。 3. 需要学校提供哪些帮助：需要专家的引领。

(三)教科研为教师发展助力

在课程改革的新形势下，为促进教师的专业发展，学校建设了一支由专业人员引领、以科研部门骨干为主体的学校科研队伍，以点带面，引领学校教师结合教育教学实践进行研究，进一步培育教师科研素养，促进绝大部分教师由经验型向研究型转变，加快教师专业发展。

1. 把握方向，引领学校自主创新、内涵发展

(1)更新观念，增强研究意识

提高教师的科研素养是课程改革的需要，也是学校跨越发展的必由之路。每位教师要养成学习与反思的习惯，增强研究意识，以研究者的眼光审视、反思、分析和解决自己在教学实践中遇到的问题，把日常教学工作与教学研究融为一体。学校为教师之间进行信息交流、经验分享和专题讨论提供平台，倡导科学精神和实事求是的态度，营造求真、务实、严谨的科研氛围。

(2)突出重点，形成特色

坚持科研工作"面向实际、站在前沿、重在运用、加强合作"的原则，突出全面实施素质教育这个重点，以扎实推进高中课程改革为抓手，把科研的领域和侧重点移向教研组、教师，把解决教育教学实践中的现实问题作为科研的立足点，把促进教育理论与实践的结合作为科研的着眼点，把教育教学方法的不断改进作为科研的切入点，切实提高课堂教学效率，切实解决部分教师的高耗低效问题，切实提高学校的办学品位；围绕"以人的发展为本的教育动力学研究及实践""公民教育实践活动""初中青春期性教育的实验校"等重点课题研究，在全校范围内组织力量，形成十四中科研的特色品牌。

2. 健全教科研管理网络，优化工作运行机制

（1）建立十四中教科研领导小组

学校建立校长室—教科研室—教研组—教师式的教育科研管理网络，明确各自的分工和职责。在校长的领导下，教科研室全面负责学校的科研管理，实行分层指导、分类提高、步步推进。

（2）充分发挥教科研室、教研组的职能作用

教科研室首先做好教育科研规划、调研、指导、管理和成果推广等常规工作。所有教科研室成员都必须承担具体的课题研究任务，做好相关学科课题研究指导工作，提高教师研究素养，指导培养教科研骨干；充分利用校内外有效资源，实施专家引领，组织学术交流研讨会，整理汇编教育科研信息和优秀教科研论文，做好本校教育科研课题规划、立项、过程性管理、成果总结和推广工作；组织教科研工作考核评估，做好教科研资料归档工作。教科研室每年组织一次全校先进教研组评选。

（3）注重发挥"名、特、优"教师科研示范作用

按照市区文件精神，注重发挥"名、特、优"教师科研示范作用，所有名教师、学科带头人要在积极参与和有效指导全校学科建设的同时，主持或参与课题研究，撰写学科论文，发挥名师、学科带头人的示范带头作用，逐步形成引领全校范围教师专业成长的骨干教师队伍。

3. 强化课题管理，努力提高教育教学的实效性

（1）精心筛选和确定课题

遵循超前性、创造性和实效性原则，从全校教育教学的实际出发，认真做好全校课题的规划工作，所有教师根据教育教学实际并参照课题指南，选定或自行设计能够服务于提高学科教学质量、体现学校特色的课题作为本校的主导课题。教科研室要加强组织和必要的引导，逐步形成全校范围内有特色的科研课题研究体系。

（2）规范课题立项工作

凡申请立项的课题，其申请人必须在做好前期准备的基础上认真填写申请表，并附详细实施方案，经批准后方可组织实施。凡申请校级以

上的课题，还须经上级有关部门研究批准。课题申请人须是课题的实际主持者，在项目中担任实质性研究工作。课题负责人应加强对课题的指导和监督，并争取学校在时间、人力、物力等方面给予积极支持。

（3）加强课题研究过程性管理

认真落实学年课题研究汇报制度。凡是区级重点课题及区以上立项课题，必须在新学年开学初，上报课题研究计划，内容包括上学年课题研究工作总结、本学年课题研究计划、活动安排等。学校教科研室以此为依据，加强研究过程的检查和调控。重点课题由教科研室牵头，组织同课题有关部门进行协作研究，集体攻关，邀请相关的教育专家指导、出谋划策、指点迷津，切实把课题研究与教师的教学工作有机地结合起来。

（4）重视课题研究的总结、鉴定和成果推广工作

课题研究结束后，课题组要认真总结、整理科研成果，写出课题研究报告申请鉴定。学校每学年都要举行教师个人教科研成果展示活动。教科研室在实地调查、全面论证的基础上，对研究成果和案例进行逐一评审，并将评审结果通过教科研专刊、教师论坛、成果推介会等形式向全校发布，定期将研究成果上网公布；积极帮助在课题研究方面工作扎实、成效显著的骨干教师著书立说，在培养和推出众多名教师的过程中，带动全校科研档次的提升。

4. 完善教科研规章制度，保证教科研工作健康有序开展

（1）完善评价机制

完善教师综合素质考核方案，开展特色课题研究、优秀论文、优秀教科研成果评比活动，引导教师参与科研，为骨干教师快速成长搭建平台。

（2）加大表彰力度

重新修订《十四中教科研成果奖励办法》，设立教育教学创新奖、教育科研优秀集体奖、优秀课题和优秀教科研论文等学术成果奖，重奖在科研方面取得成绩特别是在全校范围发挥示范辐射作用的处室和教师。通过以奖代补形式，落实学校学科带头人、专兼职教研员的相关待遇。

学校根据实际,加大对科研成绩显著的单位和个人的奖励力度。

(3)确保有序规范发展

学校每年组织召开全校科研工作会议,定期召开学校教科研室例会,研究解决科研工作中的矛盾和困难,推广科研成果,使全校的科研工作由个体走向群体,由无序走向有序,由自发走向规范。

(4)建立科学、民主、依法管理的长效机制

紧紧抓住科学发展这个第一要务,逐步健全科学化、规范化的制度管理体系,根据基础教育课程改革的要求,进一步修订完善教科研室现有的规章制度、研究制度,适时组织教改先进教研组、先进教科研个人评选活动,发现并培养具有创新精神和跨学科教学能力的骨干教师,促进教师队伍整体素质的不断提高;认真总结经验,树立先进典型,创造条件,提供舞台,不断推出一批有影响的名师和优秀的教研组。

(5)大力做好交流宣传工作

切实加强《十四中教科研》编辑工作,采取具体有效的措施,不断提高质量,积极宣传新课程改革以及我市教育教学新经验、新成果,努力提高质量、积累资料、加强交流;大力加强十四中教研网的建设与管理,及时发布校、区、市及全国的教研动态和最新成果,充分发挥网络媒体的对外宣传作用,使之成为十四中教科研的窗口。

(6)切实保证教科研经费的投入

学校每年优先安排专项经费用于课题研究和成果奖励。学校也要根据实际情况,安排科研专项经费,专款专用,保证科研工作正常开展。

(7)创建具有十四中特色的教科研管理评价机制

建立十四中教师 CMIS 电子档案库评价系统,进行科学有效的教师评价。该系统可以引领教师的专业发展,实现学校发展与教师自身发展的统一,努力为每一位教师创造主动发展的空间,让每一位教师都有展示的舞台和成功的机会。十四中教师 CMIS 电子档案库,从师德师表、班级管理、课堂教学、教育科研、活动辅导五个层面评价,基本涵盖了教师在教育教学工作中所必须具备的良好素质,以便对教师工作进行定性与定量评价,有利于教师对工作进行反思与改进。

（四）名师工作室进行高位引领

为充分发挥十四中优秀教师的引领作用，十四中名师工作室在教师队伍建设中担当先锋，发挥引领作用。

2012年12月，在西城区教委的主持下，西城区高中数学唯一一个名师工作室"安彩凰名师工作室"正式成立。工作室的负责人是北京市中学数学特级教师、市级学科带头人、十四中教学副校长——安彩凰。从一名普通教师成长为具有正高级职称的特级教师，安彩凰在教学一线默默耕耘了30多年。"上课、培养青年教师"成为安彩凰工作和生活的主体。近20年来，安彩凰的课堂几乎每天都有青年教师随堂听课。工作室有12名成员，他们是来自几所学校的中青年教师，他们的交流探讨也带动本校教师参与其中、共同进步。工作室的成立，让教师结成了研究团队，为学术研讨确立了组织保障。

2016年2月，十四中又结合学校实情，组建了校级名师工作室。"博雅"工作室由北京市德育骨干教师梁秀丽领衔，"睿智"工作室由北京市学科骨干教师魏晓莉、沈军、唐立娟三位教师领衔，两个工作室分别进行德育和教学工作的深入研究。校级名师工作室的成立为学校市区级优秀教师搭建了平台，让骨干教师真正能够发挥引领、辐射和示范作用，为青年教师尽快成长铺路搭桥。名师工作室内部师徒结合等形式，使骨干教师在学校的教育教学活动中挑重担，使十四中的百年优秀教学传统代代相传。

（五）博雅大讲堂提升综合素养

1. 教师核心素养大讨论

习近平总书记在考察北京市八一学校时希望广大教师做学生成长的"引路人"，这一要求赋予教师光荣的责任和使命，对教师队伍建设、教师的自我塑造和职业发展，提出了明确的目标。教师要做学生的"引路人"，关键是要按照"四有"标准，努力把自己塑造成为"有理想信念、有道德情操、有扎实学识、有仁爱之心"的好教师。那么在教育改革持续推进的今天，"传道、授业、解惑"的教师应该具有怎样的素养呢？学校决定结合习近平总书记的要求、十四中的历史与现状，结合"做有温度的教育"的办学理念,在校园网上开展教师核心素养大讨论。教师积极发言,各抒己见。

十四中教师核心素养大讨论发言摘录

周艳老师:教师工作的对象是充满生命力的、千差万别的个体,传授的内容是不断发展变化的科学知识和人文知识,教育过程又是一个复杂的动态变化的过程。这就决定了教师不能以千篇一律的态度对待自己的工作,而是要以一种变化发展的观点、研究的态度对待工作和学生,不断学习新知识、新理论,不断反思自己的实践,不断发现新的特点和问题,以适应不断变化的形式,要有所创新。

唐锋国老师:通过思考"教师应该具有怎样的素养",结合十四中教师的核心素养,我个人认为教师核心素养可以从多个角度分类思考,比如,在工作上要态度端正、无私奉献,在教育观上要观念正确、以人为本,在人际关系上要诚信礼貌、乐于助人,在团队精神上要胸襟宽阔、团结合作,在心态上要积极向上、开朗乐观,在责任上要敢于挑战、勇于担当,在知识上要专业精通、学识广博,在教研上要思维创新、个性发展。

夏树铭老师:"传道"不是简单的讲道理,主要是要通过教师的引导和行为的示范影响学生的道德素质、价值观的形成。所以,师以德为先。"授业"是指能够使学习者适应生活、适应社会的各种技术及理论知识。教师要始终明白,不仅要教知识,也要着眼学生的发展和社会的需求。教师一定要有社会责任感。"解惑"就要求教师有广博的知识和深厚的社会体验,努力做到谦虚、好学、诚实、善思。

黄谊老师:教师的核心素养由学科素养和师德素养组成。教师首先要使课堂精彩,这样才能吸引学生。实践"传道、授业、解惑"需要有较高的学科素养。教师要热爱学生,热爱本职工作,才能甘于清贫、甘于奉献、乐于钻研。

张琳老师:教师的核心素养,应该指的是教师素养中的"关键少数"。虽然它们的数量少,但在教师从事教育教学工作中的影响和作用很大。工作20年来,从自身的从教经历看,从身边教师的教育教学的情形看，我认为教师的核心素养大致可以归纳为以下几项。身心健康素养——要具有使自己健康的能力，即要能够积极对待生活，心理健康，拥有阳光心态；要能够熟练掌握一种个人健康锻炼的方式，还能基本掌握一种群众性体育锻炼方式；要有一定艺术素养，能够发现美、欣赏美。依法执教素养——面对复杂的教育教学环境，要有较为完备的法律知识。学科专业素养——要有充足的本学科知识储备和教育教学能力，要能够有意识地进行跨学科学习，要能把单科知识构建成领域知识。生活能力素养——要能够准确表达，并且能够做到在知识传递的过程中让对方能够感受到情感，体会到温度；要有一定的生活经验和在工作中解决日常问题的能力；要能读懂学生。

十四中关于教师核心素养大讨论的问卷调查

亲爱的同学：你好！

为了学校和同学们自身的可持续发展和健康成长，学校决定结合十四中的历史，结合"做有温度的教育——对每一个学生负责，帮助每一个学生成功"的办学理念，开展"21世纪教师核心素养"大讨论。

此问卷属于匿名调查，你的回答不存在对错之分，请如实作答，谢谢参与。

一、你喜欢什么样的教师？（可以多选，直接打"√"）

A. 教学经验丰富的教师

B. 年轻时尚、信息素养好的教师

C. 自信、尊重、鼓励学生的教师

D. 课内外学识渊博的教师

E. 幽默风趣的教师

F. 思想深刻、富于哲理的教师

G. 要求严格、热爱学生的教师

其他：

二、你认为教师应当具备的核心素养是什么？（空格处同学可以继续填写自己的想法）

	核心素养的内容	非常认同	认同	不认同	非常不认同
A	语言表达与交流素养				
B	文化觉识与文化表达				
C	数学和基本的科学技术素养				
D	学会学习				
E	信息（数字）素养				
F	社会与公民素养				
G	主动意识和创新精神				
H					
I					
J					
K					

其他：

三、你认为教师身上最缺少的素养是什么？

再次感谢同学们的积极参与！

2. 教师专业素养大讲堂

学校为了做好教师的校本研修工作，筹备开设了教师专业素养大讲堂。十四中的博雅大讲堂依托党建创新项目的理论和手段，深入研究当前社会发展对教师队伍建设提出的新要求，深入研究新时期教师成长、成才的新需求，利用学校各位经验丰富教师的有利条件，对广大教师进行素质培养，建立教师快速成长的平台，助推教师快速成长。

博雅大讲堂开设的课程涉及教育理论提升课程、学科专业提升课程、现代教育技术课程、经济生活常识课程、信息安全常识课程、饮食安全常识课程、体育健康课程、艺术审美课程等多领域的课程，力争在校本研修中为教师提供丰富多彩的课程，增加教师的选择性，让教师在选择时结合个人的专业发展的需求以及兴趣爱好有效地提升自己、发展自己。

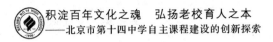
学科专业提升课程——十四中教师博雅大讲堂课程纲要

课程 名称	教师的专业发展——如何听、评课				授课教师	安彩凤
所属 科目	公共课	计划 课时	3	计划 上课时间	星期一第 3 节课 星期五第 6 节课	限制听课 人数	20

授课 对象	数学教师或理科教师
开课 条件	教室（有电脑）
课程 目标	通过理论学习、实地研究，掌握教师听、评课的方法与技巧
课程 内容 简介	安排三节课 第一节理论课：①如何听课，在听课过程中如何品悟师生教与学的方法与技巧——品悟教师如何运用并组合教法，品悟不同学生在课堂上的思维类型、学习心理、学习方法和认知规律。②如何评课，评课的侧重点。 第二节实地听课：安排一位教师上课，其余教师听课。 第三节实地评课：围绕上一节课进行评课。
教学 过程	教学是一门艺术，它之所以成为艺术，是因为在课堂教学中，教师可以像美术家、音乐家以及文学家和诗人那样，进行艺术创造。教师的创造不仅以独特的个性来发挥和展示自己的才能，还必须和学生配合。学生是这项创作活动的参与者和受益者。这种艺术创造的成果，不是被人称颂的巨幅画卷，不是流传百世的乐章，也不是脍炙人口的诗文名著，而是年青一代的灵魂、未来世界的主人。 教学艺术是教师钻研教材、研究学生、进行创造性劳动的智慧之果。这种传递人类文化和文明、发展人的体魄和智慧、塑造人的心灵的艺术，是通过教师的心血和双手在学生的身上精心描绘出来的，是社会的综合性艺术，是艺术的艺术。 一、理论学习 （一）关于听课 1. 听课要有目的、有计划 目的：目的明确。例如，教学主管推门课的目的是检查督导。 方式：独立听课、结伴听课、同头听课、同班听课，根据听课的不同目的选择不同的听课方式。

教学过程	**2. 听课要有准备** 听课前要做到：①要准备好教材，要大致看一看教材要求；②要了解上课教师的基本情况和大致的教学特点；③要了解听课班级学生的情况。这样听起课来就容易心中有数，听课效果就更好。 **3. 听课要有方法** 听课的基本方法可以概括成四个字，即听、看、想、记。 （1）听什么 一听教师怎么讲的，是否讲到点子上，重点是否突出，结构是否合理； 二听课讲得是否清楚明白，学生能否听懂，教学语言如何； 三听教师启发是否得当； 四听学生的答题中显露出来的才能和暴露出来的问题。 （2）看什么 一看教师，二看学生。 看教师的精神是否饱满，教态是否自然亲切； 看教师的板书是否合理，教具运用特别是现代化教学设备的运用是否熟练； 看教师的教法选择得是否得当； 看教师对学生出现的问题的处理是否巧妙…… 一句话，看教师的主导作用发挥得如何。 看学生是否情绪饱满、精神振奋； 看学生参与教学活动的机会和表现； 看学生的注意力是否集中，思维是否活跃； 看学生的练习、板演、作业情况； 看学生举手发言、思考问题的情况； 看学生活动的时间长短是否合理； 看各类学生特别是学困生的积极性是否被调动起来； 看学生与教师的情感是否交融； 看学生分析问题、解决问题的能力如何…… 一句话，看学生的主体作用发挥得如何。 （3）想什么 听课不仅要边听、边看，还要边想。因为教师对课堂教学水平的分析不能仅停留在表面现象，还要做出正确的判断，这就要透过现象去分析实质。 想一想这堂课有什么特色； 想一想教学目标是否明确； 想一想教学结构是否科学； 想一想教学思想是否端正； 想一想教学重点是否突出； 想一想教学难点是否突破； 想一想有哪些突出的优点和较大的失误。

教学过程	(4) 记什么 记录听课时听到的、看到的、想到的主要内容。 一记听课的日期、节次、班级、学科、执教者、课题、课型； 二记教学的主要过程，包括板书要点； 三记本节课在教学思想、德育渗透、教学内容处理、教学方法改革等方面值得思考的要点； 四记学生在课上的活动情况； 五记对这堂课的简要分析，特别是讲课中符合教学规律的好的做法或存在的不足，并加批注。 (二) 关于评课 评课是教学、教研工作过程中一项经常开展的活动，也是非常有意义的活动。 评课是一门科学，既然是科学就要有科学的态度，就要按原则办事，就要实事求是，就要客观公正。 评课也是一门艺术，既然是艺术就要充分了解任课教师及所在班级的情况，就要以先进的教育思想及课改理论做指导，就要十分讲究方式方法。 1. 评教学思想 课堂教学是教师教学思想、教学态度、教学能力和教学艺术的综合体现。教学思想就是教师的教学观念。教学方案的制订、教学内容的确定、教学方法的选择、教学手段的运用、教学过程的实施，通常都是由教师的教学思想决定的。 2. 评教材处理 教师要上好课，就必须认真钻研教材，吃透教材，精心组织教材，科学处理教材。 3. 评教学方法 教学方法是为了完成一定的教学任务，师生双方在教学活动中采用的手段或策略。教学方法的选择直接关系到课堂教学效率的高低，所以教学方法要恰当。 教师要根据教学任务来选择教学方法：学生获得新知识——讲授法、发现法；学生获得技能技巧——练习法、讨论法；学生获得自学能力——读书法、辅导法。 4. 评能力培养 要为学生创设问题情境，强化问题意识，激发学生强烈的求知欲望； 要鼓励学生独立思考，敢于质疑，敢于追根问底； 要培养学生良好的思维习惯，使学生养成良好的思维品质。 5. 评师生关系 充分确立学生在课堂教学活动中的主体地位； 努力创设宽松民主的课堂教学氛围。 二、实地听课 三、实地评课

第八章

自主排课促进师生发展

学校的课程改革已经进行了整整一轮，有些成果是显形的，但更多的成果是隐形的，只能靠大家体会与感受；有些甚至是滞后的，若干年后才能展露出来。十四中人坚信十四中选择了一条通向学生成长、通向教师成功、通向学校发展的道路，十四中人会义无反顾坚持到底！

十四中在 2012 年进入北京市第二轮自主安排高中新课程实验项目的行列，现已走过了整整一轮。回首当初，学校参与这次实验的主要任务是借自主排课之势整合、建设、实施、完善十四中课程体系，更好地实现学校的育人目标，彰显学校的办学特色，同时也为教师的专业发展搭建平台，更为孩子们实现人生的梦想留足空间。总结三年的实验探索，十四中在实现目标、完成任务的同时收获了更多！

一、学校自主排课的措施与效果

（一）构建并完善课程体系

学校以国家课程标准为依据，发挥办学的主动性与创造性，围绕学校的育人目标"善、博、雅"和实际进行整体设计，对现有的资源、即将开发的资源进行重新盘点和组合，构建促进学生全面发展的课程体系，同时满足学生个性化学习的发展需要，以丰富的课程资源，提供更多的学习选择，为学生的全面发展、个性发展创造良好的学习条件。学校课程建设的总目标是以课程建设为中心，构建适应学生成长的课程体系，促进学校、教师、学生的共同发展，在学生与社会之间架设发展的桥梁，贡献社会，幸福人生。

（二）加快教师专业化

在课程改革中，教师是执行与落实课程改革精神、实现课程改革目标的核心要素。学校在促进教师专业化的过程中坚持教师为本、行动为本、学校为本的教师专业发展原则。

教师为本，即尊重教师的主体精神，满足教师自主发展、自我提高的心理需要，引导教师自主确立自己的努力目标，找到适合自身发展的有效途径。

行动为本，即坚持理论和实践紧密结合，通过自我反思、同伴互助、专业引领、强化实践等活动，以课堂教学改革和教育科研为载体，引导教师在不断探究与解决问题的过程中，促进教师自身的可持续

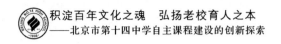

发展。

学校为本，即立足本校实际，以研究教育教学中出现的实际问题为出发点，以改善教育教学实践为目的，在实践中培养和优化师资队伍。

基于此，学校确定了教师专业整体发展目标和教师专业个性发展目标。

1. 教师专业整体发展目标

教师专业整体发展目标应符合教师自身实际，是教师通过努力可以达到的目标。因此，它是具体的，具有可行性。学校具体从教师的知识结构、专业技能、专业情意三方面细化教师专业整体发展目标。

（1）知识结构

教师要具有宽广深厚的专业知识。教师的专业知识包括普通文化知识、所教学科知识、教育学科知识。这三个方面应达到一定的水平并能相互结合和融通。普通文化知识包括人文社会科学知识、自然科学知识、现代科学技术知识。所教学科知识包括学科内容知识、学科教育理念、学科思维特点、学科研究方法、学科发展的前沿概括。教育学科知识包括教育学、心理学、教育心理学和学科教学论、课程论等知识，特别关注建构主义理论和多元智能理论在教学中的应用。教师不仅要具备以上三种知识，还要做到三种知识的灵活运用和融合，形成具有自己风格的专业知识结构。

（2）专业技能

教师的专业技能包括教学技巧和教学能力两方面。

第一，教学技巧。

教师经常使用的教学技巧如下：课题导入技巧是教师进入新课题时创设问题情境的教学方式，目的是引起学生注意、激发学习兴趣、明确教学目标、建立知识间的联系、鼓励学生积极参与；讲解演示技巧是教师使用语言和肢体启发学生思维、交流思想、表达情感的教学方式；提问听答技巧是教师提出问题及应对学生回答的教学方式，目的是促进学生参与学习过程，调整学生学习状态，启迪学生思维，使学生理解知识、掌握知识、发展能力；运用技术技巧是教师运用黑板、教具或现代化媒体手段，向学生展现教学内容，帮助学生理解、记忆，提高学生学习效率的教学行为；总结提炼技巧是教师通过重复、强调、概括、总结等活动，对知识进行系统化巩固，并纳入学生认知结构的教学行为。

第二，教学能力。

教学能力是教师达到教学目标、取得教学效果的能力。教学能力包括教学设计能力、教学实施能力、教学评价能力。

教学设计能力具体包括以下内容。确定教学目标的能力：教学目标的确定要符合学生实际、课程标准和教材要求，考虑教学条件和自己的教学风格。开发利用教育资源的能力：在新课程理念的指导下，选择课程资源、开发课程资源、使用课程资源是教师的权利，更是教师的义务。分析和组织教材的能力：主要体现在对教学重点、教学难点和教学疑点的把握上。编写教案的能力：教案是把教学设计"图纸化"的结果。教学目标、教学要点、课的类型、教学方法、时间进程、板书设计、习题及其解答等，是编写教案的要点。教案应具有科学性、准确性、使用性、针对性和创见性。

教学实施能力具体包括以下内容。处理人际关系的能力：教师要建立一种民主、平等的师生关系，让每一个学生都能感受到尊严、存在的价值、成长的愉悦。组织管理教育教学的能力：在教育教学中，教师必须具备活动规划、活动决策、活动组织、活动控制的能力。理解运用信息的能力：教师要具有一定的信息知识与操作技能，能够检索并获取信息，能够进行信息的应用与创新。教育教学研究能力：教师对自己的教学实践和周围发生的教育现象要有职业敏感度和探索的习惯与欲望，要有科学研究意识，并掌握科学研究的方法。

教学评价能力具体包括以下内容。设定评价内容和评价目标的能力：评价学生是为了促进学生的全面发展。对学生学习的评价，既要关注结果，也要关注过程及学生在过程中发生的变化以及实现的发展；既要关注学习水平，也要关注学生在实践活动中的情感与态度。教师要根据新课程标准的要求，将课程标准与教学实际结合，提出明确的、可操作的评价目标和评价内容。选择评价方式和收集评价资料的能力：评价方式有纸笔测试、访谈、问卷调查。学生提供的评价资料有作业、小测验、论文、实验报告、活动过程记录等。这些原始资料都可以表明学生的学习状况，可以作为对学生进行客观真实评价的依据。教学实践后的反思能力：教师要认真总结并仔细分析自己在哪些方面取得了成功，在哪些方面还需要改进；自己的教学是否符合学生的实际，是否有效地促进了学生的发展，是否达到了最佳的教学效果。课堂管理与调控能力：通过反思，教师应能找到教学中存在的问题，并能对教学活动进行自觉主动地调节和修正。

(3)专业情意

在布鲁姆的教育目标分类中，教师的专业情意分为专业理想、专业情操、专业性向和专业自我。

专业理想：教师的专业理想是教师对成为一个成熟的教育教学工作者的向往和追求。教师要干好教育事业，要有强烈而持久的教育动机，要有很高的工作积极性，要有事业心和责任感，要热爱教育事业、热爱学生。

专业情操：教师的专业情操是教师对教育教学工作带着理智性的价值评价的情感体验，是教师对教育功能和作用的深刻认识而产生的光荣感和使命感，是教师对职业道德规范的认同而产生的责任感和义务感。

专业性向：教师的专业性向是教师成功从事教学工作所具备的人格特征，表现为有见识、有献身精神、有敏锐的洞察力和分析能力、有独立性。

专业自我：教师的专业自我是教师个体对自我从事教学工作的感受、接纳和肯定的心理倾向。

总之，专业情意是教师对教育事业的深刻理解，对职业道德和职业规范的认知认同程度，对工作群体的向心力和奉献精神。教师要努力做到热爱教育事业、珍惜教书育人工作、敬业爱生、乐于奉献。教师要增强教育的使命感，确立正确的教育观、学生观、职业观、价值观，增强文化底蕴，塑造人格魅力。教师要用高尚的教师职业道德和良好的公民道德行为去影响教育学生，做到既教书育人，又教育学生成为有责任感的社会公民。教师要尊重并平等地对待每一个学生，建立起良好的新型师生关系。教师不仅要教学生认识社会和自然，更要帮助学生认识自我，培养学生自尊、自信、自强、自立的良好品质。教师要增强合作意识，按时参加集体备课、教研组业务学习，具有在工作中形成团体合力的热情与奉献精神。

2. 教师专业个性发展目标

（1）成长教师

成长教师是指处在从合格大学生、合格研究生到合格教师转变阶段的新教师。这一阶段是教师初步形成教学能力的时期，教师在教学中比较侧重如何讲授，难以顾及学生，对学生的学习和心理研究往往不够。这个阶段新教师的培训形式是，学校选择骨干教师对新教师进行学科教学和班主任工作带教，按合同要求开展传、帮、带的培养工作。成长教师的主要标志是在一年到两年内基本熟悉学校教育教学常规工作，有教育责任感，热爱学校，热爱学生。

（2）成熟教师

成熟教师主要是指教龄在 3～10 年的青年教师，是处于从合格教师向成功教师转变阶段的教师。这个阶段是教师教育教学能力提高最快、逐步走向成熟的时期。该阶段教师在教育教学中能够凭借自己的经验或直觉应付自如，有效地处理问题。处在这个阶段的教师要解决三个问题。第一，拓展知识面。第二，提高教育科研能力。大部分教师有科研意识，但科研能力不强，在教育教学实践中发现问题、提出问题的能力较差。第三，增强教育改革意识与能力。教师只有在工作中不断发现问题、提出问题，对自己的经验进行批判性思考，探索新思路、新方法，创造性地开展工作，才能超越自我、更加成熟。这个阶段教师的培训形式是采取师徒双向选择、自愿结对的形式，在师德修养、教育理论、教学实践、教育科研、学生管理等方面进行带教。成熟教师的主要标志是掌握初中或高中三年全部的教材内容和教学要求，学科专业知识较为扎实，能运用教育的基本理论去指导教育教学实践，积极踊跃参加市、区、校教学评优课活动。

（3）成功教师

成功教师主要是指教龄在 10 年以上的教师，是处于从成熟教师向骨干教师转变阶段的教师。这个阶段教师的特点是知识深广，珍惜一切学习提高的机会，关注教学目标的实现，关注学生在课堂上对教师讲授及提问的反应，关注对学生的引导，关注和研究学生的心理、学习需要、学习方法。随着经验的积累，他们能够将教育理论与在实践中学习到的优秀经验内化为对教育真谛的深刻理解，形成正确的教育观念，并以此指导自己的教育行为。教师的健全人格也在教育活动中磨砺而成。

（4）骨干教师

骨干教师主要是指教龄在 10～15 年的中年教师。他们在区、校发挥着支撑作用、表率作用、影响作用、指导作用，处在这个发展期的教师要解决四个问题：第一，进一步强化专业意识，认识教育的本质，提升教育的使命感和神圣感，积极带头自觉贯彻党的教育方针、政策和法规；第二，在教师中发挥表率作用；第三，在新课程的实施中积极开展研究，影响、激励其他教师；第四，在教师中发挥指导作用，在教育教学和科研上带动其他教师集体提高，形成良性循环。骨干教师的主要标志如下：学科教学和班主任工作形成自己的风格，成绩明显；有较强的教科研能力和相应的研究成果；有较强的指导青年教师的能力，所带青年教师成长迅速，参加市区评优课活动并获奖；班主任工作出色；在区内外有一定的知名度，被评为区级以上骨干教师、学科带头人。

（5）名特教师

名特教师主要是指教龄在 15 年以上的教师。这个阶段教师的特点是知识深化，教育目光远大，有前瞻性，能够站在社会发展的角度思考教育问题，发表出版有一定价值的教育论文和教育专著，教育教学上有自己鲜明的风格和教学模式。

名特教师的主要标志如下：形成学科教育特色，优秀的教科研成果得到推广，在北京市有一定的知名度，实际教学效果在同类学校处于明显优势，教育思想或教学风格在青年教师身上得到延续，留下一批宝贵的资料（课堂教学实录、教育教学论文或总结回忆录）。

学校确定了教师专业整体发展目标和教师专业个性发展目标，然后引导每一位教师客观分析自身专业发展的优势和薄弱环节，进而在自我发展和学校发展的共同要求下，在客观分析自身专业发展可能的基础上，认真进行专业发展目标的规划。同时学校注重考核评价，促进教师又好又快发展。学校对教师专业发展目标的达成情况分年度进行指导和考核，先由教师对落实情况进行自评，然后由学生和其他教师评价，再由学校考核领导小组进行综合考核评价，最后确定考核等级。考核结果一定与职称晋升、绩效工资、奖惩挂钩。学校建立了教师专业发展记录袋制度，科学记录教师的专业成长过程，完善教师发展性评价。

在以上措施的基础上，学校正在逐步达成以下效果。

第一，教师学习专业知识、提高专业技能的自觉性明显提高，能够产生比较强烈的自我提高欲望，为终身学习与发展创造了良好的开端。

第二，形成一支有一定影响力的校级、区级、市级和国家级的优秀教师梯队。学校骨干教师在数量上要增加，在层次上要有明显的提高。北京市骨干教师以上的名师要突破10人以上，区骨干教师要突破教师总数的30％。学校各学科发展均衡，都拥有自己的学科带头人和骨干教师队伍。

第三，涌现出一批研究型和专家型教师，在校本课程构建、校本课程实施、课堂有效教学、通用技术教育、体育艺术教育、班主任管理、课题研究等方面有专长的特色教师。

第四，积极开发校本课程，一方面鼓励教师结合自己的特长和校内外资源创造性地使用教材；另一方面启动学校校本教材的编写工作，开发综合实践活动课程，完善学校研究性学习课程，形成学校的课程建设特色。

第五，以先进教育管理理念和教育教学理论为指导，通过教师队伍的发展，将学校办成在市区内享有一定知名度和美誉度的"百年品牌名校，人才培养艺苑"。

(三)促进学生个性化发展

课程资源是学校办学较具特色的地方。十四中在满足学生个性化成长需要方面，着力挖掘、打造优质课程，开发建设满足学生需求的校本课程。学校的校本课程分两大类：第一类是学校开发的课程，称为校本专修课程；第二类是国家课程校本化的课程，也就是国家规定必修课时、学习方式，学生自选学习内容的课程，称为校本延伸课程，如综合实践类课程。

1. 校本专修课程

校本专修课程就是学校在自身现有的教育教学资源的基础上，从发展学生学科能力的角度，组织教师根据学生发展需求、结合自身专长自创自编的有体系的进行不同学科领域教学的课程。

十四中的校本专修课程分为学科类和活动类两大类：学科类又分为学科前沿、学科整合、学科应用和大学先修课程，活动类又分为文体和实践两部分。到目前为止，学校已开发 60 多门课程，40 多门课程已经比较成熟，深受学生的喜爱，能够满足学生的个性化和多元化需求。

2. 校本延伸课程

校本延伸课程是学校将国家课程中的研究性学习进行校本化的课程。

十四中开设研究性学习课程已经 10 多年了。教师在这门课程中也充当研究者，教师与学生都是学习的赢家。教师在指导学生进行研究性学习过程中培养和发现了一批有研究能力、会独立思考、能够合作学习的学科苗子。学生在这门课程的学习过程中收获了在其他课程中无法学到的知识和研究问题的方法，也培养了自身的科学态度、科学精神和科学道德。

十四中的研究课题相对集中于四种类型：第一种是科技实践类；第二种是人文艺术类；第三种是学科拓展类；第四种是社会调查类。

教师和学生在研究过程中要明确以下三点。

第一，明确研究性学习的实施一般分为三个阶段：第一阶段是进入问题情境阶段，包括研究的准备、研究课题的确立和做开题报告；第二阶段是实践体验阶段，包括搜集和分析信息资料、调查研究和初步交流；第三阶段是总结表达阶段，包括将收获归纳总结、整理提炼，形成研究报告，或通过指导教师主持的答辩。

第二，明确学习的基本程序及步骤：寻找研究方向，确定研究课题；了解研究方法，制订研究方案；查阅文献资料，撰写开题报告；注重研究过程，积累研究资料；整理研究资料，得出研究结果；确定成果形式，撰写研究报告；交流研究成果，反思研究过程；进行客观评价，认定等级学分。

第三，明确三年完成三个课题："一大"，即在指导教师的指导下，高一时严格按程序完成一个大课题；"一小"，即在班主任的管理下，在高二时小组合作完成一个小课题；"一专"（人生规划、专业选择），即在班主任的督促下，高三时小组合作在网上完成一个专题。

基于以上三点，学校在整体规划校本专修课程和校本延伸课程的基础上，制订严谨的课程开发、实施、监督、评价等方案，形成切实有效的管理体系，最终确保课程的效果。

例如，研究性学习申报的课题中，科技实践类中比较有特色的课题有通用技术教师唐峰国指导的"我国古典益智玩具玩法与发展研究"，该课题已经在北京市立项，并得到了经费支持。在研究中，教师让学生在动手制作玩具的同时动脑思考玩具的操作技巧，从智力开发的角度总结这些益智玩具的意义与价值。此类研究既能吸引学生的兴趣，又能让学生在研究实践中收获知识、提升能力。人文艺术类的课题中比较有特色的有美术教师金彬指导的课题"老北京民居——胡同文化"。在研究中，教师带着学生真正走进老北京的胡同，让学生在实地考察中体会、感受老北京的胡同文化，并且结合各种相关资料，让学生受到了老北京历史文化的熏陶。学科拓展类的课题中比较有特色的有数学教师张玲指导的"生活中的数学"。张老师将书本知识与生活的直观呈现相联系，让书本上的知识"活"起来。社会调查类的课题中比较有特色的有化学老师孟哲红指导的"食品添加剂的调查"。同学们通过到快餐店取样调研，了解社会上受追捧的快餐食品的添加剂情况，为大家的健康生活提出建议。

同时，学校发现科技实践类和社会调查类的课题数量所占比例非常大。因此，在这种情况下，学校抓住研究性学习课堂教学的机会，形成创新人才的培养机制。机制一：与研究性学习学科教学整合，即在教师引导下，学校增大科技实践类和社会调查类课题的比例，使科技教育工作有教师的引导和固定的活动时间、经费保障。机制二：实行研究性学习课程分层次教学。科技实践类的课题研究需要大量的时间开展实践活动，并且需要专家的引导。因此，学校采取推出去（让承担优秀的科技实践类课题的学生带着课题参与到"翱翔计划""后备人才培养"等科技拔尖人才培养活动中）和引进来（将前沿的科技资源引到课堂中，聘请专家指导学生的课题研究，如"雏鹰计划"等）的方式提高教师和学生的积极性和研究性学习的实效性，同时形成良好的科技教育培养和奖励机制。例如，学校高一2班"生物对水体的净化"研究性学习课题小组中的刘绍光同学被学校推荐到北京市青少年科技后备人才培养计划中。他带着这个课题，在专家的引导下将一些在学校中无法完成的实验在大学实验室中完成。学校引进北京市教委等部门委托的专项"雏鹰计划——降解塑料与可持续发展"。在项目的开发、实验探索和推进过程中，学校初步实现了将PBS可降解塑料这种创新科技成果融入中学的研究性学习、校本课程、课堂教学中，为学生提供了探究学习、参与科技实践和研究的机会，提高了学生的创新精神和实践能力，同时也提高了教师的课程开发能力和专业素养，为学校科学创新和特色办学开拓了新途径。

经过多年的实践，十四中在研究性学习课程中，探索出了一套严谨、科学、有效的管理模式。教师提升了科研能力，学生则在更为开阔的平台上积蓄力量。

（四）为学校迎接新挑战积蓄力量

加入自主排课实验，十四中在整体课程架构上拥有了更大的自由度，拥有了更为开阔的平台，但是这也意味着十四中人面临更为严峻的挑战。学生高中三年的时光不会重来，学校发展不容懈怠，学校课程架构的每一个细节都要为学生负责。

课程实验的首要任务就是要全面梳理、整合、落实国家课程标准，充分开设好国家规定的课程，发挥其教育功能，达到国家课程质量标准，所以学校调整了十四中高中新课程体系，做到了三个坚持和两个调整。坚持一：坚持按照国家课程的要求，开齐开足必修课和选修课；坚持二：坚持落实高中三个年级的教学层次与中心任务；坚持三：坚持遵守高中三年始终不可变的课程要求。调整一：调整了部分学科模块顺序，对部分学科模块内容进行整合，补充部分模块的相关内容；调整二：调整了开课时间段。

为了更好地执行《十四中自主安排高中新课程实验方案》，学校组织学科教研组长和年级备课组长编写了学科课时规划，明确高中三年的整体教学安排、分阶段的教学计划，并落实到了每一节课的教学内容、教学重点、教学难点、教学要点以及发展学生能力的要求上。教师参与编写国家课程标准教学计划的过程，增强了教师教学的责任意识，变过去教师被动接受教研部门指令为主动根据教材要求计划教学；通过全过程的体验，教师对国家教材的编写意图、课程结构、课程目标、学科价值的认识更深刻了，对课程理念的形成过程更清晰了，提高了执行国家课程的自觉性和主动性。

三年来，十四中在强化国家课程的基础上，在强调国家课程建设严肃性的基础上，立足学校的整体课程结构，自上而下、自下而上经过反反复复的不断探索、不断改进、不断整合，现已形成了十四中三级课程结构，体现出了十四中的育人目标和办学特色，同时也为教师的专业发展搭建了平台，为孩子们实现人生的梦想打下了基础！

北京市教育教学改革的声音不断传来，每一次改革都是在原有基础上的又一次深入。有了参与北京市第二轮自主排课实验项目的切身实践，无论是成功的经验，还是对教育教学中有待解决的问题的深入思考，都将为以后的改革奠定了基础，都将为新的起航积蓄力量。

二、学校自主课程发展的未来展望

（一）学校自主课程建设面临的挑战

1. 北京市新中考方案

从 2018 年起，初中中考要选考：3 必考＋3 选考＋体育；语文、数学、英语为必考科目，其中英语有两次考试机会；其他科目实行选考，学生选择 3 门参加考试，物理和生化（生物、化学拼盘）须至少选择一门，剩下的在历史、地理、思想品德中选择；选考科目按比例折分计算（选考的三科成绩由高到低分别按照 100％、80％、60％的系数折算为实际分数）；社会实践计入成绩（物理、生化、历史、地理、思想品德每科包含 10 分综合社会实践活动），共有 9 种组合方式。

2. 北京市新高考方案

从 2020 年起，报考普通本科院校考生的高考成绩由 3 门统一高考成绩（语文、数学、英语）和考生选考的 3 门普通高中学业水平考试等级性考试科目（政治、历史、地理、物理、化学、生物中 6 选 3）成绩构成，即"3＋3"，共有 20 种组合。

从 2017 年起，英语采用计算机考试，英语听力实行一年两考；从 2021 年起，英语增加口语考试，口语加听力考试共计 50 分。

3. 2015 年入学的初中生面临的变化

第一，学生不在按固定学科参加中考，可以有多种选择了。

第二，学生在入学那一天，就会被告知"将来可以根据自己的爱好与专长选择科目了"。

第三，初中三年，无论是学业水平考试还是选考，都有两次考试机会。

第四，选择哪个科目跟"将来自己的职业倾向有关系"，学生需要了解自己的兴趣与爱好，了解社会的发展与需求。考试从"套餐"转变为"自助餐"，学生的学习是在不断发现自己的"长处"。

4. 2017 年入学的高中生面临的变化

第一，不分文理科。

第二，在学生入学那一天，学校就会告诉家长和孩子"将来要选择科目"。

第三，高中三年，无论是学业水平考试还是选考，都有两次考试机会，学生要知道自己什么时候考试。

第四，选择哪个科目跟专业有关系，所以学生需要了解专业。考试从"套餐"转变为"自助餐"，学生的学习由"补短"转变为了"扬长"。

(二)学校自主课程未来发展的思考

1. 学校如何设计出高(初)中三年课程结构

学校、学生没有统一的课程表，应实现一人一课表。没有统一教材的情况下，学校根据学生的需求与选择，提供不同水平的教材。教学要分层、分类、分项，做好计划。

2. 学校如何开展学生的职业生涯规划教育

学生选学科的背后是选专业，其实是在进行职业规划。学校不赞同学生在起始年级就把学科选定，而是让他们一边修习一边选择，但学校必须提供职业生涯规划教育，全面推行导师制。

3. 学校如何管理教学班

①走班上课情况下，教学班的学生如何管理？

②对教师的教学质量如何评价？

4. 如何进行学校特色与课程体系建设

本科招生目录里有 12 个学科门类。高考招生改革以后，高中学科有 20 种组合，初中有 9 种组合。不同的专业、不同的兴趣爱好，提出了不同的要求。一所学校不可能把所有的组合都做得很好，所以要鼓励学校特色发展。每所学校都要思考自己学校、教师的情况，规划出几条轨道，围绕这些轨道开发学校的校本课程，形成自己的办学特色。

5. 办学条件有哪些保障

学生的选择与教师专业之间的矛盾、学生的选择与教室资源调配之间的矛盾、学生的选择与学校的运营经费之间的矛盾等都需要化解。

时代的发展对教育提出了新的要求，给当下教育带来巨大的挑战。但是十四中通过参与自主排课实验，更为深切地感到做任何一件事只要有明确的方向、达成的目标，在前行中又肯付出、执着不放弃，就一定能够走在改革的前列并与过去不同。

十年树木，百年树人。教育不功利，十四中人静待花开！

从 2000 年国家开始研究高中新课程标准、2007 年北京市全面实施高中新课程标准，到 2012 年十四中参加北京市自主安排高中新课程实验项目，一路走来，十四中深感推行新课程改革是一项系统而又艰巨的工程。这涉及学校教育理念、办学特色、管理观念的变革，涉及学校教育教学行为和学校管理行为的变革，需要学校对百年历史的传承、对教育现状进行分析，在肯定取得成绩的同时，找到与教育改革目标的差距，需要学校对未来的发展有理性的规划。这一切又都需要学校上上下下全体师生员工共同参与，齐心协力，坚定教育改革的方向，对教育改革精心设计、精心实施。十四中人深知教育是千秋万代的事，决不可急功近利。

2012 年至今，学校参加自主排课实验、实施《十四中自主安排高中新课程实验方案》以来，已达到了预期目标，取得了显著成效，凸显了实验的"五大亮点"。它是学校可持续发展的保障，它为学校的发展、为学校投入新一轮课程改革注入了新的动力，也使学校对未来的发展有了自信和底气。

亮点一：通过实验工作，学校构建了促进学生"全面发展、学有优长"的校本化实施的整体课程体系，满足了学生个性化学习发展的需求，提供了学生自主选择学习课程的平台，丰富了学校的课程资源。

亮点二：通过实验工作，学校成就了一批勇于创新、立足实践出真知的优秀教师，也形成了一支骨干教师研究梯队，他们是新一轮教育教学改革、新课程实施的主力军。

亮点三：通过实验工作，学校在教育教学上大力倡导主体性教学、体验性教学和差异性教学等理念，它们成为教师教学行为的主色调。教师积极践行这些理念并将他们落实到教育教学的每一个环节。

亮点四：教师的教与学生的学的方式已经发生了明显的变化，自主性、合作性、探究性学习理念广泛传播，促进了学生在教师指导下"主动地、富有个性地学习"。

亮点五：学校形成了一系列制度与管理措施，来支撑学校进行教育教学改革、实施新课程体系、完成学校自主排课实验。

　　新一轮课程改革的前景，又一次给十四中带来新的发展机遇与挑战！

　　2014 年，新一轮高中课程改革开始，我国的教育改革又进入了一个快速发展的崭新阶段，国家出台了一系列教育教学改革的方针与举措。2014 年 3 月，教育部颁布的《关于全面深化课程改革　落实立德树人根本任务的意见》指出："课程改革面临新的挑战。经济全球化深入发展，信息网络技术突飞猛进，各种思想文化交流交融交锋更加频繁，学生成长环境发生深刻变化。青少年学生思想意识更加自主，价值追求更加多样，个性特点更加鲜明。国际竞争日趋激烈，人才强国战略深入实施，时代和社会发展需要进一步提高国民的综合素养，培养创新人才。这些变化和需求对课程改革提出了新的更高要求。"2014 年 9 月，国务院推出《关于深化考试招生制度改革的实施意见》，迈出了考试制度改革的坚定步伐，提出"坚持育人为本，遵循教育规律。把促进学生健康成长成才作为改革的出发点和落脚点，扭转片面应试教育倾向，坚持正确育人导向，践行社会主义核心价值观，深入推进素质教育，培养德智体美全面发展的社会主义建设者和接班人"。

　　2016 年，北京市发布了《北京市"十三五"时期教育改革和发展规划（2016—2020 年）》。未来几年，北京教育将立足首都城市战略定位，继续全面深化综合改革，以建成公平、优质、创新、开放的首都教育和先进的学习型城市，实现教育现代化为目标，实施一系列重大改革举措，扩大优质教育资源覆盖面，到 2020 年基本建立符合首都实际的现代化教育考试招生制度，形成分类考试、综合评价、多元录取的考试招生模式。

　　北京市教委把促进教育公平、全面实施素质教育作为教育发展的重要任务，通过考试与招生制度的改革，促进优质教育资源辐射教学方式的变革、学习方式的变革、学校管理方式的变革等，为提高学校办学品质和发展学校特色提供机会和保障。

　　从目前来看，十四中的教育与世界变化、与国家对教育提出的宏伟目标还有很大的差距，十四中人还需不忘初心继续努力，明确课程改革的方向，全身心地投入新一轮课程改革中，撸起袖子大干一场。

　　新一轮课程改革有哪些变化？我们需要做出怎样的调整呢？

变化一：课程建设要促进学生全面而有个性的发展，满足通过中考"3＋3"考试模式进入高中阶段的学生的学习需求。

调整现有课程结构，表现有三：

①使学生有共同基础、综合发展，培养学生的健全人格。

②重视学生基于共同基础的差异，对于没有达到共同基础水平的学生适时给予指导，进行分层教学。

③开发基于学生不同发展需求的校本课程，形成整合科学素养类、文化素养类、学科拓展类、综合实践类、身心健康类、国际视野类、艺术素养类课程的系统并有层次的课程架构。

变化二：教师的专业结构要随课程改革与建设而发展，教师要能够胜任未来人才培养模式的需要。

调整教师现有的知识结构，表现有三：

①教师应具有广博精深的知识，应具有学科整合能力，不仅教给学生本学科的知识，而且能够教给学生超越本学科的知识，这样才能真正培养学生的学科素养。

②教师应具有课程设计与创新意识，也就是说，教师既要有上位的课程设计能力，也要有下位的课程执行力，教师并不是教教材、用教材的，而是教材的引导者、设计者，能够根据学生的状况合理处理教材。

③教师要具备从本学科到跨学科的整合能力，从而超学科限制，在学科之间建立联系、架设通道，使学生不仅掌握本学科的知识、拓展应用学科知识解决问题的能力，还能在这个过程中习得方法、生成情感、提升素养，形成完整的知识体系。

变化三：教学管理要分层、分类、分项做好计划，实现学生不同的发展目标。

调整班级授课制，表现有三：

①分类，就是说要有选择性，高中的教学就要让学生通过走班选课找到自己学习和成长的通道。

②分层，就是希望优秀的学生有机会获得适合他们的发展，与此同时其他大部分学生也实现扎扎实实的成长，让能飞的先飞起来，让会飞

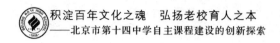

的飞得动，让还不会飞的在学校带领下行走。

③分项，就是要展现学生的个性优势，使学生多样化发展，鼓励教师和学生共同创新，搭建科技发明平台，创建社团组织，以展示学生的学有优长。

变化四：从高一年级开始，学生就要对自己将来的职业发展有初步的意向，因为高考时选考试科目的背后就是选专业，所以学生要提前进行职业规划。

学校必须为每一位学生提供职业生涯规划教育，全面推行导师制。

变化五：从素质教育到核心素养。

调整教师的教与学生学的方式，表现有二：

①新近出台的《中国学生发展核心素质》的总体框架，提出了我国学生发展核心素养的三个方面，就是"文化基础、自主发展、社会参与"。"文化基础"的养成源于课堂学习；课堂上让学生主动参与教学，让学生自主学习、互相帮助，正是培养学生"自主发展""社会参与"的核心素养的主渠道。

②教师要主动加强自身的科研素质，转变教育理念，改善教学行为，提升教学品质。

通过参与自主排课实验，十四中在课程建设、教师专业发展、教学管理以及学生的全面发展等方面取得了丰硕的成果。在新一轮课程改革即将到来之时，十四中将以此为经验，积极投身于 2017 年开始的新的课程改革中，主动抓住机遇迎接挑战，为十四中的发展再创辉煌，为我国基础教育的发展做出新的贡献。

在新一轮教育教学改革大潮中，十四中人要脚踏实地、主动在实践中不断探索：十四中人要坚持树立"德育为魂、课改为先、育人为本"的课程改革理念，实现学校近两年提出的"做有温度的教育，办有故事的学校"校园文化理念，用文化滋养课程体系结构，用课程体系沁润学生幸福人生，切实为学生的幸福人生奠定基础。十四中人要更细致地做好课程的再规划，以适应新课程改革、新高考制度，让学校课程在校园教育改革的热土上蓬勃发展。